D0760135

Les Éditions du Boréal
4447, rue Saint-Denis
Montréal (Québec) H2J 2L2
www.editionsboreal.qc.ca

L'OMBRE PORTÉE

DU MÊME AUTEUR

Les Règles de l'individualité contemporaine. Santé mentale et société, Presses de l'Université Laval, 2003.

Nouveau Malaise dans la civilisation. Regards sociologiques sur la santé mentale, la souffrance psychique et la psychologisation (sous la direction de Marcelo Otero), Département de sociologie (UQAM), coll. « Cahiers de recherche sociologique », 2005.

Le Médicament au cœur de la socialité contemporaine. Regards croisés sur un objet complexe (codirection avec Johanne Collin et Laurence Monnais), Presses de l'Université du Québec, 2006.

Marcelo Otero

L'OMBRE PORTÉE

L'individualité à l'épreuve de la dépression

Boréal

Dépôt légal : 1er trimestre 2012
Bibliothèque et Archives nationales du Québec

Diffusion au Canada : Dimedia
Diffusion et distribution en Europe : Volumen

Catalogage avant publication de Bibliothèque et Archives nationales du Québec et Bibliothèque et Archives Canada

Otero, Marcelo, 1960-

L'ombre portée : l'individualité à l'épreuve de la dépression

Comprend des réf. bibliogr. et un index.

ISBN 978-2-7646-2114-1

1. Dépression – Aspect social – Occident. 2. Individualité. 3. Psychiatrie sociale – Occident. 4. Antidépresseurs – Aspect social – Occident. I. Titre.

RC537.O73 2011 616.85'270091821 C2011-941643-3

ISBN PAPIER 978-2-7646-2114-1
ISBN PDF 978-2-7646-3114-0
ISBN ePUB 978-2-7646-4114-9

À Manu

Introduction

Il faut donc à l'homme normal, pour qu'il puisse croire et se dire tel, non pas l'avant-goût de la maladie mais son ombre portée.

GEORGES CANGUILHEM, *Le Normal et le Pathologique*, 1966

La conscience que l'on prend d'être une personne peut résulter de l'appartenance à une unité sociale élargie, mais le sentiment du moi apparaît à travers les mille et une manières par lesquelles nous résistons à cet entraînement : notre statut est étayé par des solides constructions du monde, alors que le sentiment de notre identité prend souvent racine dans ses failles.

ERVING GOFFMAN, *Asiles*, 1968

La personne humaine, peu importe sa singularité, ne souffre pas comme elle le veut. Même si elle souffre somme toute individuellement et que certaines dimensions de sa souffrance resteront à jamais en son for intérieur, la grammaire de sa souffrance ne lui appartient pas : elle est à tous et à personne. La souffrance et les manières de la combattre, de la gérer ou de l'accueillir (de la religion au psychotrope en passant par le masochisme) sont un lieu de rencontre, un socle collectif, un collecteur de singularités qui exprime une résonance normative donnant lieu tantôt à la reconnaissance mutuelle réconfortante, tantôt à l'assignation inquiétante aux catégories de la marge sociale ou aux multiples figures du pathologique. Il y a en effet des souffrances (et des manières d'y faire face) légitimes et illégitimes, compréhensibles et incompréhensibles, acceptables et inacceptables. Un mal répandu, collectivement éprouvé, institutionnellement reconnu, normativement balisé et socialisé jusqu'à la plus déroutante des familiarités appelle un remède qui partage les mêmes caractéristiques. Tout comme le furent jadis la névrose et la psychanalyse, la dépression contemporaine et les antidépresseurs sont un exemple remarquable d'un tel tandem.

De loin, on pense savoir de quoi il s'agit dès lors qu'on s'en remet aux logiques épidémiologiques lancinantes de régularité, au calcul systématique des prévalences, aux nosographies psychiatriques qui dessinent d'une main sûre l'atlas humain du « mental pathologique », aux essais thérapeutiques qui sanctionnent et, plus rarement, désavouent les médicaments psychotropes. De près, cependant, tout devient nébuleux et suspect, et rien ne semble tenir sans de sérieuses mises en garde : ni les définitions établies du mal éprouvé, ni les causes évoquées pour l'expliquer, ni les métaphores mobilisées pour le vulgariser, ni les circonstances censées l'entourer et lui donner un sens, ni les effets escomptés des remèdes et pratiques que l'on prétend toujours spécifiques et thérapeutiques. Ce que l'on croyait scientifique, familier et évident devient problématique, inconfortable et inexplicable.

La valse hésitante des explications, des thérapeutiques et des représentations s'arrête toutefois tout net devant une « présence » constatée, ressentie, éprouvée et inlassablement nommée. En effet, de près comme de loin, un consensus semble réunir les psychiatres et psychologues les plus conformistes et les sociologues et anthropologues les plus critiques autour d'un phénomène curieux : la montée d'une souffrance qu'on présente de plus en plus comme à la fois psychique (singulière) et sociale (commune). Psychique et singulière parce que ressentie et éprouvée par des individus particuliers dans des circonstances particulières. Sociale et commune parce que distribuée et partagée avec une générosité et une régularité inédites au sein de nombreux groupes, classes et communautés hétérogènes. Que les causes en soient le manque de sérotonine ou les effets aliénants du capitalisme, le constat est le même : aujourd'hui, tout le monde souffre, parle de sa souffrance et a droit à la reconnaissance de sa souffrance.

D'ailleurs, ni l'une ni l'autre de ces hypothèses extrêmes — cerveau et capitalisme — ne peuvent être vérifiées. C'est sans doute cette impasse épistémologique qui garantit une controverse perpétuelle sur les campus universitaires comme dans les laboratoires pharmaceutiques, deux milieux somme toute « contrôlés ». En attendant la crise terminale du capitalisme ou la découverte du gène de la souffrance qui pourrait clore le débat une fois pour toutes, on parle encore et toujours de la souffrance. Autour du « constat » de la souffrance polymorphe qui afflige les sociétés contemporaines, dont la dépression est la figure médicale emblématique, on s'agite avec une égale intensité à gauche (sociogenèse et culturogenèse) et à droite (biogenèse et psychogenèse), les uns dénonçant la manipulation des données probantes quand les autres s'insurgent contre les mystifications des incantations dialectiques totalisantes. Cela rappelle d'ailleurs les anciens combats cerveau versus capitalisme entre la psychiatrie (tout est organique) et l'antipsychiatrie (tout est social[1]) autour des expli-

1. Pour David Cooper, l'un des pionniers de l'antipsychiatrie, la psychiatrie réfracte et condense la violence sociale sur des « patients désignés » et son rôle institutionnel est de faire se conformer les gens désignés aux attentes de la société. Les maladies psychiatriques ne sont pas « mentales » mais « relationnelles ». Un individu, qui joue le rôle de bouc émissaire, sera désigné comme schizophrène, ce qui permet de nier le problème relationnel en créant un problème de santé mentale

cations symétriquement réductrices de la prétendue augmentation vertigineuse de la schizophrénie[2] dans les sociétés capitalistes occidentales.

Une certaine sociologie bien ancrée dans le freudo-marxisme des années 1960 s'est renouvelée grâce au succès tous azimuts du thème de la souffrance sociale entendue comme une « pathologie » ou comme un « paradoxe » des sociétés capitalistes mondialisées. Une certaine psychiatrie bien ancrée dans l'organicisme s'est renouvelée grâce au codage généreux des figures du « social problématique » comme figures du « mental pathologique », s'appuyant sur les promesses universelles de la génétique, les découvertes des neurosciences et le développement marchand agressif de la psychopharmacologie de masse. Si les deux camps se butent contre l'inconsistance épistémologique de la définition même des « faits pathologiques », qu'ils soient sociaux ou psychiatriques, ils semblent n'avoir aucun mal tantôt à les répertorier en détail avec l'assurance et la précision du botaniste du XVIIe siècle, tantôt à en tirer les conséquences planétaires dévastatrices avec la gravité de leurs ancêtres historicistes des XVIIIe et XIXe siècles.

Les premiers, sociologues, affirment que sont pathologiques « les processus qui menacent ou qui détruisent les pratiques dont la théo-

---

sur lequel l'attention institutionnelle doit se concentrer (famille, hôpital, société conformiste). Le terme schizophrénie était utilisé de manière extrêmement large par les antipsychiatres, presque comme un synonyme de problème de santé mentale grave, mais non forcément chronique (Cooper 1970, p. 15-55).

2. On se souviendra du curieux calcul de David Cooper concernant l'augmentation trépidante de la schizophrénie en Grande-Bretagne. Les schizophrènes, affirmait-il, « occupent les deux tiers des lits d'hôpitaux psychiatriques, et il ne faut pas oublier que près de la moitié des lits d'hôpitaux du Royaume-Uni sont psychiatriques. Près d'un habitant sur dix est, à un moment quelconque de sa vie, hospitalisé pour ce qu'on appelle une "crise schizophrénique" et le célèbre psychiatre suisse E. Bleuler a dit un jour que pour chaque schizophrène hospitalisé, il y en avait dix en liberté ». On n'est pas loin de suggérer que, dans l'Angleterre des années 1960, onze personnes sur dix étaient schizophrènes (Cooper 1970, p. 11).

rie peut prouver le caractère constitutif pour l'existence même du social[3] ». Toutefois, la constitution du social, son histoire et ses pratiques montrent justement le contraire : les invocations solennelles de menaces de destruction du social et les millénarismes sociologiques qui y donnent voix sont des constituants ordinaires de « l'existence même du social ». Les seconds, psychiatres, affirment pragmatiquement que sont pathologiques les ensembles « cliniquement significatifs » associés aux détresses, dysfonctionnements ou handicaps chez les personnes qui en souffrent[4], ce qui permet à la psychiatrie (et à la psychologie) de proposer aujourd'hui une « clinique sociale » pour parer à sa façon la menace de destruction qui pèse sur « l'existence même du mental ».

Dans un cas, les théoriciens du social, surtout européens, « déduisent » les figures du pathologique censées être valables pour toute la planète capitaliste. Dans l'autre, des enquêtes épidémiologiques menées à grande échelle, notamment aux États-Unis, « induisent » l'univers des troubles mentaux dont tous les cerveaux de la planète sont censés souffrir. Ces deux objets d'étude extrêmes (capitalisme mondial et cerveau mondial) donnent lieu à des concepts psychosociaux échangeables entre les disciplines : estime de soi, respect de soi, rapport négatif à soi, confiance en soi, mépris social, reconnaissance sociale, souffrance sociale, réalisation de soi, autoréalisation, intégrité

3. Olivier Voirol résume ainsi la conception habermassienne de la notion de « pathologie sociale ». Cette conception est largement partagée par Axel Honneth, le principal représentant actuel de la « nouvelle théorie critique », qui accorde une place névralgique à l'identification des « pathologies sociales » dans les sociétés capitalistes actuelles (O. Voirol, dans Honneth 2006, p. 14). Pour les points de contact et les divergences entre les principaux représentants de la « théorie critique » ancienne et nouvelle, voir « Une pathologie sociale de la raison. Sur l'héritage intellectuel de la Théorie critique », dans Honneth 2003, p. 101-130.

4. Telle est la définition du DSM-IV, analysée et discutée longuement dans le chapitre 2.

psychique, pathologie sociale, dysfonctionnement, handicap mental, etc. Ces concepts établissent des ponts rhétoriques inattendus entre sociologie théorique explicitement « critique » et psychiatrie empirique explicitement « a-théorique[5] ». Le succès simultané de la notion de souffrance sociale, qui a pris en sociologie la relève de l'exclusion sociale, et de la notion de trouble mental, qui a détrôné en psychiatrie la maladie mentale, montre bien l'accueil que l'on réserve aujourd'hui au psychisme en sociologie et au social en psychiatrie. Ces ponts psychosociaux ne sont pas accidentels : ils sont *institués* par la consistance même du social telle qu'elle voit le jour dans ses caractéristiques actuelles.

Certes, le mot « institué » est à plusieurs égards inadéquat, car il renvoie à une tradition sociologique et à une consistance empirique du social qui n'est sans doute plus celle des sociétés libérales contemporaines. Qu'en est-il du mot *souffrance* ? Qu'est-ce que cela peut bien vouloir dire, souffrir, quand tout le monde souffre et semble de surcroît se faire un devoir d'en parler ? Quelle fonction remplit cette incitation polymorphe à la plainte perpétuelle ? À l'instar des droits humains « universels », s'agit-il d'une nouvelle égalisation des « individus effectivement inégaux » envers ce qui serait universellement ressenti ? Le commandant canadien d'une mission de maintien de la paix des Nations unies, témoin impuissant d'un massacre innommable, pleure en ondes ; les rescapés de cet enfer pleurent aussi. De même, le policer et le délinquant, le pompier et le sinistré, le col bleu et le riche homme d'affaires étalent également au grand jour les détails de leur souffrance, la nomment, la communiquent, la partagent, la réfléchissent. La souffrance semble mieux « unifier » aujourd'hui les positions sociales effectivement inégales des individus singuliers que l'humanisme juridique impersonnel et froid des droits de l'homme, devenu non seulement moins crédible mais surtout plus

5. Dans les termes mêmes des auteurs du DSM-IV.

éloigné des expériences concrètes des individus. En effet, la souffrance, comme les droits de l'homme jadis, « fait société » à peu de frais. Est-il possible aujourd'hui de ne pas souffrir ou de ne pas accueillir la plainte de l'autre avec empathie sans courir le risque de jouer les Meursault de Camus ou les Pietro Paladini de Veronesi[6] ?

Souffrir est en effet un verbe galvaudé. La dépression s'assimile mal à ce seul registre commun de la socialisation ordinaire. Elle ne se résume pas à un simple état subjectif de malheur ou de tristesse ordinaire, grave ou moins grave, vieux comme le monde et coextensif de toute expérience humaine. Elle ne se réduit pas à une facette particulière de cette « extimité » (extériorisation de l'intimité) omniprésente qu'on n'a pas demandée, mais qu'on est censé entendre, de regarder et, rectitude politique oblige, de respecter. Elle n'est pas non plus l'étalement ritualisé de sa plainte devant un autre, un collectif, un microphone ou une caméra. Il y a dans l'*épreuve dépressive* quelque chose qui est à la fois profondément contemporain et profondément sociologique, et qui la différencie clairement de la souffrance polymorphe. Son étude est l'une des manières possibles de mener à bien deux opérations délicates, soit : a) esquisser les limites toujours fuyantes du malheur ordinaire au-delà desquelles une expérience inconfortable devient ontologiquement « autre chose » (une pathologie ?) qui mobilise des savoirs et des techniques d'intervention (thérapeutiques ?) *ad hoc* et extérieures aux ressources de la vie courante des individus ; et b) mieux connaître les contours de l'individualité contemporaine (la normalité ?) par le décodage de son image négative (la déviance ?).

La dépression telle qu'elle se manifeste empiriquement à l'échelle du social ainsi que la manière institutionnalisée de la prendre en

---

6. Avec Dahlia Namian, nous avons analysé les points de rupture et de rapprochement entre les héros incapables de faire preuve de souffrance dans *L'Étranger* et *Chaos calme* (Otero et Namian 2011).

charge, de la combattre ou de la gérer sont un phénomène à la fois social et psychologique. Elles expriment une expérience psychologique intime qui est vécue individuellement et très souvent, on le verra, de manière solitaire. Elles expriment aussi en même temps une expérience sociale qui met en relief les caractéristiques d'une individualité sociale inadéquate, insuffisante, défaillante ou encore prise tout à coup en défaut. Pour cette raison, la dépression est une épreuve qui parle autant de l'expérience psychologique intime et singulière que de l'individualité sociale publique et commune, celle qui a cours dans la société où évolue la personne déprimée. La dépression est sans aucun doute une véritable épreuve autant pour l'individu qui la subit que pour la société qui constate les dynamiques régulières et ravageuses de sa prévalence. Est-il possible de parler d'une épreuve individuelle sans parler de ce qui est socialement considéré comme une épreuve ? Est-il possible de conceptualiser une expérience comme épreuve sociale sans tenir compte de ce que les individus particuliers éprouvent ?

L'individualité sociale « ordinaire » est tout simplement, même si cela n'a rien de simple, celle qui a cours à un moment donné dans une société donnée et à laquelle on doit, d'une manière ou d'une autre, se référer. Cela ne veut pas dire s'y identifier ou s'y plier, ou encore chercher à connaître cette individualité pour la contester ou l'abolir dans un combat individuel ou collectif, théorique ou pratique. La référence à l'individualité « ordinaire » permet de « savoir » qui on est par rapport aux autres dans une société d'individualisme de masse et, de manière moins positive, de « se savoir » à un degré ou à un autre, d'une façon ou d'une autre, « en défaut », « en décalage » et, plus rarement, « en marge » de ce qu'on demande à chaque individu d'être et de faire en fonction des configurations dans lesquelles il évolue : catégories socioéconomiques, groupes socioprofessionnels, groupes d'âge, groupes de genre, communautés ethnoculturelles, etc.

De même que l'individualité a une forme sociale, une sorte de grammaire anthropologique actualisée sans relâche par les dispositifs de socialisation ordinaire et les actions singulières des individus, son *ombre portée* a également une forme sociale, dont cet ouvrage veut esquisser l'une des figures emblématiques. Comment peut-on étudier la dépression et les moyens qui ont cours aujourd'hui pour la combattre, la gérer et l'accueillir en l'extirpant à la fois de l'univers flou des souffrances ordinaires et de l'univers fort codifié de la psychopathologie psychiatrique ?

Rappelons-nous d'abord la névrose. Selon certains psychanalystes, la cure de la névrose permettait à l'« analysant », mis à part la disparition ou le soulagement des symptômes, de mieux se connaître avec l'aide du clinicien qui l'accompagnerait dans sa démarche aussi longtemps que nécessaire, parfois le temps d'une vie, si le névrosé en avait les moyens. Chesterton aimait dire que le désespoir, tout comme les cigares, est un privilège de classe. On pourrait sans doute inclure les névrosés et les psychanalyses dans cette boutade, mais beaucoup moins les déprimés et les antidépresseurs. La dépression incarne une épreuve de masse à la fois psychique et sociale qui traverse sans discriminer les classes et groupes sociaux, et dont le traitement indiqué ne sollicite pas des capacités langagières particulières aux individus qui en souffrent, seulement un corps et une existence. À côté de la névrose, qui a donné presque à elle seule naissance à une discipline prestigieuse et à des intellectuels de grande envergure ayant marqué profondément l'histoire de la pensée, la dépression ne fait pas le poids. S'il est vrai qu'on la méprise théoriquement (aucun psychiatre ou psychologue ne revendique la paternité de sa découverte), il n'est pas moins vrai qu'on la craint épidémiologiquement (OMS 2001). C'est déjà cela[7].

7. Le rapport sur l'état de santé mentale dans le monde de l'Organisation mondiale de la santé (2001) affirme que la dépression est la première cause des « années vécues avec une incapacité » (AVI) dans la population mondiale, avec 11,9 % de toutes les affections mentales ou somatiques, tous âges et sexes confondus (femmes de tous âges : 14 % ; hommes de tous âges : 9,7 %). En outre, les auteurs du rapport

Comme l'a montré notablement Ehrenberg (1998), la névrose révélait une société hiérarchisée, une société d'interdits et de tabous, alors que la dépression révèle une société d'individualisme de masse, de déficits, d'impuissances et de contre-performances. Dans les deux cas, on souffre, on dysfonctionne et on a des symptômes. L'ordre des intercausalités possibles et du statut des signes observés et des comportements attribués à la dépression font partie du débat sociologique et psychiatrique : souffre-t-on parce qu'on dysfonctionne ou dysfonctionne-t-on parce qu'on souffre ? Quand un dysfonctionnement social peut-il être considéré comme un symptôme (ou un signe) et capté par la psychiatrie ou la psychologie ? Quand un symptôme (ou un signe) doit-il être restitué à l'univers des tensions sociales ? Pour la psychiatrie contemporaine, la dépression est un syndrome, c'est-à-dire l'agencement particulier de certains symptômes, signes et comportements qui sont identifiés par le clinicien à l'aide de critères diagnostiques formalisés. Toutefois, rien dans les argumentations de la psychiatrie actuelle ne permet de comprendre pourquoi tant de personnes se sont mises à dysfonctionner et à souffrir dans les « figures syndromiques » attribuées à la dépression. La compréhension des racines de cette « démocratisation dépressive » revient, comme autrefois celle de la névrose, inéluctablement à la sociologie. Comment expliquer la résonance extraordinaire des mêmes signes et symptômes chez des millions d'individus partout en Occident et de plus en plus ailleurs ?

La névrose hier et la dépression aujourd'hui sont les formes emblématiques de la « nervosité sociale » de leur temps, formule certes laborieuse et ambiguë, mais qui constitue une tentative d'hybridation de ce qui est à la fois aussi irréductible qu'inséparable :

---

prédisent que la dépression sera en tête de liste des « causes de morbidité » dans les pays développés en 2020. Nous analysons en détail ces données et celles correspondant au Québec et au Canada dans le chapitre 3.

le psychisme et le social. Tout au long de cet ouvrage, l'opposition névrose/dépression aura une valeur davantage heuristique qu'historique. Notre objectif est de mettre en lumière deux manières contrastées de se représenter l'articulation entre le « mental pathologique » et le « social problématique » dans une société donnée et à une époque donnée.

La névrose comme la dépression nous parlent d'une individualité ordinaire qu'elles mettent à l'épreuve autant qu'elles la révèlent, et ce, de manière indissociablement singulière et commune. Elles nous montrent à la fois « ce que nous ne sommes pas » et « ce que nous devrions être », mais surtout, dans leur évolution constante, « ce que nous sommes en train de devenir ». « Nous » qui ? L'individualité ordinaire. Pour le dire de manière plus technique, hier les névroses freudiennes, aujourd'hui les dépressions (mais aussi les anxiétés et les anxiodépressions) permettent de mettre en lumière les tensions produites par la *forme sociale de l'individualité* sur chaque individu singulier. C'est en ce sens que la dépression, et de plus en plus les anxiodépressions, est l'une des figures emblématiques de *l'ombre portée de l'individualité contemporaine*. Il s'agit d'une sorte d'épreuve latente qui, lorsqu'elle s'actualise, teste les limites de ce qu'on nous demande d'être comme individus aujourd'hui dans une lutte perpétuelle entre interpellations d'adaptation sociale et investissement de nouvelles possibilités d'action, entre dominations ordinaires et résistances ordinaires, entre inconforts et plaisirs.

La notion d'« épreuve », empruntée librement à Danilo Martuccelli (2006), nous permettra d'analyser l'expérience de la dépression dans un va-et-vient continuel entre, d'une part, ce que les personnes déprimées vivent de manière individuelle et privée et, d'autre part, la signification collective, publique et partagée de la dépression, qui est codifiée par de nombreuses instances (médias, disciplines scientifiques, institutions, etc.) sur lesquelles l'individu n'a que peu d'influence. L'épreuve dépressive n'est pas le syndrome dépressif, mais elle le contient dans un univers plus large fait de plusieurs consistances irréductibles et inséparables. Elle se déploie forcément tantôt « en deçà », tantôt « au-delà », mais toujours « en fonction » de la mise en forme « technico-syndromique » institutionnalisée qui s'efforce obstinément, et sans succès, de la réduire à une seule des multiples consistances qui la composent : le mental pathologique. Ce sont cet « en deçà » et cet « au-delà » qui seront réhabilités pour restituer l'épaisseur sociale de l'épreuve dépressive qu'on veut comprendre qualitativement dans sa généralité.

Entendons-nous : épreuve et pathologie (individuelle ou sociale) ne sont point synonymes ; on n'a donc pas besoin de recourir à la « fonction psychiatrique » jouée autant par la sociologie que par la médecine pour départager la folie de la normalité, ou encore les comportements aliénés des comportements sociologiquement « approuvés » selon les écoles sociologiques qui se sont attribué cette singulière capacité diagnostique. Si la sociologie nous a appris quelque chose, c'est qu'il n'existe pas de société sans malheur, sans folie, sans crime, sans suicide, et que ces phénomènes gagnent à être mis en rapport avec la normativité sociale de leur temps pour être compris. L'épreuve dépressive, qui balise négativement l'individualité ordinaire comme son ombre, peut s'actualiser en fonction de multiples circonstances individuelles et sociales à la fois imprévisibles ou contingentes[8] (sur quels individus concrets tombera la dépression et à quel moment ?) et certaines et mesurables (prévalences épidémiologiques régulières). Toutefois, la dépression, tout comme l'ombre projetée par l'individu sous l'éclairage sociétal de la normativité sociale, ne sera pas « guérie » par la consommation d'antidépresseurs de masse. En revanche, elle « disparaîtra » à coup sûr, tout comme les névroses freudiennes ont « disparu », à cause non pas de la cure analytique de masse, mais de la transformation de l'éclairage sociétal qui dessinait leur forme patho-

8. « Pas de cuirasse impénétrable aux flèches du destin » : la belle image de Freud dans *Le Malaise dans la culture* demeure puissante et pertinente (Freud 2004, p. 23).

logique en filigrane. C'est le sens sociologique de l'idée classique de Georges Canguilhem voulant que l'ombre portée de la maladie soit nécessaire à l'homme normal « pour qu'il puisse croire et se dire tel ».

Dans cette optique, il y aura toujours une ombre portée par l'individualité qui a cours et qui la mettra encore et encore à l'épreuve, tout en révélant les caractéristiques de ce que nous sommes en train de devenir. « Nous » qui ? Tant l'individualité ordinaire que chaque individu particulier, car le singulier abrite forcément l'ordinaire à partir duquel (et nullement à partir d'un vide primordial) il peut exister et exhiber ses failles.

* * *

Le premier chapitre de cet ouvrage se penche sur les entrecroisements entre malheur ordinaire, tensions sociales et pathologie mentale, avec comme toile de fond la tentative théorique de lier les concepts de nervosité sociale et d'individualité ainsi que les ensembles ontologiques auxquels ils renvoient. Il s'agira de montrer en quoi la dépression constitue une épreuve « latitudinale » de l'individualité contemporaine. Le chapitre 2 analyse l'évolution nosographique, depuis les années 1950, de la catégorie psychopathologique de dépression en Amérique du Nord dans les versions successives du DSM, qui l'a vue passer du statut de simple mécanisme de défense, triste et obscur, à celui de syndrome psychiatrique « vedette ». Cette transformation étonnante sera mise en lien avec la manière dont la psychiatrie intègre au cœur même de son mandat professionnel, la gestion des tensions sociales ; à un point tel que l'on serait en droit de parler de psychiatrie de masse. Le chapitre 3 expose et analyse les données épidémiologiques disponibles, notamment au Canada et au Québec, sur la dépression, l'anxiété et la consommation d'antidépresseurs afin d'évaluer l'ampleur du phénomène et les bases sur lesquelles plusieurs controverses se sont appuyées. Les liens entre l'épidémiologie des contre-performances sociales, la mondialisation de la grammaire des troubles mentaux et l'identification sanitaire de deux composantes principales de la nervosité sociale contemporaine (la dépression et l'anxiété) sont mis en relief.

Les chapitres 4 à 8 se proposent de restituer l'épaisseur sociale de l'épreuve dépressive par l'analyse qualitative d'un corpus de témoignages de personnes déprimées. Le chapitre 4 décrit le « ventre » de l'épreuve dépressive contemporaine dans les termes concrets de comportements déréglés, d'états d'esprit et d'âme altérés et de formes de fonctionnement social modifiées. Le chapitre 5 porte sur l'analyse des arguments mobilisés par les individus déprimés eux-mêmes pour expliquer et s'expliquer l'épreuve dépressive (gènes ? famille ? pressions sociales ?) et examine les nouveaux rôles des « autres » non déprimés dans une société d'individualisme de masse. Le chapitre 6 aborde les enjeux sociologiques du recours aux expertises professionnelles (omnipraticiens, psychiatres, psychologues, etc.) dans la gestion « solitaire » de l'épreuve dépressive. Le chapitre 7 se penche sur le rapport complexe (drogue/médicament) et ambigu (dépendance/autonomie) que les individus entretiennent envers les psychotropes, leurs usages multiples, leurs effets thérapeutiques, leurs effets nuisibles et leur place centrale dans la gestion des comportements courants. Le chapitre 8 tente, enfin, de comprendre les significations sociologiques des multiples issues possibles de l'épreuve dépressive (du rétablissement total à la chronicité, en passant par les transformations de soi et les révisions des standards de fonctionnement social).

Le tout sous-tendu par une question générale : de quelle société nous parle l'épreuve dépressive ?

CHAPITRE 1

L'épreuve dépressive

Les épreuves ne dépendent pas de chacun d'entre nous, elles sont historiquement forgées et socialement distribuées, mais cela n'enlève rien à nos possibilités et à nos différentiels de réponse.

DANILO MARTUCCELLI, *La Société singulariste*

Pas de cuirasse impénétrable aux flèches du destin.

SIGMUND FREUD, *Le Malaise dans la culture*

Le Malaise dans la culture[1] est un ouvrage sombre que l'on dit tributaire de plusieurs désillusions vécues par le père de la psychanalyse (notamment le constat de l'impuissance de la raison scientifique devant la pensée religieuse[2] et la déception de l'expérience socialiste concrète[3]) et de nouveaux dangers inquiétants (montée des totalita-

1. Freud 2004. L'édition originale en allemand a paru en 1930.

2. En 1927, Freud avait écrit *L'Avenir d'une illusion*, qui affichait encore une espérance : celle du primat de l'avenir de l'intellect, du règne de la raison scientifique. Voir l'intéressant commentaire de Jacques André à l'édition 2004 du *Malaise*.

3. Freud dira avec ironie que la rencontre avec un ardent militant l'avait à moitié converti : ce dernier affirmait que l'avènement du bolchevisme amènerait quelques

rismes et de l'antisémitisme). En 1929, année de la rédaction, la vieille Europe semble déjà bien frêle et le Nouveau Monde dans sa version étasunienne plante le décor d'une profonde crise économique, et montre plus discrètement les signes d'un phénomène inédit que Freud nomme avec génie la « misère psychologique de la masse ». Bien plus tard, on l'associera à plusieurs égards à la montée de l'individualisme de masse, qui est en quelque sorte sa condition de possibilité sociologique.

Misère psychologique de la masse

Les commentateurs de ce texte célèbre repèrent un déplacement théorique de taille dans la conceptualisation freudienne du surmoi, que marque notamment l'absence de toute référence au complexe d'Œdipe et à l'angoisse de castration[4]. Aussi, Freud choisit ce mot étrange, « malaise », qui déconcerte encore aujourd'hui ses lecteurs les plus rigoureux. Pontalis, par exemple : « curieux mot qui ne permet ni diagnostic assuré, ni pronostic probable ; il désarme notre savoir, échappe à toute prise[5] ». Le recours au terme « malaise » pour désigner cette misère psychologique de la masse, combiné à l'évacuation du conflit œdipien, montre que Freud avait pressenti quelque chose de radicalement nouveau qui, en effet, n'admettait ni diagnostic ni pronostic. Mais peut-on pour autant affirmer qu'il « désarme

---

années de misère et de chaos, mais qu'elles seraient suivies de la paix universelle. Il lui répondit qu'il croyait à la première moitié du programme. L'anecdote figure dans la biographie de Freud par Jones (1969, p. 18).

4. Il semble que, dans cette absence, les travaux de Melanie Klein aient joué un rôle important. Freud évite de la nommer, sans doute à cause de la controverse qu'elle entretient à ce moment avec sa fille, Anna Freud. Dans le texte, il est vaguement question des « psychanalystes anglo-saxons ».

5. Pontalis 1983, p. 409.

notre savoir » et « échappe à toute prise » ? Le véritable problème pourrait bien être que ce « malaise culturel » ne convenant guère à la première conception freudienne du surmoi familial et seulement indirectement à celle de la névrose, la psychanalyse n'était plus le meilleur « savoir » pour le saisir et, encore moins, pour le diagnostiquer ou le pronostiquer.

Freud, qui n'a jamais pris les utopies très au sérieux, affirme sans nuances que ce qu'on appelle bonheur « n'est possible que comme phénomène épisodique », car comme dit le poète : « Tout dans le monde se laisse supporter, sauf une série de beaux jours[6] ». La vie « telle qu'elle nous est imposée, continue-t-il, est trop dure pour nous. Elle nous apporte trop de douleurs, de déceptions, de tâches insolubles. Pour la supporter nous ne pouvons pas nous passer des remèdes sédatifs ». Freud en identifie trois : « de puissantes diversions qui nous permettent de faire peu de cas de notre misère, des satisfactions substitutives qui la diminuent, des stupéfiants qui nous rendent insensibles[7] ». Faut-il s'étonner que le « dopage psychothérapeutique de masse[8] », dont la psychanalyse elle-même sera l'un des vecteurs quarante ans plus tard, n'intègre pas cette liste de remèdes pour supporter la vie courante, à côté des stupéfiants ? Ce serait sans doute trop demander. Mais retenons simplement ceci : « il y a moins de difficulté à faire l'expérience du malheur » que de faire celle du bonheur, du moins dans les sociétés occidentales. Tout le monde humain souffre, c'est inexorable, et pour cela, la « culture », qui n'est pas le Paradis promis par les religions ou l'illusion communiste, a déployé des remèdes parfois raffinés, parfois grossiers, et continuera de le faire.

---

6. Il s'agit d'une maxime de Goethe, l'un des auteurs de prédilection de Freud.

7. Freud se montre prudent et reconnaît que la place de la religion parmi ces remèdes n'est pas facile à préciser.

8. Dans *Le Psychanalysme*, Robert Castel (1973) analyse ce « dopage » dans le cas de la France des années 1960 et 1970.

Or, chez Freud, il n'est pas question de mélanger souffrances, malheurs, inégalités et injustices, comme c'est le cas depuis que le paradigme sociologique de l'exclusion sociale a commencé à montrer, il y a une trentaine d'années, des signes d'essoufflement théorique et politique. Pour Freud, on ne peut pas ne pas souffrir si on vit en société, mais cette souffrance courante qu'il observe vers la fin de sa vie, cette « misère psychologique de la masse » qu'il peine, selon certains commentateurs, à nommer clairement, est une intuition géniale. Dans sa lecture de la souffrance courante et coextensive de la vie humaine, il relève sans surprise trois sources distinctes et inexorables : le corps « voué à la déchéance et à la dissolution », l'angoisse « en provenance du monde extérieur qui peut faire rage contre nous avec des forces surpuissantes, inexorables et destructrices » (aujourd'hui on parlerait de stress) et, enfin, les relations avec les autres. Toutefois, peu importe la source, « les méthodes les plus intéressantes pour la prévention de la souffrance sont celles qui tentent d'influencer l'organisme propre » ; or « la méthode la plus grossière mais la plus efficace est la méthode chimique, l'intoxication ». Grossière et polyvalente certes, mais efficace, *intéressante* et pleine d'avenir compte tenu du développement de la « misère psychologique massive ». Toujours visionnaire, Freud poursuit :

> L'action des stupéfiants dans le combat pour le bonheur et le maintien à distance de la misère est à ce point appréciée comme un bienfait que les individus comme les peuples leur ont accordé une solide position dans leur économie libidinale. On ne leur sait pas gré seulement du gain de plaisir immédiat, mais aussi d'un élément d'indépendance ardemment désiré par rapport au monde extérieur[9].

Le lien entre psychotropes, individualité de masse, misère psychologique de la masse et exigence d'autonomie (cet « élément d'indé-

9. Freud 2004, p. 21.

pendance ardemment désiré ») est établi et durera longtemps, très longtemps. Aveu prémonitoire de ce qui viendra et éclipsera à terme la psychanalyse, à la fois trop raffinée et inadéquate pour certaines souffrances moins associées aux effets structurels du surmoi familial et à certaines sollicitations « culturelles » en transformation. Pour Freud, le mot « culture » désigne « la somme totale des réalisations et dispositifs par lesquels notre vie s'éloigne de celle de nos ancêtres animaux et qui sert à deux fins : la protection de l'homme contre la nature et la réglementation des relations des hommes entre eux ». Cette réglementation sociale a, bien entendu, profondément changé ; elle demande « autre chose » aux humains, à ajouter à la liste des sacrifices civilisationnels qui étaient alors connus, courants et établis. Aux traditionnelles « restrictions de la vie sexuelle » qui « ne sont pas supportés par [ceux] qu'on appelle névrosés », suscitant chez eux de la souffrance et des « difficultés avec le monde environnant et la société », s'ajoutent de nouveaux sacrifices dont on perçoit mieux les effets et les prétendus dangers, au moment où Freud écrit, que les mécanismes sociétaux qui les provoquent. En effet :

> Outre les tâches de la restriction pulsionnelle, auxquelles nous sommes préparés, s'impose à nous le danger d'un état que l'on peut nommer « la misère psychologique de la masse ». Ce danger est le plus menaçant là où la liaison sociale s'instaure principalement par l'identification des participants entre eux, alors que des individualités de meneurs n'acquièrent pas la significativité qui devrait leur revenir dans la formation de la masse. L'état actuel de l'Amérique fournirait une bonne occasion d'étudier ce dommage culturel redouté[10].

Le « lieu de liaison sociale » et les « modèles d'identification », ordinaires et grandioses, sont-ils vraiment menacés par cette misère

10. Freud 2004, p. 58.

psychologique de la masse ? Les individus sont-ils vraiment de plus en plus laissés à eux-mêmes, ce qui expliquerait, en partie du moins, la montée de cette misère psychologique ? On peut plutôt penser qu'ils commencent à incarner des processus de socialisation différents, éprouvent des tensions différentes et réclament des remèdes, stupéfiants et autres tout aussi différents. On est déjà aux débuts d'une nouvelle forme d'individualité où les investissements libidinaux se sont redistribués, comme toujours pour le meilleur et pour le pire, sans pour autant menacer en quoi que ce soit le supposé lieu crucial de « liaison sociale », ni encore moins l'existence de modèles d'individualité. Il est bien possible, comme le signale Freud, que « les individualités des meneurs n'acquièrent pas la significativité qui *devrait* leur revenir dans la formation de la masse ». Mais ne peut-on pas penser tout simplement qu'elle ne *doit plus* leur revenir ? En effet, les élites ne jouent plus le même rôle de « formation de la masse » dans des sociétés d'individualisme de masse où tout un chacun doit faire preuve d'individualité. Les figures d'autorité se sont redistribuées au sein de la famille et à l'échelle du social, en commençant par celle du père, qu'on a par ailleurs drôlement regrettée par peur de perdre des repères à la fois aimés et détestés. On entend presque en filigrane le début des plaintes nostalgiques des « sacrifices civilisationnels » d'antan, évoquant la perte des repères, l'anomie annoncée, l'aliénation du mode de vie américain, l'affaiblissement de la famille, l'ébranlement de la figure du père, etc. Risque de « dommage culturel » ou nouvelle forme de l'individualité tout aussi « liante » que les autres ?

Une chose est sûre : ce qui, pour Freud, constitue une « menace » s'avérera plus tard une transformation sociétale de fond. En effet, les lieux de liaison sociale ne se sont pas dissous et les sociétés, même la société étasunienne, sont encore là, avec leur misère psychologique et leurs remèdes. Mais peut-on affirmer, psychologiquement parlant, qu'elles sont plus « misérables » qu'avant ? Pour répondre à cette question, il aurait été préférable de savoir ce que signifie exactement pour Freud cette « misère psychologique de la masse », car si l'on sait qu'elle constitue pour lui une menace pour la socialisation courante, elle demeure obscure, imprécise, énigmatique. La nouvelle « nervosité sociale » menaçante est en ce sens signalée sans être expliquée.

Ainsi, malgré l'intuition freudienne géniale qui s'appuie sur l'observation percutante du Nouveau Monde américain, il manque encore de nouveaux outils sociologiques et psychologiques pour la comprendre et l'expliquer. Le début de la fin des névroses ? Freud n'ira pas si loin ; ce serait en réalité laisser entendre que c'était le début de la fin de la psychanalyse. Elle arrivera, mais pas de si tôt. Névrose et psychanalyse, dont le destin est intimement soudé, déclineront ensemble au fur et à mesure que d'autres misères psychologiques et leurs remèdes s'installeront à l'avant-scène de la souffrance de masse, sans pour autant menacer en quoi que ce soit le lien social. Si *Le Malaise dans la culture* est un ouvrage sombre, tributaire de plusieurs désillusions, ne laisse-t-il pas également présager le déclin de la psychanalyse ? Le malaise dans la culture n'est-il pas plutôt le symptôme du dépérissement d'une *certaine* culture, celle qui vient avec ses remèdes psychologiques sophistiqués et élitistes ? Il semble que Freud insinue malgré lui le malaise dans la psychanalyse, ce que les exégètes de son célèbre texte, très souvent des psychanalystes, ne souligneront naturellement pas.

Les névroses génériques : quantités et normes

On utilise souvent les termes névrose et psychose de manière très générique afin de départager grossièrement deux types d'affections mentales : celles qui sont légères, transitoires, sans étiologie organique connue, de prévalence importante et dans lesquelles le contact avec la réalité demeure intact chez les personnes atteintes, comme les dépressions, l'anxiété ou les troubles alimentaires, et celles qui sont plus handicapantes, permanentes, de prévalence moindre mais stable et dont l'étiologie est soupçonnée être organique, comme les schizophrénies, les démences et les troubles de la personnalité. Historiquement, on s'accorde pour attribuer la paternité du terme névrose au médecin écossais William Cullen, qui l'emploie en 1769 pour désigner les maladies des nerfs en l'absence de lésion organique ou de fièvre. Méprisée par les aliénistes pionniers de la psychiatrie pour sa sémiologie instable et ambiguë et sa proximité douteuse avec les malheurs courants de la vie qui ne sont pas forcément pathologiques, la névrose n'a longtemps pas été considérée comme une « vraie folie ». Dans un sens, ce n'est pas tout à fait injustifié, lorsqu'on sait que certaines « misères psychologiques » telles que le troubles de l'humeur et les troubles anxieux atteignent aujourd'hui des proportions massives, au point d'agiter un soupçon sociologique quant à la justesse de leur statut psychopathologique et médical.

L'histoire des névroses, au sens générique du terme, est riche et complexe, mais c'est surtout dans sa version freudienne et dans son association solidaire avec la psychanalyse que la névrose a atteint son statut de vedette à la fois psychologique et sociologique. Elle est une affection bourgeoise et petite bourgeoise, donc inégalement distribuée dans la structure sociale ; un révélateur impitoyable de son époque (celle d'un type particulier de famille, de hiérarchisation sociale, de clivages de genre, d'interdits sexuels, etc.), donnant lieu à la formation d'une armée de théoriciens et de praticiens vouée à la connaître, la diagnostiquer, la soigner, la gérer. Et, en faisant tout cela, à la diffuser et à l'implanter bien au-delà de l'univers clinique. Il n'est pas superflu de rappeler quelques faits connus sur la tradition psychanalytique pour mieux éclairer le sens de notre argumentation dans les chapitres qui viendront, et d'insister ainsi sur ce qui nous intéresse dans le parallèle heuristique entre névrose et dépression. Dans son *Abrégé de psychanalyse*[11], Freud admet globalement : 1) le partage grossier entre névroses et psychoses (« Les névroses et les psychoses

11. Freud a commencé l'*Abrégé de psychanalyse* en 1938, mais il est resté inachevé. Freud 2001, p. 41-53.

sont les états dans lesquels se manifestent les troubles fonctionnels de cet appareil [psychique] ») et ; 2) l'impossibilité d'appliquer les mêmes méthodes thérapeutiques aux deux types de psychopathologies (« Si nous avons pris comme objet d'étude les névroses c'est parce qu'elles seules paraissent accessibles à nos méthodes d'intervention psychologique »). Toutefois, c'est ce que Freud appelle « l'immense foule des névrosés gravement atteints » qui pourrait en bénéficier[12].

Peut-on penser que les déprimés et les anxieux contemporains correspondent à certains égards à cette immense foule de névrosés gravement atteints mais pour lesquels la psychanalyse ne semble pas d'un grand secours ? On peut certainement avancer, ce qu'on verra au chapitre 3, qu'à défaut d'être qualifiés de névrosés au sens propre ils constituent bien une foule aussi, sinon plus, « immense » et « gravement atteinte » que les névrosés de jadis. Freud continue :

> Les névrosés ont à peu près les mêmes dispositions que les autres hommes, subissent les mêmes épreuves et se trouvent placés dans les mêmes problèmes. Pourquoi alors leur existence est plus pénible, plus difficile, et pourquoi souffrent-ils davantage de sentiments désagréables, d'angoisse et de chagrin ? La réponse n'est pas difficile à trouver. Ce sont des *disharmonies* quantitatives qui sont responsables des inadaptations et des souffrances névrotiques. La cause déterminante de toutes les formes de psychisme humain doit être recherchée dans l'action réciproque des prédispositions innées et des événements accidentels. Ainsi telle pulsion déterminée peut être constitutionnellement trop puissante ou trop faible, telle faculté peut être atrophiée ou insuffisamment développée par la vie ; d'autre part, les impressions, les événements extérieurs imposent, d'un individu à un autre, des exigences plus ou moins grandes, et ce que l'un, par sa constitu-

12. Freud 2001, p. 41.

> tion, peut arriver à surmonter, ne sera enduré par l'autre. *Ce sont les différences quantitatives qui déterminent la diversité des résultats*[13].

Ainsi, il est impossible de déterminer à l'avance lequel de deux individus ordinaires éprouvera davantage de sentiments désagréables, d'angoisse et de chagrin, en l'occurrence de « souffrances et d'inadaptations névrotiques ». Dans les beaux mots de Freud : « pas de cuirasse impénétrable aux flèches du destin », qu'elles soient génétiques, psychologiques ou sociales. La névrose freudienne est en quelque sorte du « normal » (biologique, psychologique, social, événementiel) mal dosé, réparti inadéquatement, ou encore de manière inopportune, car telle ou telle configuration « quantitative » peut ne pas convenir à un certain moment de la vie. Ces disharmonies quantitatives (innées, acquises, événementielles) détermineront en ce sens ce que les individus peuvent endurer et surmonter ou ce qui les fera souffrir, dysfonctionner, sombrer. Toutefois, les « sentiments désagréables, chagrins et angoisses » dont parle Freud ne sont pas arbitraires ni uniques à chaque individu névrosé ; ils sont pour ainsi dire partagés empiriquement par le groupe de névrosés qui manifeste des symptômes semblables, ce qui permet de les inventorier et de réfléchir systématiquement à des méthodes thérapeutiques spécifiques à la misère psychologique névrotique ancienne ou actuelle. L'individu humain, peu importe sa singularité, ne souffre pas de ses épreuves n'importe comment, même s'il souffre somme toute individuellement et intimement. Certaines dimensions de son expérience pénible resteront certes à jamais dans for intérieur, mais la grammaire de son épreuve, névrotique hier ou anxiodépressive aujourd'hui, ne lui appartient pas, même s'il apporte sans aucun doute sa contribution singulière tantôt à sa reproduction, tantôt à sa transformation. Cette grammaire appartient pour ainsi dire à tous et à personne. La manière d'éprouver une

13. *Ibid.*, p. 53. C'est nous qui soulignons.

névrose hier ou une dépression aujourd'hui et la manière d'y échapper, de la gérer, de l'attaquer sont à la fois multiples et institutionnalisées. Les misères psychologiques se positionnent et obtiennent une reconnaissance sociale par rapport à l'individualité contemporaine tout en dessinant ses contours en creux. Les « épreuves nerveuses » et les manières de les combattre (de la religion au psychotrope, en passant par la psychanalyse et les oméga-3) sont un lieu de rencontre sociale en ce sens qu'elles renvoient à une même résonance normative de reconnaissance mutuelle. Un mal répandu, collectivement éprouvé, socialisé jusqu'à la plus déroutante des familiarités appelle un remède fort des mêmes caractéristiques. La dépression contemporaine et les antidépresseurs en sont un exemple emblématique, comme l'ont été la névrose et la psychanalyse jadis.

Les névrosés freudiens étaient des gens : 1) « presque ordinaires », une foule de « presque normaux », soumis aux mêmes sentiments désagréables, épreuves et problèmes que les individus « tout à fait » ordinaires (ou normaux) supportent plutôt bien ; et 2) plus « fragiles », dirait-on aujourd'hui, que les autres individus à cause de certaines « disharmonies quantitatives » (innées, acquises, événementielles) hypothétiques qui ne se révèlent qu'après coup, avec la manifestation concrète des symptômes névrotiques[14]. Malgré le fait que le bassin d'individus présentant des symptômes névrotiques est un univers d'individus plus ou moins ordinaires, on n'est pas ici dans l'univers de l'anomalie, mais bien dans celui de l'anormalité. Évoquant les travaux de Daniel Lagache, Georges Canguilhem explique ainsi, dans son interrogation sur la possibilité objective de définir l'« essence générale du fait psychique morbide », que, dans la « conscience anormale » d'un patient psychiatrique, on peut repérer autant des « variations de nature » que des « variations de degré ». À

14. Toute étiologie demeure hypothétique pour la névrose, mais cela est tout aussi vrai pour la dépression contemporaine, comme on le verra au chapitre suivant.

l'encontre de la conception classique des phénomènes pathologiques, qui postule que « la maladie respecte les éléments normaux en lesquels elle décompose les fonctions psychiques » et que « la maladie désorganise mais ne transforme pas[15] », Lagache considère que la « désorganisation morbide » de la conscience pathologique peut produire des formes sans équivalent dans l'état normal. Dans la même veine, Eugène Minkowski, toujours selon Canguilhem, considère que « le fait de l'aliénation » ne s'explique pas nécessairement par sa référence à « une image ou idée précise de l'être moyen ou normal », car il est une anomalie, en ce sens qu'il n'est pas tant dévié de la norme ou « sorti du cadre » que radicalement « différent ». Pour cette raison, les névroses, contrairement aux psychoses, sont à classer davantage parmi les anormalités que parmi les anomalies. Les névroses sont alors moins « compréhensibles en soi » que par rapport à l'« être moyen ou normal », ou encore par rapport au « cadre » duquel elles sont sorties, déviées, éloignées. En ce sens, le mépris des premiers aliénistes pour les « névroses » par rapport aux « vraies folies », ces aliénations somme toute dignes de ce nom, trouve des arguments supplémentaires et convaincants. Et les sociologues trouvent aussi des arguments pour soupçonner la solidité du statut psychopathologique et médical des névroses génériques.

La notion d'anomalie vient du grec et signifie inégalité, aspérité. *Omalos* désigne ce qui est uni, égal, lisse, alors qu'*an-omalos* désigne ce qui est rugueux, irrégulier. S'il est vrai que le mot *anomalie* désigne un fait ou même un état, il s'agit en principe d'un terme *descriptif*, alors que le mot *anormal* implique nécessairement la référence à une valeur, à une commune mesure ou au fonctionnement d'un ordre déterminé considéré comme normal, qui a cours dans la majorité des cas. Étymologiquement, le mot *norme* désigne l'équerre, ce qui ne

15. Canguilhem fait allusion à la conception de Théodule Ribot (Canguilhem 1950).

penche ni à droite ni à gauche, donc ce qui se tient dans un juste milieu. Deux sens différents ont dérivé de cette racine : d'une part, est normal « ce qui est tel qu'il doit être » et, d'autre part, est normal, au sens le plus usuel du mot peut-être, « ce qui se rencontre dans la majorité des cas d'une espèce déterminée ou ce qui constitue soit la moyenne soit le module d'un caractère mesurable[16] ». On ne pourrait, par conséquent, caractériser quoi que ce soit d'« anormal » sans référence à la norme, que celle-ci soit conçue comme équerre ou comme moyenne. Au cours du XIXe siècle, un glissement systématique du signifié du terme *norme* se serait en effet produit ; François Ewald, parmi d'autres, affirme :

> La norme désigne toujours une mesure servant à apprécier ce qui est conforme à la règle, mais celle-ci n'est plus liée à l'idée de rectitude : sa référence n'est plus l'équerre mais la moyenne et la norme prend sa valeur du jeu des oppositions du normal et de l'anormal ou du normal et du pathologique[17].

Dans ce jeu d'oppositions, il n'y a rien qui renvoie à une différence de nature puisque l'anormal est en quelque sorte dans la norme, car ce n'est pas l'exception qui confirme la règle, plutôt, elle est dans la règle. Les « disharmonies quantitatives » peuvent ainsi être expliquées

---

16. Canguilhem 1950, p. 76-77.

17. François Ewald souligne l'inflation des termes liés à cette nouvelle signification de *norme* : normalité (1834), normatif (1868), normalisation (1920), qui vont imprégner non seulement les sciences sociales, économiques, juridiques et politiques, mais également d'autres domaines tels que l'ingénierie, l'architecture, les techniques diverses, etc. Ewald 1992, p. 201-203. Depuis au moins une trentaine d'années, ce sont les termes dérivés du mot « adaptation » (inadaptation, réadaptation, mésadaptation, « problèmes d'adaptation », etc.) qui semblent se diffuser à plusieurs domaines autres que la psychologie, la psychiatrie et la criminologie pour désigner les écarts de la norme sans avoir recours à ce dernier terme devenu contraire aux exigences phraséologiques de la rectitude politique. Otero 2003.

par référence à l'harmonie quantitative qui sert de modèle, de cadre, de référence. Dans ce sens, la norme n'est pas un fruste mécanisme d'exclusion, mais un mécanisme de communication, car elle est « ce par quoi et ce à travers quoi la société communique avec elle-même ». En d'autres termes, le partage ordinaire et institué entre normal et anormal exprime essentiellement un rapport au « soi du groupe ».

Pour cette raison, les névroses ontologiquement ancrées dans le « différentiel quantitatif » et dans l'« anormalité » peuvent nous instruire sur ce que sont la normalité psychologique et ses vulnérabilités potentielles, ce qui est beaucoup moins sûr dans le cas des psychoses qui sont quant à elles ontologiquement ancrées dans le « différentiel qualitatif » et dans l'« anomalie ». D'un côté, il y a continuité fondamentale dans la différence de degré, de l'autre, discontinuité fondamentale dans la rupture. Dans les mots de Freud, « s'il se confirme que les névroses ne diffèrent par rien d'essentiel de l'état normal, leur étude promet d'apporter à la connaissance même de cet état normal de précieux renseignements ». Mais aussi, « nous découvririons peut-être les "points faibles" d'une organisation normale[18] ». Freud lui-même trouve néanmoins cette explication trop générale et insuffisante pour caractériser un état de souffrance, d'inadaptation ou de dysfonctionnement comme étant psychopathologiquement « spécifique », en l'occurrence comme une névrose. En effet,

> l'étiologie indiquée [les disharmonies du « normal »] vaut pour tous les cas de souffrance, de détresse et d'impuissance psychiques, toutefois ces états ne seraient tous être qualifiés de névrotiques. Les névroses se distinguent par certains caractères spécifiques et constituent des *misères d'un genre particulier*[19].

18. Freud 2001, p. 53
19. *Ibid.* C'est nous qui soulignons.

Du normal mal dosé ou mal distribué (inné, acquis ou événementiel) soit, mais pour quelles raisons l'appeler névrose ? Freud ajoute deux précisions largement connues pour qualifier le « genre particulier » de ces misères psychologiques générales, à savoir : 1) les « névroses naissent de préférence durant la première enfance[20] », et 2) elles sont en lien avec la « répression [civilisationnelle] de la fonction sexuelle ». Famille et culture (ou civilisation), enfance et sexualité ont part liée avec l'étiologie de la névrose. Freud admet lui-même volontiers les dimensions sociales de la névrose, ce qui est bien plus laborieux et hasardeux à faire dans le cas des psychoses :

> Éducateurs et parents en tant que précurseurs du surmoi restreignent, au moyen d'interdictions et punitions, l'activité du moi et favorisent ou même imposent l'instauration des refoulements. Il convient de ne pas oublier non plus, parmi les causes déterminantes des névroses, l'influence de la civilisation. Or, les exigences de celle-ci se traduisent par l'éducation familiale[21].

« Influence de la civilisation », « éducateurs », « parents », « éducation familiale » provoquent l'« instauration des refoulements » signalés comme les causes déterminantes des névroses. Or, comme on le verra, la famille et la répression de la fonction sexuelle demeurent absents des récits de l'« immense foule » des nerveux contemporains, c'est-à-dire des déprimés. La famille, mais aussi l'« éducation familiale » et l'« influence de la civilisation » ont profondément changé : familles recomposées, structures de garde pour l'enfance, socialisation entre pairs, libération des femmes, mariages gais, redistribution des

20. *Ibid.*, p. 54. Freud affirme : « Il semble que les névroses ne s'acquièrent qu'au cours de la prime enfance (jusqu'à 6 ans), bien que leurs symptômes puissent être bien plus tardifs. »

21. *Ibid.*, p. 55.

rôles familiaux, déclin de la figure du père, montée des droits des enfants, monoparentalité, vie en solo, etc. Comment alors ne pas penser que ces changements aient pu ravaler certaines des caractéristiques distinctives des anciennes « misères d'un genre particulier » et en apporter d'autres « d'un autre genre » ?

L'affirmation de Freud qu'« au cours du développement de la civilisation, aucune fonction n'a été aussi énergiquement et aussi largement réprimée que la fonction sexuelle » contraste fortement avec la place et le rôle de la sexualité dans les sociétés occidentales contemporaines. En effet, la tolérance envers la diversité sexuelle, la bisexualité et l'homosexualité ouvertement pratiquées, et les phénomènes tels que la pornographie de masse, l'exigence de jouissance ou les médicaments de performance sexuelle montrent bien que la répression de la « fonction sexuelle » est bien loin de constituer l'une des « tâches » actuelles de la « culture ». Aujourd'hui, il s'agit plutôt de stimuler et de soutenir le désir et la jouissance souvent aux prises avec l'apathie, l'inhibition, l'indifférence, l'impuissance. Les déprimés, comme nous le verrons, ne font que très occasionnellement allusion à leur sexualité. Ce souci apparaît loin derrière les symptômes plus graves qu'ils subissent et qui affectent globalement l'action, le fonctionnement social, la performance. Mais lorsqu'il est évoqué, c'est de l'inhibition du désir, de la libido introuvable qu'il est question, jamais de sa répression. Si le sexuel refoulé était un critère *sine qua non* pour entrer dans l'univers privilégié des névroses freudiennes, son absence totale sera quant à elle un critère tout aussi incontournable pour entrer dans celui, moins prisé, de la dépression. Le DSM-IV semble largement plus préoccupé de soutenir le désir sexuel en panne que de l'inhiber dans ses débordements de plus en plus rares.

Un dernier mot concernant la misère psychologique d'hier. Comme l'a bien souligné le Freud du *Malaise dans la culture*, la misère psychologique est devenue une misère de masse d'un « genre particulier », différent de la misère névrotique, ce qui, de l'avis du père de la psychanalyse, constitue un fait inédit. Certains psychanalystes affirment que la névrose était un privilège dans l'univers de la santé mentale par rapport à d'autres problèmes de santé mentale, car elle permettait de « se connaître », cela, bien entendu, avec l'aide précieuse de l'analyste. Mais la névrose était aussi un privilège d'un autre genre, de même que les moyens pour la combattre, à savoir : un privilège de classe. Les ouvriers ne fréquentaient pas le divan des psychanalystes, ils ne faisaient que rarement partie de « l'immense foule de névrosés ». Les névroses, de même que les cures psychanalytiques, ont toujours été essentiellement réservées aux bourgeois et aux petits bourgeois ou, si l'on veut, aux classes moyennes. La structure de classes a toujours été une borne solide attachant névroses, névrosés et psychanalyse.

Freud, fils, après tout, de son siècle patriarcal, hiérarchisé et ethnocentriste, écrivait : « Le barbare, il faut bien l'avouer, n'a pas de peine à bien se porter, tandis que pour les civilisés, c'est là une lourde tâche. » Le barbare n'est pas seulement l'étranger non occidental, il est aussi l'ouvrier, le pauvre, le déshérité, celui qui est dépourvu de « culture » et peu équipé en ressources langagières pour étaler les détails d'une plainte interminable au fil des séances non moins interminables et financièrement inabordables. En échange de ces carences anthropologiques, le barbare est épargné par ces « misères d'un genre particulier » qui atteignent de préférence, semble-t-il, les civilisés. Si les névroses étaient socialement très « sélectes », puisant leurs malheureux dans un bassin de « presque normaux » civilisés, les dépressions semblent quant à elles choisir leurs proies de manière plus démocratique, recrutant même davantage leurs cohortes parmi les plus défavorisés. Étrange démocratisation de la misère psychologique dans les sociétés contemporaines, qui trouve ses proies partout, même chez les plus « barbares », mais qui ne va pas toutefois jusqu'à reconnaître leur misère matérielle.

On l'a dit, tout le monde aujourd'hui semble avoir le droit de se faire reconnaître dans sa souffrance psychologique au même titre que chacun est égal devant la loi. L'assisté social inactif et l'ouvrier exploité ont le droit d'être déprimés (ou anxiodéprimés) tout autant que le rentier oisif et l'homme d'affaires débordé. C'est une question qui n'est ni morale, ni psychologique, ni psychopathologique, mais bien sociologique : une société d'individualisme de masse permet, voire en est la condition de possibilité, une souffrance psychologique de masse, cette misère d'un autre genre que Freud apercevait sans doute dans la société étasunienne. Elle permet aussi, voire commande, la distribution massive de moyens pour gérer cette misère psychologique. On évaluera dans les chapitres suivants, à la lumière des caractéristiques concrètes de la dépression contemporaine, si le terme « souffrance » convient pour nommer la nouvelle misère psychologique. Pour l'instant, le terme « misère » semble plus adéquat, d'autant plus que son marquage de classe a été fortement affaibli par sa diffusion tous azimuts, et surtout vers le bas.

Freud affirmait en toute cohérence que c'est à l'étude des névroses que « nous devons les indications les plus précieuses pour la compréhension du normal ». Remplaçons *normal* par *ordinaire* pour atténuer la charge psychopathologique qui teinte forcément ce qu'on est en train de désigner, comme c'est le cas lorsque certains sociologues parlent d'aliénation pour caractériser ceux et celles qui ne partagent pas leurs analyses. Si les névroses s'effondrent, quelle *misère* à la fois psychique et sociale, individuelle et collective nous parle alors de l'individualité ordinaire qui a cours ? Quelle forme prend l'ombre portée de l'individualité contemporaine ? Mais d'abord, peut-on parler, comme on l'a fait à une certaine époque, de sociétés malades « mentalement », aliénées, névrosées, folles parce que certains problèmes de santé mentale semblent très généralisés ? Si oui, en s'appuyant sur quels critères et sur quels savoirs ? Ne serait-ce que pour une question d'échelle, ne devrait-on pas se rabattre, dans un premier temps, sur la sociologie et abandonner un instant la psychologie, la psychanalyse et la psychiatrie ?

Pour Freud, il est tellement clair que le « développement de la culture ressemble [...] à celui de l'individu et travaille avec les mêmes moyens » qu'il se permet d'affirmer que « maintes cultures — ou époques de la culture — sont devenues "névrosées" ». C'est ici que nous nous dissocions foncièrement de son analyse et de ses intuitions parfois géniales. Ce n'est pas le rôle de la psychanalyse (ou des autres orientations psychologiques) de formuler une théorie de la société à partir de la généralisation indue de cas particuliers, comme ce n'est pas le rôle de la sociologie de formuler une théorie du psychisme, de la psyché ou de la personnalité. Ni l'une ni l'autre ne sont équipées pour le faire, et les pastiches freudo-marxiens d'hier et d'aujourd'hui montrent le naufrage auquel sont vouées de telles entreprises. Le diagnostic psychologique des maux de société présente d'autres difficultés épistémologiques majeures. Freud le signale lui-même avec clarté :

> Ce qui dans la névrose individuelle nous sert de premier point d'appui, c'est le contraste par lequel le malade tranche sur son entourage supposé « normal ». Un tel arrière-plan manque dans une masse atteinte d'une affection similaire, il faudrait aller chercher ailleurs[22].

Mais où ? Où est-il, cet « ailleurs » ? Et même si l'on trouvait ce point d'appui utopique (la description théorique du normal absolu, tel ou tel paradis polynésien sans violence ni sexisme ni fumeurs, la communauté thérapeutique libre des antipsychiatres, la société communiste sans division du travail, la cité de Dieu, etc.), comment s'attaquerait-on à la « névrose sociale » ? Bien sûr, ce serait en diffusant une psychanalyse à la masse, fût-elle barbare ou civilisée. Mais comment la lui imposer ?

> De quel secours serait l'analyse la plus pertinente de la névrose sociale, puisque personne ne possède l'autorité pour imposer la thérapie à la masse ? Malgré tout ce surcroît de difficultés, on peut s'attendre à ce qu'un jour quelqu'un s'engage dans l'entreprise hasardeuse d'une telle pathologie des communautés culturelles[23].

---

22. Freud 2004, p. 88.
23. *Ibid.*

Freud, un peu désabusé, mentionnera encore : « Je ne pourrais pas dire qu'une telle tentative de transférer la psychanalyse à la communauté de la culture serait insensée ou condamnée à la stérilité. » Quatre-vingts ans plus tard, on peut certes affirmer qu'une telle tentative semble insensée et stérile, surtout si le but est de venir à bout de la nervosité sociale. Toutefois, si on observe le déploiement inusité des stratégies d'intervention en santé mentale, qui vont de la prévention du suicide à la promotion du bonheur, en passant par la gestion du moindre épisode de stress, on assiste à un succès stratégique remarquable des « thérapies psychologiques de masse ». On ne peut s'empêcher de penser à l'enquête de Michel Foucault sur les paradoxes du dispositif de la sexualité en Occident. Foucault a étudié, dans *La Volonté de savoir,* la vaste mobilisation de ressources déployées autour du thème du sexe, qu'il appelle le dispositif de la sexualité[24]. Elle semble avoir échoué, si les objectifs poursuivis était ceux proclamés explicitement par ses porte-parole médicaux, politiques, économiques et moraux : supprimer l'onanisme, encadrer les pratiques sexuelles perçues comme perverses chez les adultes, réguler la croissance démographique, etc. En revanche, si l'objectif stratégique n'était pas tant de supprimer des sexualités « errantes ou improductives » que de leur donner « une réalité analytique, visible et permanente » susceptible d'être interpellée et gérée plus efficacement, la mobilisation autour de la sexualité semble avoir réussi admirablement[25].

On pourrait en dire autant des « dispositifs » qui se construisent actuellement autour des problèmes de santé mentale, de l'inadaptation sociale, du dysfonctionnement, de la marginalité, de la contre-

---

24. Foucault 1976.

25. Ceux qui ont analysé le contexte intellectuel français de la parution de *La Volonté de savoir* affirment que la cible des ironies de Foucault semble être non pas tant la médecine et la psychiatrie que l'« inflation psychanalytique » ambiante dont Lacan, ou plutôt le « lacanisme », était l'un des principaux responsables. Éribon 1989, 1994.

performance ou de la pauvreté des sujets : leur échec pour ce qui est des objectifs poursuivis n'empêche pas le succès de leur déploiement stratégique qui donne « une réalité analytique, visible et permanente » aux troubles mentaux les plus improbables. La psychanalyse, avec « sa » névrose, a à la fois échoué et réussi, car les doutes sur son efficacité thérapeutique n'ont d'égale que la certitude suspecte de son implantation massive[26]. Aujourd'hui, c'est à d'autres thérapies, avec « leurs » troubles, d'en faire autant, c'est-à-dire d'échouer et de réussir simultanément, car c'est d'une autre société qu'il s'agit.

Psychisme et société : irréductibles et inséparables

Le dialogue entre la sociologie et la psychanalyse, et aujourd'hui entre la psychiatrie et la psychologie, ne peut se faire qu'au plus grand degré de généralité en respectant les objets de chaque discipline ; aux endroits où elles se croisent par la force des choses (empiriques, méthodologiques ou théoriques), sans jamais pour autant se substituer l'une à l'autre.

Les ethnopsychiatres, du moins certains d'entre eux, ont fait preuve de cette volonté épistémologique de respecter à la fois la spécificité de la vie psychique et la spécificité de la vie sociale. Ils ont signalé trois dérapages théoriques assez courants et lourds de conséquences sociales et thérapeutiques : 1) l'élargissement indu du champ de la psychiatrie qui lui permet de capter certains problèmes sociaux et certains comportements hors normes, déviants ou extravagants dans la logique étroite des maladies mentales ; 2) les généralisations théoriques psychologisantes qui tentent d'expliquer les phénomènes

26. À ce sujet, voir les classiques de Robert Castel : *Le Psychanalysme* (Castel 1973) et *La Société psychiatrique avancée, le modèle américain* (Castel, Castel et Lovell 1979).

sociaux à partir de l'analyse de la psyché individuelle ; et 3) l'interprétation abusive de certaines orientations théoriques culturalistes, relativistes et constructivistes affirmant que tout problème de santé mentale est une « construction sociale » échafaudée à partir du repérage d'un comportement déviant ou problématique qu'on veut réprimer, contrôler, gérer. La double critique du culturalisme (le culturel fonde le psychisme) et du psychologisme (le psychisme fonde le culturel) cherche à montrer que culture et psychisme sont irréductibles et inséparables (Georges Devereux dira co-émergents[27]). Prenant leurs distances de la quête sans fin des philosophes et des neuroscientifiques d'un pont mystérieux entre le corps (cerveau, neurones, neurotransmetteurs) et l'esprit (pensée, conscience, comportements intentionnels), les ethnopsychiatres postulent plutôt la nécessité d'une épistémologie complémentaire qui ferait le pont entre la psychiatrie, la psychanalyse et la psychologie, d'une part, et l'ethnologie, la sociologie et l'histoire, d'autre part, et ce pour comprendre ce que la « folie » (psychoses et névroses) veut dire sans la détacher de la norme ni la réduire à une déviance de la norme.

La normalité psychologique est une réalité différente, mais non détachée, de l'adaptation (ou de la normalité) sociale. Cette dernière, tout comme l'inadaptation sociale, peut contribuer tant à la folie qu'à la santé mentale. On peut être fou et adapté (les cas célèbres de psychopathes menant une vie sociale normale en sont en exemple), comme on peut être inadapté et en bonne santé mentale (comme dans le cas d'artistes sains d'esprit menant une vie extravagante). Les antipsychiatres des années 1960 et 1970 ont bien signalé l'une des dimensions de ce glissement illégitime entre normalité sociale et normalité psychologique en critiquant les modes de prise en charge institutionnalisés qui s'attaquent le plus souvent exclusivement au « soi social » de l'individu (ou, si l'on veut, à la part sociale de soi) dans un

27. Devereux 1970.

souci clair d'adaptation, de réhabilitation, de réinsertion, plutôt que de chercher à intervenir sur une singularité quelconque[28]. De l'aliénisme des temps héroïques à la psychiatrie et à la psychopharmacologie contemporaines, en passant par la psychanalyse et les humanismes psychothérapeutiques, la fonction thérapeutique et la fonction d'adaptation sociale ont toujours été institutionnellement harmonisées[29]. Les interventions contemporaines en santé mentale débordent comme jamais auparavant l'univers clinique pour plonger directement dans la socialisation courante des individus, groupes, populations, etc.

Mais cela ne résout pas un problème théorique majeur : s'il est tout à fait aisé de définir la « normalité sociale » en référence directe à la capacité d'adaptation sociale des individus, il semble pourtant impossible d'arriver à une définition de ce que serait la « normalité psychologique » individuelle sans tomber dans des généralités peu opérationnalisables[30] ou dans des substantialismes anthropologiques (la nature humaine est ceci ou cela). On peut toutefois garder à l'esprit

---

28. Sur ce sujet, voir Otero 2005.

29. Foucault montre que, pour Philippe Pinel, « ce qui constitue la guérison du fou, c'est sa stabilisation dans un type social moralement reconnu et approuvé ». Il ne s'agit pas de redevenir tout simplement sain d'esprit, car l'humanité perdue ne peut être recouvrée que dans des « espèces sociales toutes constituées qui ont sommeillé longtemps sous la folie ». Le serviteur fou redevient un serviteur sain d'esprit, le général fou redevient un général sain d'esprit, le bourgeois fou redevient un bourgeois sain d'esprit. Chacun reprend ses rôles sociaux, en quelque sorte, là où il les a laissés. Foucault 1977, p. 594-595 ; voir aussi Foucault 1976 ; Castel 1973 ; Otero 2003.

30. François Laplantine énonce quatre critères de normalité « métaculturelle » que l'on peut résumer comme suit : 1) aptitude à la communication ; 2) solidarité de la culture avec les intérêts du moi plutôt qu'avec les pulsions du ça et les intérêts du surmoi ; 3) aptitude à s'aimer suffisamment soi-même, à préférer vivre plutôt que mourir ; 4) reconnaissance d'un monde extérieur distinct de soi. Laplantine 1988, p. 96-97.

une idée féconde que Roger Bastide emprunte à Canguilhem : le normal psychologique doit être entendu comme la « capacité d'être normatif » dans son environnement plutôt que comme la capacité d'adaptation à la norme. Cette capacité, individuelle et collective, renvoie à la possibilité de « modifier la norme à partir de la norme », c'est-à-dire de la chair du social, condition de possibilité de toute vie psychique. Dès lors que l'on constate l'inexistence d'un quelconque vide social ou d'une essence anthropologique immuable qui pourrait s'épanouir fidèle à elle-même et exercer sa souveraineté, un certain relativisme semble incontournable. En effet, hier comme aujourd'hui, ce sont les agences gouvernementales, les familles ou les personnes affectées elles-mêmes, du moins une partie d'entre elles, qui « savent » — et ce savoir est social — ce que signifie avoir un problème de santé mentale et qui demandent ou mettent en œuvre une réponse thérapeutique institutionnalisée (médicament psychotrope, psychothérapie, internement, accompagnement, soutien social, revendication de droits particuliers, etc.).

La définition d'un problème comme appartenant au champ de la santé mentale est un processus social, culturel et médical complexe. Il demeure toutefois un constat plus empirique que théorique selon lequel certains problèmes de santé mentale semblent être plus proches des variations de la normativité sociale que d'autres. Si l'on sépare génériquement les « psychoses », troubles sévères et handicapants touchant une minorité de la population, des « névroses », troubles moins handicapants mais très répandus, on peut constater la relative stabilité des premières et la relative instabilité des secondes. Les névroses possèdent le plus souvent certaines caractéristiques communes : 1) elles semblent historiquement volatiles (elles apparaissent, deviennent épidémiques et disparaissent, par exemple l'hystérie hier et la dépression aujourd'hui) ; 2) elles donnent lieu à des thérapies « spécifiques » (hypnose et hystérie, psychanalyse et névroses, antidépresseurs et dépression, anxiété et anxiolytique, etc.) ; 3) elles sont « floues » (symptomatologie riche et ambiguë, définition et diagnostic ardus) ; 4) elles constituent de formidables révélateurs de la normativité sociale qui a cours à une époque donnée (hystérie et répression de la sexualité, particulièrement féminine ; névrose, tensions familiales et restrictions sexuelles ; dépression comme contre-figure des exigences contemporaines de performance sociale, etc.).

C'est en ce sens que certains pionniers de la sociologie des maladies mentales, comme Roger Bastide, affirmaient que les névroses génériques semblent constituer un objet d'étude plus adéquat pour la sociologie que les psychoses génériques[31]. Cette remarque est d'autant plus pertinente dans le cas des sociétés contemporaines, où la référence de la santé mentale, plus englobante, a remplacé celle de la maladie mentale, plus restreinte. Le « succès » sociologique et scientifique de la notion de santé mentale peut être compris comme « l'expression d'une réorganisation des rapports entre maladie, santé et socialisation », qu'Alain Ehrenberg résume à l'aide de l'image ironique du « grand renversement[32] ». Cette nouvelle transformation institutionnelle dans le champ de la folie / maladie mentale / santé mentale est marquée essentiellement par 1) un retournement hiérarchique majeur suivant lequel la maladie mentale (phénomène en principe restreint au domaine médical) devient un aspect subordonné à la santé mentale et à la souffrance psychique (phénomène multiforme, en élargissement constant et ouvert à de multiples domaines d'inter-

31. Bastide 1965, p. 73-103. Cela ne veut pas dire que les psychoses relèvent du domaine médical et les névroses du domaine social. Les travaux de Barrett, entre autres, montrent les complexes dimensions sociales de la schizophrénie, label qui réunit par ailleurs un ensemble de tableaux cliniques variés et complexes. Barrett 1999.

32. Je simplifie ici les arguments d'Alain Ehrenberg. La formule est une allusion au célèbre « grand renfermement » de Michel Foucault dans son *Histoire de la folie à l'âge classique*. Ehrenberg 2004b, p. 144 ; Foucault 1977.

vention[33]) ; 2) la promotion des modes de prise en charge permettant au patient en traitement (devenu usager, client, bénéficiaire, etc.) de devenir un acteur de « sa » maladie, de « sa » souffrance ou de « son » problème de santé mentale ; et 3) la subordination de la contrainte institutionnelle au consentement éclairé de l'« usager », lorsqu'il s'agit de mettre en œuvre une démarche thérapeutique.

Le nouvel usager est un « patient compétent », c'est-à-dire qu'il ne fait pas que « pâtir » ou s'allonger sur un divan pour étaler sa plainte, mais est capable de s'informer, de dépister et de gérer ses symptômes, d'évaluer l'efficacité ou la justesse de sa démarche thérapeutique. Il doit s'impliquer en tant qu'individu actif, conscient, éclairé et responsable dans la résolution de son problème de santé mentale. Ces trois dimensions du « grand renversement » sont autant de références aux règles de l'individualité contemporaine caractérisée par la promotion de l'autonomie, de la responsabilité personnelle et de la prise d'initiatives individuelles. Dans ce contexte, les problèmes de santé mentale, dont le cas de la dépression est paradigmatique, sont de plus en plus pensés en tant que « dysfonctionnements » qu'on pourrait définir rapidement comme la diminution de la performance sociale imputable (scientifiquement, symboliquement, socialement) à des déficits psychiques, psychobiologiques ou mentaux (manque de motivation, fatigue mentale, manque d'énergie, agitation, etc.).

Dans ce nouveau contexte, un vieux problème se pose à nouveau : comment démêler l'imbrication du dysfonctionnement social et du problème de santé mentale ? Est-il seulement possible de le faire ? En outre, l'accent mis sur le rôle de l'usager-client comme acteur non seulement de « sa » maladie mentale et de « sa » souffrance psychique, mais également de « sa » santé mentale, rend encore plus incertaine la distinction entre normalité psychologique (être normatif à par-

33. Pour une sociologie du phénomène de l'écoute de la souffrance psychique, voir Fassin (2004).

tir de la norme) et adaptation sociale (s'adapter aux impératifs sociaux). Normalité psychologique et normalité (ou adaptation) sociale se confondent-elles à nouveau ? L'autonomie n'est-elle pas devenue la grande norme de l'individualité contemporaine ? Être « adapté » signifie aujourd'hui que l'on est un acteur autonome et responsable de sa trajectoire de vie, qui fait face face aux problèmes et profite des occasions offertes par un environnement social devenu un marché d'opportunités. Encore une fois, la normativité sociale semble rattraper ce qui tentait de lui échapper. Les antipsychiatres pensaient que les personnes qui sont véritablement en bonne santé mentale (et non seulement adaptées) avaient la capacité de ruser avec les rôles sociaux. Dans le contexte normatif actuel, peut-on encore ruser ? Comment ? Quelle forme prendrait aujourd'hui une santé mentale distincte de l'adaptation sociale formulée en termes d'autonomie et de responsabilité ?

L'individualité assistée

Les culturalistes (le culturel fonde le psychisme) et les psychologistes (le psychisme fonde le culturel) se sont souvent entendus, bien que sans trop se parler, sur au moins un point majeur : les sociétés occidentales exigent des individus qu'ils fassent preuve d'une capacité d'adaptation permanente à des normes sociales en changement perpétuel. Margaret Mead avait déjà défini les sociétés occidentales comme « préfiguratives », c'est-à-dire comme des sociétés à changement très rapide où l'expérience transmise par les aînés semble peu utile aux plus jeunes, lesquels se trouvent dans une situation analogue à celle de l'immigrant ou du pionnier qui doivent tout apprendre par eux-mêmes[34]. Géza Roheim, critique acerbe des anthropologues qui

34. Mead 1978.

osaient récuser l'universalité du complexe d'Œdipe, soulignait un fait majeur en Occident : le passage des sociétés à évolution lente à des sociétés à changement rapide, qu'il nommait avant l'heure « sociétés à orientation thérapeutique[35] ». Dans ces sociétés, caractérisées par l'exigence d'un effort d'adaptation permanent de leurs membres, les interventions psychothérapeutiques (aujourd'hui on dirait de santé mentale) jouent un rôle majeur dans les processus mêmes de socialisation.

Le complexe et vaste univers actuel de la santé mentale s'étend partout (interventions psychosociales, psychothérapeutiques, psychopharmacologiques, psychoéducatives, dispositifs de parole et d'écoute, etc.) et constitue un lieu d'observation privilégié des différentes formes de régulation et de mise au point des conduites. Un lieu où se manifestent certaines injonctions sociales indiquant aux individus ce qu'on attend d'eux, un lieu où ceux-ci témoignent de leur résistance à ces injonctions par des symptômes, de la souffrance ou le « passage à l'acte » et, enfin, un lieu de reconduction des identités dans le cadre desquelles on est censé se reconnaître et fonctionner. Il ne s'agit plus seulement de pallier les « dysfonctionnements » psychologiques et sociaux, mais encore de produire des comportements désignés aujourd'hui comme « adaptés », en confiant à l'individu de nouvelles responsabilités de gestion dont celle d'ajuster continuellement ses règles de conduite pour évoluer de façon « adaptée » à l'intérieur de « dynamiques environnementales » instables (qu'elles soient professionnelles, familiales, conjugales, scolaires, amoureuses, amicales, sexuelles, de loisirs ou identitaires) dans lesquelles il est en permanence projeté en même temps qu'il en est soustrait. Toutefois, si les individus sont de plus en plus contraints d'agir « en leur propre nom », cela ne veut pas dire forcément qu'ils sont plus libres et autonomes, mais plutôt qu'ils sont soumis à de nouvelles règles sociales, et

35. Roheim 1967.

tout particulièrement, à la généralisation des normes de responsabilité individuelle et d'autonomie[36]. Les états dépressifs, on le verra, sont des révélateurs empiriques exemplaires des difficultés d'adaptation à ces exigences normatives éprouvées par des gens « presque ordinaires » dont on reconstruira après coup l'inventaire explicatif des « disharmonies quantitatives » en termes de prédispositions génétiques, de déséquilibres neurochimiques, de tensions relationnelles ou sociales.

S'il est vrai que la normativité sociale s'est transformée, la valorisation de certains modèles de conduite et la multiplication de certaines stratégies de gestion de comportements qui cherchent à les reconduire n'ont pas pour autant disparu. La réorganisation globale actuelle des stratégies d'intervention en santé mentale (de l'écoute de la parole souffrante à l'ordonnance juridique d'évaluation psychiatrique, en passant par la maintenance psychothérapeutique et psychopharmacologique) est indissociable de l'émergence d'un mode de régulation des conduites qui traduit une part significative des clivages, des tensions et des conflits sociaux en termes de « manque d'habiletés et de compétences psychosociales », de « perte d'autonomie », d'« inadaptation psychologique », de « fatigue mentale », de « ralentissement ou accélération psychomoteurs », d'« hyperactivité », de « troubles de l'humeur », de « troubles de l'attention », etc. Autant de « thèmes » qui signalent, dans les champs concrets de l'activité sociale (travail, école, famille, amitié, etc.), une faille codée comme psychologique ou psychiatrique (c'est-à-dire « mentale ») dans les modes d'institution de l'individualité contemporaine. Ces thèmes contribuent à baliser les contours de la vulnérabilité sociale comme l'envers des caractéristiques de l'individualité actuelle ou, en d'autres termes, la manière sociale d'être un individu aujourd'hui.

C'est donc cette individualité valorisée, reconduite, relayée sans

36. Beauvois et Dubois 2003 ; Castoriadis, 1998.

relâche par de multiples dispositifs de socialisation qui encourage les individus à se concevoir de plus en plus comme des êtres responsables et d'initiative dont le sort social ne dépend essentiellement que de leur capacité individuelle d'adaptation aux divers environnements dans lesquels ils évoluent. Cette exigence d'adaptation se révèle une tâche d'autant plus éprouvante que les « modes d'emploi » sociaux (comment s'adapter aux exigences sociales changeantes) sont eux aussi laissés davantage à la charge des individus. Ce supplément de travail d'adaptation sociale, mis sur le compte de la responsabilité individuelle et de la prise d'initiatives constantes, nécessite souvent des supports qui permettent d'agir de manière autonome[37]. Et les supports institutionnalisés sont de plus en plus psychologiques, psychopharmacologiques et psychosociaux, mais pas n'importe lesquels. L'exigence normative d'autonomie, de performance et d'adaptation continuelle, telle qu'elle se présente dans les sociétés libérales actuelles, semble en effet peu compatible avec des stratégies d'intervention « à long terme » et « en profondeur » comme celles qui s'inspirent de la psychanalyse. Il semble plus pertinent aujourd'hui d'intervenir exclusivement sur ce qu'on pourrait appeler les dimensions mécanique et énergétique de l'individualité, c'est-à-dire le corps machine (techniques cognitivo-comportementales) et le corps organisme (médicaments psychotropes), plutôt que sur l'épaisseur biographique et la singularité des sujets. Les témoignages des personnes dépressives qui seront rapportés plus loin dans cet ouvrage confirment largement ces besoins particuliers d'assistance psychologique de l'individualité contemporaine en termes « mécaniques » et « énergétiques ».

---

37. On n'insistera jamais assez : il n'y a pas d'individu sans supports sociaux, et les individus sont inégalement « supportés ». Robert Castel a largement analysé cette question. Voir, notamment, « Le défi de devenir un individu : esquisse d'une généalogie de l'individu hypermoderne », dans Castel 2009, p. 401-449. Voir aussi, sur la question des individus « par excès » et « par défaut », Castel et Haroche 2001 et Otero 2002.

C'est l'une des raisons pour lesquelles, dans le domaine de la santé mentale, le client, usager, groupe spécifique que l'on soigne, que l'on cherche à rendre « compétent » sur le plan psychosocial ou que l'on soutient ou accompagne professionnellement le temps d'une épreuve est de moins en moins envisagé comme un sujet parlant avec une histoire singulière. En effet, les médicaments psychotropes (antidépresseurs, stimulants du système nerveux central ou anxiolytiques) sont réputés être capables de réguler l'activité ou l'humeur[38] du sujet, et les techniques d'intervention psychosociale ou psychothérapeutiques (notamment d'inspiration cognitivo-comportementale, néohumanistes et communautaires) sont censées « réadapter » les compétences sociales par l'apprentissage de la gestion des comportements et des émotions en fonction des exigences environnementales du moment. Hier comme aujourd'hui, les thérapies « mentales » (psychopharmacologiques ou psychothérapeutiques) continuent de viser essentiellement les dimensions l'individualité sociale que l'on conçoit comme fragilisées, inadéquates ou inefficaces plutôt qu'une singularité subjective et historique individuelle. Bien que la plupart des intervenants en santé mentale se targuent de ce que leurs démarches thérapeutiques sont un moyen d'aider les « clients » à satisfaire leurs besoins à leur façon, hier comme aujourd'hui, dans l'immense majo-

38. Les médicaments psychotropes agissent-ils sur l'humeur (tristesse, excitation, etc.) ou sur l'action (ralentissement ou accélération des activités, de la pensée, etc.) ? Il s'agit d'un débat passionnant dans la psychiatrie contemporaine. Si l'on prend l'exemple de l'action thérapeutique des antidépresseurs, la tendance actuelle est d'affirmer que c'est la capacité d'action du déprimé qui est restaurée par les molécules chimiques. Lorsque le patient retrouve son dynamisme, il devient capable de lutter contre la tristesse, les pensées douloureuses et les idées noires, et non l'inverse. Encore une fois, c'est le corps qui se trouve au centre de la stratégie d'intervention. Daniel Widlöcher, psychiatre et psychanalyste, affirme : « Quelqu'un peut souffrir, mais pour qu'il soit déprimé, il lui faut plus que souffrir, il lui faut être bloqué dans ses activités. C'est toute la différence entre quelqu'un de triste, sur lequel les antidépresseurs n'auront pas d'effet, et un déprimé. » Widlöcher 1997, p. 73.

rité des cas, « ce dont le client a besoin » se confond très souvent avec « ce dont l'environnement a besoin ». Pourrait-il en être autrement ? L'individualité, ses « failles » et les nouveaux « remèdes » pour y faire face sont trois phénomènes largement institués, intimement liés, solidaires et en résonance permanente.

Dans le domaine de l'intervention en santé mentale, il est couramment admis aujourd'hui que l'un des déterminants sociaux des problèmes mentaux est le « stress environnemental », qu'on associe à l'instabilité de l'ensemble des contextes de vie actuels auxquels il faut s'adapter, à la fragmentation statutaire des positions sociales et à l'incapacité des individus à gérer adéquatement ce qui leur arrive[39]. En revanche, le renforcement de la capacité individuelle à s'adapter au stress environnemental plutôt qu'à problématiser les expériences de difficulté qui y sont associées constitue l'un des principaux déterminants psychologiques de la bonne santé mentale. L'un des psychiatres canadiens les plus prestigieux, Heinz Lehmann, affirmait que les deux facteurs essentiels dans la promotion de la santé mentale sont l'*empowerment* et la gestion du stress[40]. Inversement, l'une des dimensions essentielles de la vulnérabilité psychologique est l'incapacité des sujets « à faire face » au stress et à agir sur leur environnement, ce que l'on thématise souvent par les formules « manque de compétences psychosociales » ou « manque d'*empowerment* ». En d'autres mots, on signale l'incapacité des sujets à faire preuve d'autonomie, d'initiative, à prendre la responsabilité d'eux-mêmes et de ce qui leur arrive, bref, tout ce que l'on désigne couramment par l'expression « se

---

39. De nombreuses disciplines ont affaire à la « santé mentale » des sujets ou des groupes, dont la psychologie, la psychiatrie, la psychoéducation, la criminologie, la psychanalyse, le travail social, etc. Toutefois, la signification du mot *santé* et la nature, les limites et la localisation du « mental » sont l'objet de multiples débats. Pour une analyse approfondie de ce que le « mental » peut vouloir dire, voir Descombes 1995.

40. Lehmann 1997, p. XV-XVII.

prendre en main ». Encore une fois, dans la formulation des incapacités, des déficits et des dysfonctionnements, en un mot des « failles » de l'individualité[41], on ne peut plus distinguer l'adaptation sociale de la santé mentale, c'est-à-dire la normalité sociale de la normalité psychologique.

C'est dans cette optique qu'Ehrenberg fera de la dépression la figure de proue de la vulnérabilité sociale, parce qu'elle est un révélateur des transformations normatives dans les sociétés occidentales actuelles[42]. On peut résumer sa thèse en une phrase : le passage d'une société marquée par la référence à la discipline, au conflit et à la culpabilité à une société marquée par la référence à l'autonomie, la responsabilité et l'initiative. Les problèmes de santé mentale, actualisation, psychopathologique ou non, de la vulnérabilité sociale potentielle dont les causes sont l'objet de débats, et les thérapeutiques conçues pour les gérer (plutôt que pour les guérir) s'articulent autour de cette nouvelle référence normative. L'univers de la nouvelle vulnérabilité sociale est moins associé aux problématiques de l'interdit, du conflit et de la culpabilité qu'à celles de l'insuffisance (ne pas être à la hauteur), du déficit (le manque de certaines compétences sociales) et de l'action (les comportements inadaptés, inhibés ou surexcités). Le drame du dépressif n'est pas celui de la soumission du désir à la discipline, mais celui de l'impuissance. Car, comme le dit Ehrenberg, pour le dépressif rien n'est vraiment interdit, mais rien n'est vraiment possible non plus.

L'un des secrets du « succès social » d'un problème (ou trouble) mental, du moins dans le registre des « névroses génériques » telles que nous les avons définies, se trouve dans le fait qu'il est déjà partie intégrante de notre soi social ordinaire (l'individualité contempo-

---

41. Pour une sociologie de l'individu, voir notamment Martuccelli 2002, Caradec et Martuccelli 2004, Singly et Martuccelli 2009.

42. Voir Ehrenberg 1998.

raine) comme « faille » potentielle. Nous considérons ainsi comme socialement et psychologiquement vraisemblable la perspective d'y basculer un jour, moyennant certaines circonstances, les déclencheurs censés l'« activer » (contre-performance sociale, chômage, deuil, rupture conjugale, etc.), ou certaines prédispositions, les disharmonies quantitatives freudiennes qui permettent de l'expliquer après coup. Le succès social de la dépression n'est pas étranger à son admirable capacité empirique de coder efficacement l'envers de la nouvelle normativité, comme la névrose l'a fait autrefois. Ainsi, la dépression met en évidence ce dont nous ne sommes pas capables et ce dont nous devrions être capables pour être un individu aujourd'hui : devenir soi-même par soi-même.

Cette injonction sociale, et non psychologique, ne vise pas des individus particuliers, mais *la forme sociale actuelle de l'individualité dans chaque individu singulier.* Cette injonction d'être soi par soi ne se pose pas non plus en termes de sujet préalable, mais en termes de sujet présent et, surtout, de sujet à venir. Dans cette perspective, le passé importe peu, le sujet se construit comme fuite en avant dont les repères se formulent en termes de projets de vie successifs ou multiples (du plan de carrière à la planification de la retraite, en passant par les formations permanentes ou ponctuelles) pour mieux s'adapter à ce qui viendra, quand ça viendra. Les témoignages des individus déprimés analysés dans les chapitres 4 à 8 confirment ces tendances.

À moins de considérer les stratégies d'intervention en santé mentale et leurs objectifs comme purement « mentaux » (psychologiques, psychiatriques, psychobiologiques, etc.), comme détachés du social, l'utopie psychiatrique ou sociologique d'une société sans problèmes de santé mentale ne peut pas se réaliser[43]. Les agences gouvernemen-

43. Pour une liste des objectifs thérapeutiques loufoques dans le domaine de la santé mentale dans le cas du Québec, voir « Le bonheur est enfin possible », dans Otero 2003, p. 278-311.

tales qui signalent la multiplication des problèmes de santé mentale oublient qu'elles-mêmes y ont contribué, ne serait-ce que symboliquement, par le changement de la définition même de la santé, à savoir : « La santé est un état de complet bien-être physique, mental et social et ne consiste pas seulement en une absence de maladie ou d'infirmité[44]. » Désormais, il semble aussi difficile de trouver des individus dont l'état de bien-être physique, mental et social soit « complet » qu'il est facile de répertorier de nouvelles formes d'« incomplétude », notamment dans l'univers de la santé mentale, bien plus large et ouvert que celui de la plus modeste maladie mentale. L'état de santé mentale idéal tel que le définit l'Organisation mondiale de la santé (OMS), cette « complétude » physique, mentale et sociale, est un contresens sociologique. Il y aura une « nervosité d'adaptation », constitué par ces névroses génériques qui apparaissent, deviennent épidémiques et disparaissent tant qu'il y a aura de la normativité, des modèles d'individualité, c'est-à-dire des modèles de société. Car la « nervosité sociale » est, entre autres, une manière d'exprimer, par des symptômes, de la souffrance ou des « passages à l'acte », de la résistance, de l'inconfort, un sentiment d'inadéquation ou d'incompréhension vis-à-vis des injonctions sociales. Hier les névroses freudiennes, aujourd'hui les anxiodépressions permettent de mettre en lumière les tensions produites par la *forme sociale de l'individualité dans chaque individu singulier.* Si les vieilles définitions de la santé renvoyaient au *silence dans la vie des organes,* la définition actuelle de la santé mentale « complète » renvoie à un autre silence social qu'on confond trop souvent avec la société idéale : l'adaptation de la vie aux institutions.

De même que l'énorme diffusion, jusqu'au milieu des années 1970, de la psychanalyse comme grille d'analyse et thérapeutique de choix de nombreux problèmes de santé mentale n'a pas dimi-

44. C'est la définition de la « santé » qui figure dans la constitution de l'OMS.

nué la souffrance psychique ni ses conséquences, l'explosion de la consommation des médicaments psychotropes et des techniques psychothérapeutiques cognitivo-comportementales ne semble pas, elle non plus, avoir réussi à diminuer de façon significative le nombre ni la variété des problèmes de santé mentale contemporains. En effet, les agences gouvernementales locales et internationales sonnent l'alarme quant à l'augmentation inédite des problèmes de santé mentale (dépression, anxiété, *burn-out,* suicide, hyperactivité, toxicomanies, etc.) et à leurs conséquences socioéconomiques importantes (absentéisme, augmentation exponentielle de la consommation de médicaments psychotropes, criminalité, multiplication des consultations médicales, etc.[45]). Pourtant, les avancées des neurosciences, de la psychopharmacologie, de la psychiatrie et de la psychologie, que l'on qualifie de spectaculaires, laissent croire que l'on diagnostique de façon plus précise et que l'on soigne plus efficacement. Peut-on prétendre avoir la capacité de mieux soigner alors même qu'on assiste à une multiplication inédite de problèmes de santé mentale ? Comment expliquer ce mariage étrange entre optimisme thérapeutique et pessimisme épidémiologique ? Comme d'autres problèmes de santé mentale largement répandus dans la société, ce qu'on appelle la dépression n'est pas à classer seulement dans le répertoire de troubles mentaux, mais également dans le répertoire des épreuves de l'individualité contemporaine.

L'individualité à l'épreuve de la dépression

La dépression telle qu'elle se manifeste empiriquement à l'échelle du social ainsi que la manière institutionnalisée de la combattre, de la gérer ou de l'accueillir constituent un phénomène à la fois social et

45. OMS 2001.

psychologique. La dépression est certes une expérience psychologique individuelle qui, très souvent, on le verra, est vécue de manière solitaire avec l'assistance impersonnelle des experts. Mais elle exprime en même temps les caractéristiques d'une individualité sociale inadéquate, insuffisante, prise en défaut à un moment inattendu de la vie, événement sur lequel les individus singuliers n'ont aucune prise, ou du moins, très peu. Pour cette raison, l'épreuve dépressive nous parle autant de l'expérience individuelle intime que de l'individualité sociale courante, « celle qui a cours » plutôt que celle que l'on qualifierait de « normale » au sens du clivage médical entre le normal et le pathologique. Est-il possible de parler de ses épreuves, même les plus intimes, sans parler de ce qui est *socialement considéré* comme une épreuve ? Est-il possible de conceptualiser une expérience comme une épreuve sociale sans tenir compte de ce que les individus particuliers éprouvent ?

L'individualité sociale ordinaire est donc celle qui a cours à un moment donné, dans une société donnée, et à laquelle on doit, d'une manière ou d'une autre, « se référer ». Cela ne veut pas dire qu'il faille s'y identifier ou s'y plier, ou encore chercher à connaître cette individualité pour la contester ou l'abolir dans un combat individuel ou collectif, théorique ou pratique. La référence à l'individualité ordinaire permet de « savoir qui on est » par rapport aux autres dans une société d'individualisme de masse et, de manière moins positive, de « se savoir » à un degré ou à un autre, d'une façon ou d'une autre, « en défaut », « en décalage » et, plus rarement, « en marge » de ce qu'on demande d'être et de faire à chaque individu en fonction des différentes configurations dans lesquelles il évolue : coordonnées socio-économiques, groupes socioprofessionnels, groupes d'âge, groupes de genre, communautés ethnoculturelles, etc. En s'y référant, les individus particuliers prennent alors à la fois « connaissance » et « distance » de l'individualité sociale qui les concerne selon leur position sociale, car s'y référer oblige à se singulariser par rapport à une référence commune que nul n'est censé ignorer.

Pas d'individu, donc, sans référence à l'individualité sociale ordinaire. Pas d'individualité sociale sans individus singuliers qui y prennent constamment, dans chaque acte de leur vie et de multiples manières, « connaissance » et « distance ». L'individualité sociale ordinaire n'est ni normale ni pathologique, ni bonne ni mauvaise, ni critique ni aliénée, elle est, sinon institutionnalisée, du moins distribuée comme la moyenne de ce qu'il est souhaitable d'être et de faire non seulement de manière vague et générale dans une société, mais aussi de manière plus spécifique dans chaque classe, groupe, communauté ou collectif où les individus évoluent en faisant la preuve constante de leur singularité sociale.

La notion d'épreuve empruntée librement à Danilo Martuccelli permettra d'analyser les expériences dépressives concrètes chez des individus particuliers dans un va-et-vient continuel entre, d'une part, ce que les personnes déprimées vivent de manière individuelle et privée et, d'autre part, les significations collectives, publiques, partagées et codifiées par de nombreuses instances (médias, disciplines scientifiques, institutions, etc.) sur lesquelles l'individu n'a que peu d'influence. On mettra l'accent sur une « lecture latitudinale des épreuves » en les analysant à partir de la réunion des témoignages recueillis « autour des tensions propres à une épreuve type ». Il faut tout de suite faire deux mises au point : 1) la notion d'épreuve ne renvoie nullement à l'univers du pathologique (psychopathologie ou sociopathologie) et il n'est nul besoin de recourir à cette « fonction psychiatrique » pour l'analyse sociologique du phénomène de la dépression ; 2) la notion d'épreuve de Martuccelli s'inscrit dans une sociologie de l'individuation, ce qui la situe à l'antipode d'une sociologie de l'individu comme acteur autonome et de toutes les variantes de la psychologie des actions individuelles ou collectives.

La notion d'épreuve est un opérateur analytique qui permet de « relier les processus structuraux et les places sociales avec les itinéraires personnels dans la manière même dont les individus sont produits et se produisent[46] ». La prise en compte des trois niveaux que sont l'histoire, la structure sociale et la trajectoire individuelle prévient le glissement courant qui consiste à « transformer les tensions sociales et historiques d'une époque en épreuves morales et psychologiques ». Les épreuves sont des « défis historiques, socialement produits, inégalement distribués, que les individus sont contraints d'affronter ». La dépression, comme la névrose autrefois, est un défi pour l'individualité ordinaire de son temps. Elle la met à l'épreuve tout en révélant ses principales caractéristiques et exigences, auxquelles tous les individus sont confrontés. Elle est socialement produite et conceptualisée par des disciplines spécifiques, et captée par des institutions collectives qui tenter de la définir et de la gérer. Elle est étroitement associée aux tensions de son époque, en l'occurrence à celles du monde du travail et à celles du rapport à ses propres capacités sociales et à soi-même. Elle est inégalement distribuée, notamment en ce qui concerne le sexe, l'âge et la situation socioéconomique. Enfin, on est contraint de l'affronter en recourant à certains moyens thérapeutiques spécifiquement institutionnalisés pour la traiter, la gérer, l'accueillir.

Rien ne garantit l'issue des épreuves : on peut échouer, stagner ou réussir, car bien qu'« elles ne [soient] pas indépendantes des places sociales, elles sont hétérogènes à places identiques ». La structure sociale agit certes sur les dynamiques des épreuves — les données épidémiologiques le montrent aisément dans le cas de la dépression —, mais elle le fait indirectement « au travers du jeu spécifique de consistances sociales entourant l'individu ». Lorsqu'on dit « individu », on ne fait pas allusion à une singularité exceptionnelle, arbitraire et aléatoire en ce sens que, dans les sociétés d'individualisme de masse, l'« individu cesse d'être perçu comme une déviance singulière vis-à-vis d'un modèle général et devient lui-même le modèle à accomplir ». En effet, les parcours sociaux se complexifient à la fois par la

46. Cette citation et les suivantes proviennent de Martuccelli 2006.

multiplication des expériences de fragilisation statutaire et par des bifurcations incessantes stimulées par de nouvelles possibilités qui s'offrent aux individus et qui ne sont pas exemptes d'incertitudes supplémentaires. Dans ce contexte sociétal, les épreuves *unifient* les trajectoires individuelles et fournissent en quelque sorte une grammaire commune qui permet une lecture sociale de l'individualité qui a cours. Cette conception qui postule à la fois l'individualisme institutionnel et l'élasticité foncière du social commande d'abandonner tant « l'idée d'enchevêtrement organique entre position et type d'acteur, structure sociale et type de personnalité » que les individualismes méthodologiques en tout genre. Si enchevêtrement il y a, il existe entre les « failles » de l'individualité, dont la dépression qui nous occupe, et le mode d'individuation, si on entend par là « une manière spécifique de cerner le processus de fabrication des individus ».

Martuccelli différencie les épreuves des simples événements en signalant que les premières « ne sont nullement fortuites ou arbitraires dans une société et à un moment historique donnés ». S'il est vrai que « dans toute société l'individu est confronté à un nombre très important d'épreuves », dans les sociétés d'individualisme de masse, « elles font partie de la perception ordinaire qu'ont les individus de leur propre vie ». Toutefois, « la grammaire des épreuves résiste à la dissolution de l'analyse sociologique dans une simple analyse comptable d'ensemble des moyens divers par lesquels les acteurs dessinent leurs stratégies ». Le processus d'individuation est paradoxalement « le plus certain principe d'unité de la société contemporaine. Une étude sur l'individuation souligne d'emblée le principe d'unité ».

On soutiendra, dans cet ouvrage, que la dépression est l'une des épreuves emblématiques de l'individuation. Les grammaires de la dépression mordent à la fois, on le verra dans les chapitres 4 à 8, dans le « corps social » et dans l'« esprit social » des individus, c'est-à-dire qu'elles s'attaquent à l'ensemble de l'individualité sociale. De même que l'« ensemble d'éléments structurant l'individuation ne se situe jamais au niveau de l'individu lui-même », l'ensemble des « failles » de l'individualité codées en l'occurrence comme troubles mentaux (des ensembles de symptômes et de signes qu'on dit cliniquement significatifs) ne peut être compris sans faire appel aux résonances collectives qui *unifient, organisent et structurent* les expériences individuelles qu'il s'agit d'examiner. On a beau vivre dans des sociétés d'individualisme de masse, on ne souffre pas comme on le veut, on ne dysfonctionne pas comme on le veut et on ne se soigne pas comme on le veut. Les misères psychologiques d'hier et d'aujourd'hui, c'est-à-dire la nervosité sociale ordinaire, tout comme l'épreuve, engagent « une vision de l'individu différente de celle du choix et du calcul rationnels ».

Les caractéristiques de l'épreuve dépressive en font en principe un cas de figure particulièrement propice pour étudier l'individualité contemporaine. À la différence d'autres épreuves plutôt « longitudinales » davantage associées à des modes d'individuation plus anciens ou classiques, l'épreuve dépressive semble constituer une véritable épreuve « latitudinale ». En effet, dans l'étude théorique et empirique qu'il a effectuée afin de préciser la notion d'épreuve dans la société française contemporaine, Martuccelli affirme :

> Au primat analytique accordé jadis par la notion de socialisation à la famille et à l'école, et à leur ombre plus ou moins durable tout au long d'une vie, sous la forme d'orientations normatives intériorisées ou de dispositions incorporées, nous privilégierons un ensemble d'épreuves structurelles latitudinales[47].

Est-il possible d'avancer l'hypothèse que l'épreuve de la névrose freudienne renvoyait à des orientations normatives intériorisées reliées à la famille, à l'enfance et au passé des individus, tandis que la dépression renvoie plutôt à des orientations normatives reliées au

47. Martuccelli 2006, p. 25.

monde adulte du travail, au rapport à soi et au présent ? S'agit-il de deux principes d'individuation différents caractérisés dans un cas par des épreuves longitudinales et, dans l'autre, par des épreuves latitudinales ? S'agit-il de deux types d'ombres portées par deux individualités différentes ? Nous le verrons dans les chapitres suivants.

Martuccelli affirme que le système standardisé d'épreuves est le « véritable locus de l'individuation » dans les sociétés contemporaines. L'épreuve est un « abrégé sociologique d'un ensemble d'expériences singulières. Un mode d'individuation n'existe donc que tant que reste vivant le système d'épreuves dont il est issu ». Si la dépression fait partie du système d'épreuves contemporain, et c'est la position que nous soutenons, c'est qu'elle est en résonance avec le mode d'individuation dont elle exprime les tensions et révèle les caractéristiques par leur absence, leur inachèvement, leur inadéquation, leur déficit. Lorsque la dépression « disparaîtra », ce sera parce que ce mode d'individuation ne sera plus le même ; le terreau qui permet son épanouissement se sera transformé et la nervosité sociale ordinaire aura alors de nouvelles caractéristiques.

CHAPITRE 2

Tensions sociales de la psychiatrie de masse

De près, personne n'est normal.

CAETANO VELOSO, *Vaca Profana*

Seul, c'est un fou ; deux, c'est une nouvelle humanité.

ROBERT MUSIL, *Les Exaltés*

L'histoire de la dépression a été mille et une fois racontée par des médecins, historiens, sociologues et philosophes. Romanciers et poètes, de Baudelaire à Flaubert, ont pensé l'ennui, le spleen, la mélancolie et les maux de l'âme proches de ce qu'on appelle aujourd'hui dépression. D'Hippocrate au Ve siècle avant Jésus-Christ aux auteurs du DSM-IV à la fin du XXe, on a décrit médicalement des univers tantôt mélancoliques, tristes, sombres, affligés, tantôt apathiques, amorphes, abouliques, atoniques, ou encore frappés par l'épuisement, la fatigue, la paralysie. Combien de noms ont été attribués à des variantes plus ou moins proches de ce qu'on appelle aujourd'hui la dépression ? Combien de définitions ont été esquissées pour saisir cette tristesse-apathie-fatigue pathologique ? Parle-t-on au fond de la même chose à travers les siècles[1] ? Que faut-il penser de ce « syndrome

1. Dépression endogène, psychogène, névrotique, psychotique, légère, sévère,

psychiatrique » actuel que chacun connaît, qui nous guette en permanence et nous frappe à l'improviste, « nous », les gens ordinaires ? Dans le meilleur des cas, il s'estompe, non sans laisser le souvenir amer d'une épreuve que l'on se serait volontiers épargnée. Dans la plupart des cas, il met en relief une fissure dans les remparts de l'individualité, qu'on appellera vulnérabilité, fragilité, prédisposition (sociale, psychologique ou génétique), et avec laquelle on devra désormais apprendre à vivre. Dans le pire des cas, la spirale des rechutes et l'ombre de la chronicité s'abattent sans merci sur l'individu, l'entraînant dans les déclinaisons dramatiques du handicap social, jusqu'à le faire sombrer parfois dans l'invalidité sociale complète.

On se permettra ici quelques rappels historiques rapides, et quelques vignettes un peu arbitraires mais moins fréquemment citées, avant de plonger dans l'analyse du « cœur nosographique » de la dépression contemporaine. Sénèque, le grand philosophe stoïcien soucieux d'équilibre, a sans doute été le premier à avoir fait une distinction claire entre *ægritude* et *tædium vitæ,* les deux « nosographies » concurrentes qui tentent de saisir la spécificité de la dépression depuis des siècles[2]. Le premier terme désigne de manière générale le chagrin, la tristesse, le mal d'être innommable et sans cause apparente, aussi ambigu qu'il est pesant sur l'esprit. Le second terme désigne une paralysie mystérieuse, une inertie insidieuse, une inhibition de l'action envahissante qui entrave l'exercice de l'individualité, avec des conséquences énormes pour la vie pratique privée et publique. Pour les stoïciens, l'idéal de vie se traduit par un équilibre de l'*otium* (loisirs, plaisirs) et du *négotium* (affaires, politique) qui peut être rompu par de nombreuses circonstances, afflictions et affections. Tant l'expérience du plaisir que l'engagement dans la vie active

---

majeure ; trouble thymique ; mélancolie ; délire mélancolique ; maniaco-dépression ; asthénie ; spleen ; *tædium vitæ*; *acedia*; *tristita*; blues ; etc.

2. Sénèque 1988.

de la cité sont perturbés, voire rendus impossibles, si l'on est plongé dans la torpeur du *tædium vitæ*.

La vie paisible des anachorètes du désert, faite de prières, d'ascétisme et d'isolement, a également connu cet étrange mal sans nom qui frappe l'action et la volonté quel qu'en soit l'objet : manque d'entrain, manque d'élan, fatigue, manque d'intérêt. Ces religieux ivres de Dieu étaient en quelque sorte soudainement sevrés de leur quête divine, se découvrant plongés dans un état incompréhensible pour leur foi : l'impossibilité d'entreprendre quoi que ce soit. Il ne s'agissait pas d'une hésitation passagère de l'esprit dans l'inébranlable de la foi, mais d'une nette interruption de l'activité, en l'occurrence la quête spirituelle et ses rituels. Peut-on imaginer vie plus éloignée de l'*otium* et du *négotium* des stoïciens que celle des déprimés contemporains, stressés et condamnés à la recherche de la performance sur tous les plans ? Même l'ascèse, la prière, l'isolement volontaire et la foi peuvent être frappés par des « nervosités » paralysant le corps et l'esprit. Toute individualité semble avoir son « ombre portée » bien à elle qui dessine en noir ses contours, toute société semble éprouver une « nervosité sociale » qui met en lumière les inéluctables tensions produites par la forme sociale de l'individualité dans chaque individu singulier[3].

Les historiens de la psychiatrie désignent souvent Joseph Guislain

3. On peut se déplacer par exemple en Orient où, au IXe siècle, le médecin arabe Isahâq ibn Imrâm, peu connu des historiens occidentaux, écrivit un traité de la mélancolie dont les caractéristiques sont aujourd'hui étonnamment familières : lenteur, immobilité, mutisme, problèmes du sommeil et de l'alimentation, agitation, anxiété, tristesse. La panne de l'action, les dysfonctionnements et les inconforts corporels associés à une « nervosité » difficile à identifier, qui ne dérangent pas le sens de la réalité mais perturbent l'exercice des activités essentielles dans la vie de l'individu, ne sont à l'évidence pas nouveaux, ni réservés aux païens consommateurs en mal de repères. Stoïciens, anachorètes et médecins arabes ont conceptualisé ce mal et ont mis en lumière les préjudices concrets portés à la vie privée, à la vie de la cité ou la vie religieuse. Voir Pedinelli et Bernoussi 2004, Jacquart et Micheau 1990.

comme l'inventeur, vers 1833, de la notion moderne de douleur morale. On peut également revenir sur le texte classique, mais toujours vivant, d'Emil Kraepelin qui distingue dès 1899 cinq formes canoniques de dépression : maniaco-dépression, dépression névrotique, d'involution, symptomatique d'une affection organique, personnalité pathologique dépressive[4]. Il faut aussi citer, dans une tout autre perspective, les travaux de Karl Abraham sur la dépression névrotique et le deuil, qui précèdent ceux de Freud qui publie en 1917 le texte fondateur de la lecture psychanalytique des dépressions, *Deuil et mélancolie*, dans lequel il oppose ces deux états. Mais mis à part la distinction alternative, cyclique ou simultanée de fatigue-apathie-tristesse (et ses variantes et degrés) assortie du clivage étiologique organique-psychogénique, peut-on trouver une utilité à ces textes fondateurs des lectures psychopathologiques de la dépression (au sens large) pour comprendre l'épreuve dépressive contemporaine ?

La réponse n'est pas simple et encore moins définitive. Elle mériterait un long détour à la fois historique, sociologique et épistémologique sur les possibilités et les limites des comparaisons, des ruptures et des continuités entre des entités nosographiques aux contours flous et variables d'une société et d'une époque à une autre[5]. Déjà au XIXe siècle, la prévalence des « affections nerveuses » en Europe et en Amérique du Nord était vue comme ayant atteint des sommets jusqu'alors inégalés : « [*nervous*] *complaints prevail at the present day to an extent unknown at any former period, or in any other nation* », pouvait-on déjà lire en Angleterre en 1838[6]. Avec la « découverte » de la neurasthénie à la fin du XIXe siècle, l'accroissement inquiétant des

4. On qualifie souvent le DSM-III (1980), ainsi que les éditions suivantes, de « néokraepelinien », par sa volonté formaliste de description et de systématisation des catégories psychopathologiques.

5. Gijswijt-Hofstra et Porter 2001.

6. Oppenheim 1991, p. 14.

maladies dites nerveuses allait de nouveau être à l'ordre du jour[7]. Hier comme aujourd'hui, c'est en médecine générale qu'étaient traités bon nombre de ces problèmes très répandus que sont la nervosité, la fatigue ou la neurasthénie[8].

Dans les écrits actuels sur l'histoire de la psychiatrie, la question des antécédents de la dépression et de sa médicalisation fait débat. La dépression est tantôt présentée comme l'héritière de la mélancolie décrite en médecine depuis l'Antiquité[9], tantôt, au contraire, comme étant irréductible à cette dernière[10] ; elle est considérée tantôt comme l'aboutissement d'une tendance biologisante présente depuis les débuts de la psychiatrie[11], tantôt comme un phénomène collectif et médical nouveau, lié plus ou moins intimement à l'avènement des antidépresseurs[12]. Si certains rapprochements entre les catégories historiques et actuelles sont autorisés par la similitude des symptômes et des descriptions phénoménologiques, la variabilité extrême de la terminologie et l'éclectisme des contextes sociaux, culturels, théoriques et pratiques commandent une grande prudence[13]. En outre, les recherches historiques sur les différentes affections nerveuses du XIXe siècle soulignent déjà la grande porosité des frontières entre les entités nosographiques[14].

L'hypothèse formulée dans cet ouvrage est foncièrement sociologique : les racines de ce qu'on appelle aujourd'hui dépression (dépres-

---

7. Gosling et Ray 1986 ; Loughran 2008.
8. Oppenheim 1991 ; Gosling et Ray 1986 ; Shorter 1997 ; Callahan et Berrios 2005.
9. Starobinski 1960.
10. Berrios 1988 ; Rousseau 2000.
11. Scull 1981 ; Misbach et Henderikus 2006.
12. Moncrieff 1999 ; Healy 1997.
13. Rousseau 2000.
14. Oppenheim 1991 ; Loughran 2008.

sion majeure, trouble dépressif unipolaire, épisode dépressif majeur, etc.) sont sociales et récentes. Si les clivages sociaux nous divisent selon notre appartenance multiple à différents collectifs (genre, scolarité, âge, revenu, communautés ethnoculturelles, etc.) et si nos trajectoires individuelles nous singularisent, *la dépression nous unifie empiriquement parce qu'elle constitue une épreuve, certes inégalement distribuée, mais, dans sa forme générale, « commune et transversale » à tous et à toutes.* Alors que les écoles théoriques mènent le « combat du siècle » pour la définition et l'étiologie de la dépression, le témoignage brut, obscur et sans gloire de la réalité que vivent les personnes déprimées en termes d'expériences, de signes et de symptômes réconcilie la diffraction des regards cliniques dans une sorte de socle empirique. L'épreuve dépressive « fait société » en soumettant concrètement les corps et les esprits des déprimés au test général de l'individualité ordinaire, un test auquel ils échouent.

Toutefois, les théoriciens de la psychiatrie, qui ne sont pas forcément des cliniciens, n'ont pas à tenir compte des dimensions sociétales plutôt encombrantes de la nervosité propre à chaque époque. Leur problème est tout autre, car il s'agit : 1) d'élucider de manière générale la nature et les limites de l'univers du « mental pathologique », et 2) d'inventorier et de définir les entités, les catégories nosographiques qui le composent à chaque époque. Ces catégories, à l'instar du mouvement des planètes autour du Soleil, gravitent plus ou moins près du noyau dur incandescent du mental pathologique, c'est-à-dire de cette présence séculaire et inquiétante qu'on ne nomme plus *folie* du fait qu'elle a été saisie scientifiquement comme *maladie mentale.* Bien entendu, la découverte de nouvelles planètes, la redéfinition de leur statut, voire l'exclusion de certaines d'entre elles sont incessantes, surtout lorsqu'on s'éloigne du noyau du mental pathologique. Loin de lui gravitent les « névroses génériques » (dépressions, anxiétés, etc.), qui se définissent dans une alliance entre *mental pathologique* et *social problématique.*

Mental pathologique et social problématique : l'alliance volatile

Un grand philosophe des sciences se plaisait à dire que l'histoire de l'Égypte est l'histoire de l'égyptologie écrite par les égyptologues[15]. Les Égyptiens devraient donc leur existence, en somme, aux égyptologues qui se sont donné la peine d'« organiser » des dizaines de siècles d'événements hétérogènes et enchevêtrés à l'aide d'un certain nombre de théories et de techniques (chronologies, théories historiographiques, méthodes empiriques de traitement de données, disciplines auxiliaires d'authentification des sources, techniques de mesure, etc.). En imitant la boutade, l'histoire des maladies mentales pourrait aussi être considérée comme l'histoire de la psychiatrie écrite par les psychiatres qui se sont donné la peine d'« organiser » un ensemble complexe de souffrances morales, de comportements déviants, d'attitudes inattendues, de cognitions altérées et de penchants inconvenants, à l'aide d'un certain nombre de théories et de techniques (théories psychopathologiques, systèmes de classification nosologique, techniques diagnostiques et psychométriques, etc.).

Toutefois, il ne s'agit plus vraiment aujourd'hui de l'histoire des maladies mentales. En effet, des expressions comme « problème de santé mentale », « trouble mental », « désordre mental », « déséquilibre mental » et bien d'autres se sont largement substituées à l'usage, foncièrement médical, de l'expression « maladie mentale ». Ce changement de termes pour nommer le mental pathologique est un processus en quelque sorte inverse à celui qui a transformé la folie, ou plutôt une partie de celle-ci, en maladie mentale à la fin du XVIIIe siècle. Ont joué alors des procédures ontologiques (comment valider la nature des maladies mentales), épistémologiques (comment les connaître et les étudier) et méthodologiques (comment les diagnos-

15. Léon Brunschvicg, cité dans Descombes 1979.

tiquer, les classer, les organiser, les mesurer, etc.). Dans ces temps héroïques de la psychiatrie occidentale, les pères fondateurs ont circonscrit, identifié et défini un certain nombre d'entités cliniques (catégories psychopathologiques) à partir de l'observation d'un univers hétérogène de comportements et d'attitudes aux limites instables, fait de déviances, d'étrangetés, d'extravagances, de différences dérangeantes, de criminalité, de pauvreté extrême, etc. Il s'agissait alors de séparer le mental pathologique spécifique de sa gangue sociale et morale problématique (pauvreté, criminalité, débauche, etc.).

Il est évident que les correspondances, chevauchements et cloisonnements entre les « comportements non conformes » et les maladies mentales sont nombreux, discutables et variables en fonction des époques. Mais le déplacement actuel de la maladie mentale (en principe, un univers restreint au domaine du médical pathologique) à la santé mentale problématique (un univers inclusif, ouvert à des souffrances psychologiques et sociales multiformes) complique le problème déjà ardu de la définition des frontières entre mental pathologique et social problématique. Ce déplacement produit une ouverture inédite du champ d'intervention de la psychiatrie et de la psychologie sur le social pathologique par les chemins insondables de l'hygiénisme contemporain : la prévention. En effet, à l'affût des « failles psychologiques » réelles ou virtuelles de la socialité, ces deux disciplines interviennent aujourd'hui sur des terrains non seulement plus vastes qu'auparavant, mais aussi socialement plus névralgiques : l'école, le travail, la communauté, les médias, etc. En un mot, elles réfléchissent et agissent aujourd'hui sur les processus de socialisation courants, au nom de la prévention à la fois de problèmes de santé mentale et de problèmes sociaux, suivant des calculs de probabilité qui s'attachent à des populations particulières (à risque, vulnérables, fragiles, groupes d'âge particuliers, communautés ethnoculturelles, etc.).

Lorsqu'on passe de la maladie mentale aux problèmes de santé mentale, les psychiatres ne sont plus les seuls historiens. D'autres disciplines s'invitent naturellement à l'entreprise d'historiographie des limites entre le mental pathologique et le social problématique, telles que la sociologie, l'histoire de la culture, l'anthropologie. Le sociologue, par exemple, se posera essentiellement des questions de trois ordres : 1) Pourquoi tel comportement, « codé » comme problème de santé mentale, est-il socialement « problématique » ? À qui pose-t-il problème ? À certains groupes sociaux ? À l'entourage de la « personne problématique » ? À la personne même qui « souffre » de ce problème ? À un ordre normatif dominant ? 2) Pourquoi tel comportement, codé comme problème de santé mentale, est-il vu ainsi plutôt que dans sa nature sociale, culturelle, etc. ? 3) Pourquoi tel comportement est-il codé comme un problème de santé mentale dans certains groupes sociaux (voire dans certaines cultures) et non dans d'autres ? Et, de ce fait, les réactions sociales face au même comportement problématique varient-elles en fonction de la position sociale ou de l'horizon culturel considéré (thérapeutique, tolérance, répression, sanction sociale, indifférence, abandon, etc.) ? Dans ce contexte, la psychiatrie, la psychologie et la sociologie se positionnent comme des systèmes scientifiques ouverts les uns aux autres : elles peuvent certes s'ignorer ou se contester, ce qui arrive très fréquemment, mais elles demeurent intimement associées dans l'expression aussi socialement répandue qu'épistémologiquement improbable « problèmes de santé mentale ».

La nature *problématique* d'un comportement social codé comme problème de santé mentale est une dimension opaque pour la psychiatrie, en ce sens qu'aucun psychiatre ne peut expliquer pourquoi le fait d'avoir des pensées suicidaires, d'éprouver du désir sexuel pour les morts ou de ne pas éprouver de culpabilité après avoir commis un meurtre est socialement problématique. On ne le lui demande pas, d'ailleurs. C'est la société qui le fait à sa place et lui impose, normativement parlant, cette dimension. C'est la nature *pathologique* d'un comportement social codé comme problème de santé mentale qui constitue la dimension spécifique que la psychiatrie a pour charge d'analyser, de définir, d'expliquer et de mesurer. Les techniques scientifiques qui se consacrent à cerner le mental pathologique (nosologie, nosographie, étiologie, pathogénie, etc.) permettent d'une certaine façon de trouver un terrain symbolique où l'on peut maîtriser la complexité du phénomène étudié, défini comme problème de santé mentale, en se concentrant sur certaines dimensions plutôt que d'autres. Ainsi, l'incongru social, l'incompréhensible, l'inexplicable (délires, pensées suicidaires, certaines formes de violence, désirs sexuels insolites, peurs sans motifs apparents, comportements alimentaires étranges, etc.) devient significatif, mesurable, intelligible. Cependant, ce processus demeure toujours partiel, car une partie du caractère incompréhensible et problématique d'un comportement défini comme problème de santé mentale doit être omise lorsqu'on se concentre sur la description, la mesure et le traitement du mental pathologique.

L'homosexualité est un bon exemple : jusqu'au milieu des années 1970, l'homosexualité était répertoriée dans les manuels de psychiatrie comme une catégorie psychopathologique[16]. Dans le DSM-I (1952), elle figure comme déviation sexuelle dans la même classe nosographique que le travestisme, le fétichisme, l'agression sexuelle, le viol et la pédophilie. Dans le DSM-II (1968), on l'enlève de cette classe de psychopathologies dangereuses ou choquantes en la mettant entre parenthèses et en spécifiant qu'elle n'est pas un trouble mental en soi, mais seulement dans certaines conditions[17]. Le

---

16. Seront uniquement considérées ici les éditions du célèbre « DSM », le *Diagnostic and Statistical Manual of Mental Disorders* que publie l'American Psychiatric Association depuis 1952 dans le but de fournir une classification des troubles mentaux commune aux psychiatres américains, et qui deviendra à partir de 1980 la référence de la psychiatrie mondiale et mondialisée.

17. Les parenthèses, dans les manuels de psychiatrie, indiquent une sorte d'étape de transition qui annonce le plus souvent la disparition prochaine d'une catégorie ou bien son entrée prochaine dans le répertoire psychopathologique, catégorie qui, pour des raisons diverses (négociations entre ordres professionnels, opinion publique, groupes de pression, etc.), ne peut pas être effacée ou ajoutée immédiatement. Ce fut le cas pour la névrose, la réaction, l'hystérie, etc.

DSM-III (1980) parle, lui, d'homosexualité ego-dystonique pour signaler que seules les pulsions homosexuelles plongeant l'individu dans le désarroi sont à proprement parler pathologiques. Dans le DSM-IV (1994), il n'y a aucune allusion à l'homosexualité dans la classe des paraphilies (terme qui a remplacé les perversions), ni nulle part ailleurs[18]. Qu'est-ce qui a changé en un peu plus de trente ans ? Le comportement homosexuel ou les conditions normatives non psychiatriques qui poussaient la psychiatrie à le pathologiser ? L'homosexualité est devenue depuis quelques décennies, du moins en Occident, une identité plus acceptée et moins stigmatisée, c'est-à-dire moins problématique socialement. La situation s'est même inversée : si un psychiatre occidental s'avise aujourd'hui de pathologiser l'homosexualité, c'est son propre comportement qui risque d'être pathologisé comme relevant de l'homophobie. En revanche, d'autres paraphilies anciennes aussi inoffensives que le fétichisme demeurent classées sans aucun fondement sous la rubrique du « mental pathologique ».

Ce qui précède ne signifie nullement que les pathologies mentales n'existent pas et qu'elles sont *seulement* des catégorisations médicales de comportements culturellement et normativement problématiques, parce qu'ils sont soit déviants, soit statistiquement sous-représentés, comme certains peuvent le prétendre. Toutefois, l'inclusion d'un « problème » dans le champ de la santé mentale est un processus social, culturel et médical complexe, incertain, voire périlleux et lourd de conséquences, ainsi que le montre le cas classique de l'homosexualité. On a affirmé, dans le chapitre précédent, que certains problèmes de santé mentale, les névroses génériques, semblent être plus proches des variations de la normativité sociale et culturelle, et que d'autres, les psychoses génériques, sont plus proches du mental

18. Mais, si l'on s'entête à la débusquer, c'est l'univers des « troubles de l'identité sexuelle » qui la contient sans la nommer.

pathologique, c'est-à-dire de la vie psychique altérée. Cela se vérifie aisément dans l'évolution des manuels de psychiatrie occidentaux. Au fil des éditions du DSM, l'univers des troubles moins handicapants mais fort généralisés qui constituent la « nervosité sociale » d'une société donnée à une époque donnée est celui qui a le plus évolué en fait de forme et de nombre. Par exemple, la dépression était, pour le DSM-I, un discret mécanisme de défense parmi d'autres servant à contrôler l'anxiété dans la « névrose », tandis que, dans le DSM-IV-TR (2000), elle devient un trouble de l'humeur presque épidémique. Il s'agit aujourd'hui de l'un des troubles mentaux les plus importants et répandus chez l'adulte, considéré par certains comme le « cancer du XXIe siècle » en raison de sa forte prévalence et des coûts importants qu'il entraîne, notamment l'absentéisme au travail et la surconsommation de médicaments.

L'OMS, dans un rapport sur la santé mentale publié en 2001, affirme ainsi que la dépression (les troubles dépressifs unipolaires) est la première cause d'incapacité en Occident, calculée en « AVI » : années vécues avec une incapacité. L'OMS avance aussi que la dépression sera, en 2020, en tête des causes de morbidité en Occident, dépassant les maladies cardiovasculaires[19]. Nul ne saurait douter alors du caractère *socialement problématique* de la dépression, cette dimension « opaque » sur laquelle la psychiatrie n'a que très peu à dire[20]. Mais, on l'a mentionné, un problème de santé mentale mobilise deux dimensions distinctes : le social problématique et le mental pathologique. Qu'en est-il de la dimension spécifiquement psychiatrique, du *mental pathologique* qui est l'objet de cette discipline ? Comment la

---

19. Ces prévisions sont toujours hasardeuses, ne serait-ce que parce qu'elles sous-estiment la capacité de transformation dans le temps des « troubles moins handicapants mais fort généralisés ». Voir, par exemple, l'évolution des prévalences de la dépression et de l'anxiété à Montréal dans Benigeri 2007.

20. Les dimensions socialement problématiques de la dépression sont étudiées dans Otero 2007a.

dépression est-elle passée du statut de mécanisme de défense à celui de trouble épidémique en trois décennies ? Tâchons de répondre schématiquement à cette question en analysant le langage officiel même de la psychiatrie, celui des manuels « diagnostiques et statistiques » de l'American Psychiatric Association (APA), qui sont aujourd'hui dans le monde, et de loin, la référence la plus prestigieuse et la plus consultée de la psychiatrie contemporaine.

La dépression : un triste mécanisme de défense

Un des éléments saillants du premier DSM, publié en 1952, est la volonté explicite de ses auteurs de parvenir à établir une nomenclature psychiatrique uniforme afin d'en faire un outil clinique adapté au contexte étasunien d'après-guerre. On y explique qu'avant l'arrivée de cette nomenclature chaque institution locale, centre de recherche ou université avait son propre système classificatoire, ne servant bien souvent que ses propres intérêts (clientèles particulières, programmes de recherche, écoles cliniques déterminées, etc.). La coexistence de ces nomenclatures « régionales » se traduisait, semble-t-il, par un chaos diagnostique et clinique. Ce sont surtout les praticiens des cliniques externes des hôpitaux et des cliniques privées, bref, les intervenants s'occupant de cas ambulatoires, moins graves et plus répandus, qui ont éprouvé le besoin de se donner de nouveaux outils nosologiques adaptés à une véritable psychiatrie de masse.

En effet, un nombre de plus en plus considérable de constellations de symptômes « mentaux » censées dépasser les bornes culturellement instituées du malheur ordinaire et de la pure déviance socialement tolérable avaient besoin d'être codées dans le langage propre à la psychiatrie : sa nosologie[21]. Ces constellations de symptômes évo-

21. La nosologie (du grec *nosos*, « maladie ») est la discipline qui étudie globale-

luant de manière constante en fonction de variations normatives et culturelles nécessitaient des catégories souples et inclusives permettant d'appréhender : 1) le caractère conjoncturel du statut pathologique : ce qui est pathologique aujourd'hui peut ne pas l'être demain ; 2) les limites qui séparent les différentes constellations cliniques, et ; 3) les limites entre les manifestations cliniques (pathologiques) et non cliniques (malheur ordinaire, souffrance normale, déviance sociale, etc.). La notion de réaction[22], omniprésente dans le DSM-I, répondait à ces exigences d'ambiguïté clinique et de porosité psychosociale en offrant une ouverture permanente aux divers environnements sociaux auxquels les individus « réagissaient » — parfois pathologiquement, parfois de manière déviante (ou non conforme), parfois de façon normale. Mais l'énorme polyvalence de cette notion se révéla vite gênante, car, en vertu du DSM-I, tout est réaction : réaction schizophrénique, psychonévrotique, paranoïde, psychotique, affective, etc.

Le cœur du DSM-I est constitué par la classe dite des « désordres fonctionnels[23] », qui comprend trois sous-divisions somme toute assez classiques : psychoses, réactions psychonévrotiques et troubles de la personnalité. C'est surtout dans les réactions psychonévrotiques que la psychiatrie de masse, consacrée au traitement des maux psy-

---

ment les critères de classification des maladies, y compris la sémiologie, l'étiologie, la pathogénie, etc. La nosographie, plus restreinte et descriptive, étudie de manière méthodique les classifications en elles-mêmes. Même si ces deux termes sont souvent utilisés comme des synonymes, nous nous servirons seulement du premier, qui a une portée plus globale.

22. L'usage répandu du terme reflète la grande influence d'Alfred Meyer sur la psychiatrie américaine de l'époque. Meyer postulait que les troubles mentaux constituaient des « réactions » de la personnalité à des facteurs psychologiques, sociaux et biologiques.

23. Le DSM-I distingue trois grands groupes de troubles mentaux : les syndromes de lésion cérébrale, les désordres fonctionnels et la déficience mentale.

chiques les moins graves, les plus imprécis et les plus largement répandus, trouvera son lieu de déploiement. Elle se mettra à l'écoute des variations normatives, des failles de l'individualité et des nouvelles tensions de la vie courante afin de départager les réactions cliniques des individus des réactions non cliniques, c'est-à-dire « normales ». À la différence des deux autres catégories de désordres fonctionnels, les troubles psychonévrotiques n'impliquent pas de distorsions flagrantes de la réalité (psychoses) ni de désorganisation importante de la personnalité (troubles de la personnalité). Quelle est la caractéristique « spécifique » des réactions psychonévrotiques ? La présence d'anxiété « qui peut être directement sentie ou exprimée, ou peut être automatiquement et inconsciemment contrôlée par l'utilisation de plusieurs mécanismes de défense psychologiques (dépression, conversion, déplacement, etc.) ». Voilà où, à l'époque, se cachait la dépression. L'anxiété est définie dans le DSM-I comme un signal de danger « provoqué par une menace interne à la personnalité (par exemple, des émotions réprimées hyper chargées, incluant des impulsions agressives telles quc l'hostilité et le ressentiment), stimulé ou non par des situations externes telles qu'un deuil amoureux, une perte de prestige ou une menace de blessure ». Aussi, « un stress particulier peut provoquer une expression symptomatique aiguë d'un tel désordre ». Enfin, il semble également que les psychonévrotiques d'après-guerre « font preuve à des degrés variables d'inadaptation constante depuis la jeune enfance[24] ».

L'individu psychonévrotique tente de maîtriser son anxiété pathologique par différents types de réactions : anxieuse, dépressive, compulsive, etc. La réaction anxieuse est définie par les auteurs du DSM-I, qui ne craignent pas la tautologie, comme une « réaction causée par des attentes anxieuses ». Dans le cas de la réaction dépressive, quelques précisions s'ajoutent :

24. American Psychiatric Association 1952, p. 31-32.

> L'anxiété est ici soulagée, donc partiellement libérée, par de la dépression et de la dévalorisation de soi. La réaction est provoquée par une situation courante, souvent par une perte éprouvée par le patient, et est fréquemment associée à un sentiment de culpabilité envers des échecs ou des dettes du passé. Le degré de réaction dans de tels cas dépend de l'intensité du sentiment ambivalent que le patient ressent envers sa perte (amour, possession) et envers les circonstances réalistes de la perte[25].

Les auteurs indiquent que le terme *réaction dépressive* est synonyme de « dépression réactionnelle », c'est-à-dire que le trouble n'appartient pas à l'univers des psychoses, affections plus graves.

Les auteurs du DSM-II, publié en 1968, réagissent plutôt mal au terme « réaction » et décident de l'éliminer presque complètement de la nouvelle édition du manuel[26]. La raison invoquée pour justifier l'exclusion de la notion est que son usage laissait entendre qu'une étiologie déterminée était à l'œuvre, alors que, dans les faits, la plupart des causes des maladies mentales demeuraient, et demeurent encore, controversées[27]. Le terme *névrose,* quant à lui, est conservé, mais on l'ampute du préfixe superflu « psycho- » et on remanie quelque peu les définitions de ce groupe de troubles mentaux destiné à prendre de plus en plus d'ampleur. L'anxiété, contrôlée par des mécanismes de défense, continue d'être la caractéristique principale des troubles névrotiques. Ces défenses « provoquent des symptômes vécus comme une détresse de laquelle le patient désire se délivrer », ajoutent les

25. *Ibid.*, p. 33-34.

26. Les seules catégories de troubles ayant conservé une référence au terme *réaction* dans le DSM-II sont la réaction psychotique dépressive, les dérangements situationnels transitoires ainsi qu'une nouvelle section, les troubles comportementaux de l'enfance et de l'adolescence.

27. Une décision semblable, pour des raisons semblables, sera prise en 1980 par les auteurs du DSM-III, qui montrèrent la porte de sortie au terme *névrose.*

auteurs du nouveau manuel[28]. Perdent désormais de leur importance les épreuves externes (deuil, menace, perte de prestige, etc.), les stresseurs particuliers pouvant être associés à l'étiologie des névroses et l'inadaptation dans l'enfance comme antécédent permettant de reconnaître des individus névrosés.

Quant à la réaction anxieuse, la définition du DSM-II ne comporte pas de changements importants. Mis à part le fait qu'elle est devenue la « névrose anxieuse », il s'agit toujours de l'anxiété à l'état pur, égale à elle-même, car « cette névrose se caractérise par une surpréoccupation anxieuse[29] ». En ce qui concerne la réaction dépressive, bien qu'elle change aussi son nom pour celui de « névrose dépressive », elle conserve le terme *réaction* dans sa définition : « Ce trouble se manifeste par une réaction de dépression excessive ayant pour cause un conflit interne ou un événement non identifié tel que la perte d'un objet aimé ou d'une possession affectionnée[30]. » Les influences psychodynamiques sont manifestes dans les définitions et les dénominations des catégories du DSM-II ainsi que dans l'indication de causes possibles des troubles névrotiques. À cette époque, il est légitime d'évoquer des « conflits internes », la « perte d'objets aimés », des « mécanismes inconscients », etc.

Quant aux réactions dépressives plus graves (réactions affectives, maniaco-dépressives, psychotiques dépressives, mélancolies involutives, etc.), elles appartiennent toujours à un autre groupe de troubles qualitativement différent : les psychoses. En outre, il est fort intéressant de souligner que c'est *seulement* dans cet univers de troubles plus

---

28. Cette notion de détresse psychologique *(distress)* était promise à un bel avenir sous des formulations diverses, dont celles de souffrances psychique, psychosociale ou sociale seront les plus répandues pour justifier une intervention psychologique ou psychiatrique. Voir Camirand et Nanhou 2008.

29. American Psychiatric Association 1968.

30. *Ibid.*

graves, de moindre prévalence et, de ce fait, éloignés de la psychiatrie de masse, que trouvent leur place et leur justification les termes « humeur dépressive », « troubles de l'humeur », « troubles affectifs » ou encore « épisode dépressif ». Un peu plus d'une décennie plus tard, l'humeur et l'affect cliniquement troublés émigreront vers l'ancien univers des névroses, lequel finira par perdre son nom et emporter du même coup avec lui les paradigmes « réactionnel » et « psychodynamique ». Il s'agit d'un changement majeur qui annonce une nouvelle psychiatrie de masse et une refonte nosographique générale de l'univers de la nervosité sociale. En effet, le DSM-III, publié en 1980, montrera brusquement la sortie à la névrose, comme l'avait fait le DSM-II pour la réaction, et pour la même raison : les préjugés étiologiques véhiculés par le terme. De nouveaux préjugés étiologiques orienteront néanmoins les nouvelles classifications qui remplaceront l'ancienne épaisseur de la psyché et l'impact psychologique des tensions sociales par de nouvelles consistances (humeurs, affects, équilibres neuronaux, etc.). Le mental du « mental pathologique » ne sera plus le même, car la dureté du génétique et du neuronal, c'est-à-dire du biologique, annonce l'arrivée d'une sorte de « corps mental » où le psychique, et plus encore le social, semblent introuvables. Une nouvelle époque est née.

Une nouvelle psychopathologie de la vie quotidienne : la fin des névroses

L'avant-propos à l'édition française du DSM-III signale que « la nosologie reflète l'ensemble des connaissances de l'époque, modulée par les conceptions théoriques des auteurs[31] ». Toutefois, on l'oublie trop souvent, elle reflète également, et parfois brutalement, la dimension

31. American Psychiatric Association 1983, avant-propos de Pierre Pichot, p. 1.

« opaque » des critères de classification et de déclassification de certains comportements socialement problématiques en catégories psychiatriques. Cette dimension opaque de la psychiatrie est tracée, on l'a dit, par les exigences de l'individualité qui a cours et par la normativité sociale, qui sont contemporaines de « l'ensemble de[s] connaissances de l'époque » et qui les modulent tout autant que les « conceptions théoriques des auteurs ».

Par exemple, les « troubles de conduite » de l'enfance comprennent des types tels que l'enfant « mal socialisé – agressif » et « mal socialisé – non agressif », ou « socialisé – agressif » et « socialisé – non agressif ». Le groupe des « troubles des fonctions psychosexuelles » chez l'adulte comporte des catégories telles que l'« inhibition du désir sexuel » et l'« inhibition de l'excitation sexuelle ». Comment concevoir l'inhibition du désir ou de l'excitation sexuels sans se référer aux exigences générales de la sexualité ordinaire qui ne se trouvent qu'à l'échelle du social ? Comment concevoir un enfant « mal socialisé », agressif ou pacifique, sans se référer aux exigences générales de l'enfance ordinaire qui ne se trouvent qu'à l'échelle du social ? Le DSM-III répond en partie à cette question élémentaire par la définition même du « trouble mental », pièce cardinale de toute nosologie : « Chaque trouble mental est conçu comme un syndrome ou un ensemble comportemental ou psychologique cliniquement significatif, survenant chez un individu et typiquement associé à un symptôme de douleur (détresse) ou à un handicap dans l'un, au moins, des principaux domaines du fonctionnement (incapacité[32]) ». L'enfant « mal socialisé » (agressif ou non) souffre, de même que l'adulte dont le désir sexuel, ou l'excitation sexuelle, est inhibé. Les deux, dans les domaines concernés (activités de l'enfance et activités sexuelles), sont également « handicapés » par rapport à ce qu'on attend normalement d'eux en tant qu'individus. Les auteurs du DSM-III ajoutent : « De plus on

32. *Ibid.*, p. 9.

postule *implicitement* [...] que la perturbation ne se limite pas à la relation entre l'individu et la société [...]. Quand la perturbation est réduite à un conflit entre un individu et la société, cela peut correspondre à une déviance qui peut, ou non, être socialement approuvée sans être, en soi, un trouble mental[33]. »

Or, il paraît évident que la distinction entre social problématique et mental pathologique n'est pas « implicite », mais bien plutôt escamotée, car aucun critère médical n'émerge du manuel pour discriminer les perturbations qui correspondent à un conflit entre l'individu et la société des perturbations proprement cliniques. La situation se complique encore lorsque les auteurs du DSM-III affirment qu'ils ne postulent

> [en] aucune façon que chaque trouble mental soit une entité circonscrite, nettement limitée, avec une discontinuité entre celui-ci, les autres troubles mentaux ou l'absence des troubles mentaux. Par exemple, on discute encore pour savoir si la différence entre un trouble dépressif majeur et un trouble dépressif mineur est qualitative (discontinuité entre les catégories diagnostiques) ou quantitative (différence de degré de sévérité dans un continuum[34]).

On nous dit clairement que les limites entre les troubles mentaux sont floues, de même que la frontière entre la présence et l'absence d'un trouble. Qu'est-ce que cela signifie ? Une volonté de souplesse ? Un signe d'ouverture à l'incorporation de nouveaux troubles ? Une indication que les troubles et les conflits individu-société sont coextensifs et, en fin de compte, indissociables ? N'est-ce là que pure rhétorique politiquement correcte ? Ou encore, tout cela à la fois ?

La section intitulée « Code V pour des situations attribuables à un

33. *Ibid.*, p. 9 ; nous soulignons.

34. *Ibid.*

trouble mental, motivant un examen ou traitement » comprend des catégories, si on peut les appeler ainsi, telles que « comportement antisocial », « problème scolaire ou universitaire », « problème conjugal », « problème parent-enfant » et « problème en rapport avec une étape de la vie ou autre problème situationnel ». Ce « Code V » témoigne explicitement du flou entre un *trouble* dûment catégorisé, si cela existe, et un *problème* motivant un examen ou un traitement. À l'intérieur de ces frontières entre troubles et problèmes, où psychiatres et psychologues interviennent quotidiennement, *tout* peut être problématisé, évalué, coté, codé comme un « problème de santé mentale », lequel est en quelque sorte l'antichambre du « vrai » trouble. D'un côté, on dit postuler implicitement que les troubles mentaux ne doivent pas être confondus avec les conflits « entre un individu et la société » et, d'un autre côté, on consacre à ces derniers une section tout à fait explicite.

L'axe V, nommé « niveau d'adaptation et de fonctionnement le plus élevé dans l'année écoulée », permet, enfin, de coter carrément la vie ordinaire dans ses nuances « normales ». Comme si ce n'était pas déjà assez compliqué, le flou ici ne concerne pas seulement les limites entre trouble, problème, niveau d'adaptation et de fonctionnement, mais également l'origine même des désordres, car les auteurs reconnaissent que « pour presque tous les troubles du DSM-III, l'étiologie est inconnue ». Voilà le terreau fécond et incertain dans lequel la psychiatrie de masse plonge ses nombreuses racines, lesquelles sont entremêlées au point d'être confondues avec celles de l'individualité ordinaire, des tensions sociales, de la vie sociale.

Les auteurs des DSM-III, III-R et IV répètent comme un mantra que l'approche nosologique de ces manuels est descriptive et a-théorique et que l'inclusion des théories étiologiques constituerait un obstacle à la communication entre cliniciens et chercheurs d'allégeances théoriques différentes, faute de langage commun. Si, en revanche, on se limite à la description des manifestations cliniques d'un trouble, deux cliniciens aux orientations étiologiques différentes peuvent alors se parler, s'ils le souhaitent. Or, on connaît l'astuce qui dit que le concept d'intelligence n'a plus besoin d'être défini, car l'intelligence est ce que les tests d'intelligence mesurent, même s'ils ne peuvent pas la définir. Si l'on accepte que les critères diagnostiques permettent une « fidélité diagnostique inter-cotateurs » d'orientations étiologiques différentes, une question demeure : qu'est-ce que l'on cote exactement ? Il semble que ce ne soit rien d'autre que des critères diagnostiques. Toutefois, le glissement qui s'est produit entre le « descriptif-mesurable » et l'« ontologique-conceptuel » est mieux toléré par les auteurs du DSM-III que celui qui s'est produit entre l'« étiologique » et le « descriptif-mesurable », considéré comme la contamination suprême. Dans cette volonté de chasser l'étiologie (et, du coup, l'ontologie) et de préférer la description et la mesure à toute formulation d'une consistance psychique quelconque, un concept central à l'organisation des DSM-I et II doit être renvoyé au musée de la psychiatrie : la névrose.

Si, pour caractériser les cliniciens réfractaires au nouveau langage, on ne va pas jusqu'à créer une catégorie nosographique « attachement névrotique » ou « nostalgie freudienne », toute une section de l'introduction du DSM-III est néanmoins consacrée à justifier « l'omission de la classe diagnostique des névroses » qui « a beaucoup inquiété nombre de cliniciens ». La faute remonterait somme toute à Freud lui-même, le véritable pionnier de la psychiatrie de masse, qui a utilisé « le terme névrose à la fois pour décrire (pour indiquer un symptôme de souffrance chez un individu ayant un sens de la réalité intact) et pour indiquer le processus étiologique (conflit inconscient provoquant une angoisse et conduisant à l'usage inadapté des mécanismes de défense, d'où découle une formation symptomatique) ». Pour régler cette sournoise ambiguïté, on s'attaquera cette fois à la cause, c'est-à-dire à la présence même du terme *névrose* dans les manuels de psychiatrie, dérogeant par le fait même au principe de neutralité étiologique, le point d'honneur du manuel. Les auteurs affirment que « le terme trouble névrotique est utilisé dans le DSM-III sans implication d'un processus étiologique particulier » et de manière descriptive, afin de respecter l'esprit a-théorique du manuel. Mais, encore une fois, il semble que ce ne soit que de la rhétorique, car le terme, en fait, n'est aucunement utilisé. En premier lieu, on efface le terme *névrose* du chapitre des grandes classes de catégories diagnostiques, le véritable cœur de la classification du manuel où les troubles sont regroupés selon des critères divers (enfance, affectivité, anxiété, schizophrénie, sexualité, etc.). En deuxième lieu, on conserve le terme entre parenthèses à côté de certains troubles renommés, ce qui annonce sa disparition prochaine. En troisième lieu, on affirme que « les troubles névrotiques sont répartis dans les troubles affectifs, anxieux, somatoformes, dissociatifs et psychosexuels », mais aucune trace du mot *névrose* ne subsiste dans la classe des troubles psychosexuels[35].

Le sort du terme s'aggrave encore dans le DSM-III-R (1987) : il disparaît du glossaire des termes techniques et demeure entre parenthèses avec des modifications mineures pour les mêmes troubles que dans l'édition précédente. Dans le DSM-IV (1994) et le DSM-IV-TR (2000), enfin, il ne reste plus aucune trace de la névrose[36]. Le nettoyage

35. Voici ce qui reste, concrètement, toujours entre parenthèses, des névroses dans l'ensemble du manuel : trouble dysthymique (ou névrose dépressive), troubles phobiques (ou névroses phobiques), états anxieux (ou névroses d'angoisse), trouble obsessionnel-compulsif (ou névrose obsessionnelle-compulsive), hypocondrie (ou névrose hypocondrique), troubles dissociatifs (ou névroses hystériques, type dissociatif), trouble de dépersonnalisation (ou névrose de dépersonnalisation).

36. La CIM-10 (dixième révision de la *Classification statistique internationale des maladies et des problèmes de santé connexes*) révise également le chapitre relatif aux troubles mentaux « internationaux » (au chapitre V, « Classification internationale des troubles mentaux et du comportement : descriptions cliniques et directives pour le diagnostic »). Toutefois, cette révision est moins drastique en ce qui concerne les névroses. Les troubles névrotiques sont encore mentionnés dans la catégorie « Troubles névrotiques, troubles liés à des facteurs de stress et troubles somatoformes », dont l'anxiété généralisée et les troubles obsessionnels-compulsifs sont les composantes les plus importantes. La catégorie « Troubles de l'humeur » contient essentiellement le trouble affectif bipolaire et l'épisode dépressif.

a été fait et l'« inquiétude de nombre de cliniciens » semble s'être apaisée. Une toute petite porte s'ouvre néanmoins (inconsciemment ?) à l'ancien imaginaire des névroses, tel qu'il était esquissé dans les DSM-I et DSM-II, par l'inclusion de la tenace notion de « mécanismes de défense » dans le glossaire des termes techniques du DSM-III-R[37]. Même si les auteurs des DSM-III, III-R et IV insistent sur le caractère œcuménique et polyvalent d'un manuel qui peut être utilisé indifféremment par des cliniciens psychodynamiques, comportementaux, cognitifs, familiaux et biologiques, ils ont de la difficulté à rendre crédible cette prétention omniprésente dans leurs avant-propos, préfaces et introductions. On voit mal un psychanalyste trouver son compte dans un univers psychopathologique expurgé de toute référence aux névroses, aux dynamiques inconscientes ou aux conflits internes, tandis qu'on voit très bien un clinicien cognitivo-comportemental ou psychobiologique se reconnaître dans cet univers composé de plus en plus de comportements, de cognitions et d'humeurs, lesquels sont censés résumer ce qu'il y a de « mental » dans un trouble mental[38].

---

37. Dans l'annexe B du DSM-IV-TR, « Critères et axes proposés pour des études supplémentaires », on ajoute une « échelle de fonctionnement défensif » qui définit les mécanismes de défense (ou styles de *coping*) comme des processus psychologiques automatiques dont les individus « n'ont généralement pas conscience » (et non inconscients). Ils y sont classés en différents « niveaux de fonctionnement défensif » (adaptatif élevé ; des inhibitions mentales ; mineur de distorsion de l'image ; du désaveu ; majeur de distorsion de l'image ; de l'agir, etc.). On constate que la dépression a été destituée comme mécanisme de défense tant au « niveau de l'agir » qu'au « niveau de la distorsion de l'image ». La dépression s'est, on le verra, déplacée ailleurs dans l'univers troublé des affects et de l'humeur. Ainsi définie comme « perturbation de l'humeur », elle semble gagner en autonomie et se détacher des « processus psychologiques » défensifs liés à l'ancien univers des névroses. American Psychiatric Association 2000a, p. 930-932.

38. Pour une analyse des enjeux philosophiques de la définition du mental, voir Descombes 1995.

La montée de l'humeur dépressive

Dans l'avant-propos de l'édition française du DSM-III-R (1987), on peut retenir deux éléments importants : 1) le constat de la mondialisation rapide du DSM-III, et 2) la montée de la notion d'humeur comme support pathologique (le siège ontologique de ce qui est troublé) d'un ensemble de catégories diagnostiques qui deviendront les critères des troubles mentaux les plus répandus en Occident dans la décennie suivante. En effet, bien qu'il ait été « expressément conçu comme un instrument destiné aux seuls psychiatres américains », le DSM-III « connut dès sa publication un succès international » et devint rapidement une « référence, qu'aucun psychiatre ne peut ignorer ». Le DSM-III a en effet très vite fait office de classification mondiale des troubles mentaux. Mais cette popularité n'est-elle pas analogue à celle de la psychanalyse qui, elle aussi, était devenue une sorte de grille universelle pour interpréter le mental pathologique sous toutes ses formes, pour toutes les cultures, au point que les anthropologues freudiens ont défendu bec et ongles l'universalité du complexe d'Œdipe ? Faut-il s'étonner de l'émergence d'une relève qui ne semble encline à se pencher ni sur les causes des pathologies mentales ni sur une quelconque ontologie du psychologique, mais plutôt sur leurs seules manifestations ? Sans aucun doute, ce processus révèle la présence d'un véritable changement de paradigme, au sens kuhnien du terme[39]. Autre société, autre individualité. Autre individualité, autre nervosité sociale. Autre nervosité sociale, autre psychiatrie.

Le deuxième élément important pour ce qui nous concerne est le remplacement de la notion d'affect par celle d'humeur. Dans la pré-

39. Pour Kuhn, l'émergence d'un paradigme n'est pas un phénomène purement rationnel et scientifique, mais un processus sociologique qui engage à la fois des dynamiques sociales particulières, une communauté scientifique concrète, des moyens matériels de reproduction et de diffusion des discours, etc. Voir Kuhn 1975.

face de l'édition en français, on s'adresse au « lecteur français [qui] sera sensible au fait que le terme ambigu d'origine anglaise "troubles affectifs" a été remplacé par "troubles de l'humeur" ». Sans doute pour ménager encore la sensibilité du « lecteur français », le terme « troubles affectifs » de l'ancien DSM-III est remplacé, dans la table des matières, par le duo « troubles thymiques (troubles de l'humeur) ». Dans le reste du manuel, cependant, il sera seulement question de « troubles de l'humeur ». Dans le contexte général de l'effondrement brutal des névroses, la catégorie « dépression majeure » (ancienne réaction et mécanismes de défense) acquiert une importance et une autonomie significatives. Elle devient l'un des deux « troubles affectifs majeurs », l'autre étant la plus classique maniaco-dépression, qui était classée dans le DSM-II parmi les psychoses et qui sera nommée désormais « trouble bipolaire ». La dépression devient un trouble de l'humeur, ce qui introduit une nuance, voire une discontinuité, qui appuie le caractère plus global, stable, sévère et durable du trouble, en accord avec sa prévalence inquiétante.

Il semble, encore, qu'on ne soit pas au-delà des ambiguïtés linguistiques, car, selon le glossaire du DSM-III-R, l'humeur est une « émotion globale et durable qui, à l'extrême, colore de façon prononcée la perception du monde. Des exemples courants de l'humeur sont la dépression, l'élation, la colère et l'anxiété », tandis que l'émotion est un « ensemble de comportements observables qui expriment un état émotionnel subjectivement éprouvé (émotion). Des exemples courants d'affects sont l'euphorie, la colère et la tristesse[40] ». Le DSM-III mettait en avant une analogie météorologique forte : « Il faut distinguer l'affect de l'humeur, qui se rapporte à une émotion durable et soutenue. L'affect est à l'humeur ce que le temps est au climat[41]. » Le DSM-IV-TR développe un peu plus cette association : « Contraire-

40. American Psychiatric Association 1987.

41. American Psychiatric Association 1980.

ment à l'humeur qui se rapporte à un "climat" émotionnel global et durable, l'affect se rapporte à des modifications et à des fluctuations dans l'état émotionnel (le "temps" qu'il fait). » À l'inverse, « contrairement à l'affect qui se réfère à des fluctuations de l'"atmosphère" émotionnelle, l'humeur se réfère à un "climat" émotionnel plus global et plus stable[42] ».

Le climat serait donc plus durable, stable, prévisible et constant que le temps ou l'atmosphère, qui sont volatils et changeants. Or celui qui s'intéresse à la dépression « version 1980 » ne peut qu'être pris d'un doute : le biologique relèverait donc plutôt du climat (plus stable) et le psychologique, du temps (plus variable) ? Malgré ces « précisions », on peut constater que le flou et les recoupements persistent au moment d'illustrer ces notions labiles, peu importe la langue dans laquelle elles sont formulées dans les DSM. Par exemple, la colère est un exemple à la fois d'humeur et d'affect dans les DSM-III-R et IV, tandis que la tristesse est un exemple exclusif d'affect. Quant à la dépression et à l'anxiété, elles sont des exemples exclusifs d'humeurs troublées. L'humeur pourrait donc être « dépressive » (ou anxieuse) et l'affect, plutôt « triste » (et davantage psychologique ?), ce qui va dans le sens de l'évacuation partielle de la « tristesse » comme caractéristique de la dépression contemporaine[43] pour en faire quelque chose d'une autre consistance (biologique ?). On reviendra en détail sur le statut de la tristesse chez les déprimés modernes dans le chapitre 4. Les anciens mécanismes de défense associés aux névroses se définissaient en termes de sentiments, de pensées ou de comportements. On ne parlait ni d'émotions ni d'humeurs, mais de sentiments, c'est-à-dire de manifestations moins objectives et observables. On pourrait sans doute penser que ces dernières sont trop floues et sub-

42. American Psychiatric Association 2000a.

43. En effet, il n'est plus nécessaire d'être triste pour être déprimé. Voir Horowitz et Wakefield 2007.

jectives pour en faire un critère diagnostique explicite qui réponde aux exigences imposées à partir du DSM-III. Mais l'humeur dépressive est-elle plus précise et objective ?

Rappelons que les critères diagnostiques explicites permettant de conclure, par exemple, à la présence d'une dépression majeure sont polythétiques, ce qui signifie qu'un certain nombre de ces critères explicites, mais pas tous, est requis pour poser un diagnostic en bonne et due forme. Cinq critères sur neuf possibles sont requis pour diagnostiquer un « épisode dépressif majeur », mais l'un d'eux devra nécessairement correspondre à l'un ou l'autre de deux critères qui semblent essentiels : « humeur dépressive » et « diminution marquée de l'intérêt ou du plaisir ». Si les auteurs du manuel pensent que cette manière de coter permet d'augmenter la « fidélité inter-juges », ne risque-t-on pas du même coup d'augmenter l'ambiguïté de la nature même de classe diagnostique ? Qu'est-ce que l'on cote, au juste, sous le diagnostic de dépression majeure ? Car, si l'on y regarde de plus près, il semble qu'on puisse être officiellement déprimé sans être triste, voire même sans avoir une humeur dépressive. C'est-à-dire qu'un individu peut recevoir un diagnostic de trouble de l'humeur (ici, une dépression majeure) sans avoir de problèmes sur le plan de l'humeur ! Ce n'est pas seulement le temps qui est instable par rapport au climat, mais l'architecture nosologique des DSM-III, III-R et IV par rapport aux ensembles ontologiques auxquels elle se réfère (les troubles répertoriés eux-mêmes). Cette souplesse, censée sous-tendre la prétendue rigueur descriptive des critères diagnostiques explicites, offre paradoxalement une grande latitude quand vient l'heure de poser un diagnostic.

Quant à l'« euphorie », elle disparaît des exemples d'affect à partir du DSM-IV et est remplacée par l'« élation », qui devient, pour maintenir l'ambigüité, un exemple à la fois d'humeur et d'affect dans les DSM-III-R et IV. Le terme *humeur*, désignant une réalité supposée plus stable et durable que les affects et les émotions plus variables et fluctuants, est utilisé pour qualifier un certain nombre de problèmes liés à la consommation de substances psychoactives. Plus il y a de substances psychoactives, plus il y a de troubles de l'humeur répertoriés qui y sont « liés » ou qui sont « induits » par elles (alcool, cocaïne, hallucinogènes, solvants volatils, opiacés, sédatifs, anxiolytiques, etc.). Le rapprochement, à partir du DSM-III, entre les substances psychoactives et la « dérégulation » de l'humeur (pas des banales émotions ou des sentiments) laisse songeur quant à l'absence de véritable position étiologique chez les auteurs du manuel. Certes, on a expurgé le manuel du terme *névrose*, même dans son expression la plus schématique et descriptive, parce qu'il évoquait une étiologie psychodynamique particulière, mais la notion d'humeur (et la possibilité de sa régulation ou dérégulation par des substances psycho-actives) ne comporte-t-elle pas le même risque ? Si l'on affirme que de nombreuses substances psychoactives (y compris des médicaments psychotropes) induisent des troubles de l'humeur, la perturbent, la dérèglent, doit-on alors penser que d'autres substances psychoactives (y compris et surtout les médicaments psychotropes) sont capables de la réguler ? Que penser du glissement ultérieur entre la définition de la dépression comme trouble de l'humeur et la définition des antidépresseurs comme « régulateurs de l'humeur » ? N'assiste-t-on pas au même type de glissement étiologique, cette fois entre la description d'un mal et son traitement de choix[44] ? Ne va-t-il pas de soi que la cause (par exemple, de la dépression) est, en fin de compte, biologique (une dérégulation de l'humeur), *puisque* celle-ci est traitée très majoritairement par des moyens biologiques (les molécules régulatrices de l'humeur) ? Peut-on supprimer le terme névrose parce que sa seule mention évoque le conflit intrapsychique comme cause fondamentale et la thérapie analytique comme remède adéquat, tout en gardant la notion de trouble

44. En effet, la plupart des diagnostics de dépression majeure sont suivis d'une ordonnance d'antidépresseur. Voir Conseil du médicament 2008 ; Otero et Namian 2009.

de l'humeur ? Ne devrait-on pas examiner toutes les orientations étiologiques sous-jacentes avec le même zèle « a-théorique » ?

Puisqu'il s'agit de demeurer a-théorique, les constantes modifications nosologiques qui traversent les différentes éditions du DSM (tableau 1) s'alimentent sans cesse d'importantes « études sur le terrain » (recherches empiriques publiques et privées, études d'efficacité des médicaments psychotropes sur le marché, etc.). Cette position d'écoute attentive des tensions sociales riches en dimensions mentales pathologiques qu'il s'agit de dénicher permet de prendre le pouls de la nervosité sociale, toujours en évolution, et de s'y adapter en temps réel. La section « Code V » du DSM-IV est un vivier de futurs troubles mentaux : une psychiatrie de masse digne de ce nom doit être prête à réagir aux nouvelles tensions sociales (enfance turbulente, adultes dysfonctionnels, personnes âgées en perte d'autonomie, stress au travail, solitude, etc.) non seulement en identifiant rapidement leur nature psychosociale, mais en proposant des remèdes également de masse, c'est-à-dire simples, confortables et à large spectre d'application. Ces préoccupations comptent beaucoup plus que la réflexion nosologique sur la cohérence, la validité et la neutralité étiologique des DSM.

La classe des troubles affectifs ou de l'humeur a été réorganisée dans la révision de 1987. Avant, la dépression majeure était un trouble affectif majeur (au même titre qu'un trouble bipolaire), tandis que le trouble dysthymique, était un trouble affectif spécifique. Après la révision, les troubles dépressifs forment une sous-classe avec deux grandes catégories : dépression majeure et dysthymie. Dans les DSM-IV et IV-TR, la classe des troubles de l'humeur s'ouvre avec la sous-classe des troubles dépressifs dont le trouble dépressif majeur, d'abord, et le trouble dysthymique, ensuite, sont les catégories principales. Il n'y a aucune explication à ces réorganisations hiérarchiques à part, sans doute, la volonté empirique de mieux s'adapter à l'évolution de la nervosité sociale en tenant compte des prévalences plus ou moins importantes des divers troubles.

Le trouble dépressif majeur est « caractérisé par un ou plusieurs

Tableau 1. — Évolution de la nomenclature psychiatrique de l'univers de la dépression

DSM-I (1952)	DSM-II (1968)	DSM-III (1980)	DSM-III-R (1987)	DSM-IV (1994) et IV-TR (2000)
Troubles psychonévrotiques Réaction anxieuse Réaction dissociative Réaction de conversion Réaction phobique Réaction obsessionnelle compulsive Réaction dépressive Autres réactions psychonévrotiques **Troubles psychotiques** Réactions affectives • Réaction maniaco-dépressive • Type maniaque • Type dépressif • Autre Réaction dépressive psychotique	**Névroses** Névrose anxieuse Névrose hystérique Névrose phobique Névrose obsessionnelle compulsive Névrose dépressive Névrose neurasthénique Névrose de dépersonnalisation Névrose hypocondriaque Autres névroses Névroses non spécifiées **Psychoses** Troubles affectifs majeurs • Mélancolie involutive • Maladie maniaco-dépressive, type maniaque • Maladie maniaco-dépressive, type dépressif • Maladie maniaco-dépressive, type circulaire • Autre trouble affectif majeur • Trouble affectif majeur non spécifié	**Troubles affectifs** Troubles affectifs majeurs • Mixte • Manique • Dépressif Trouble bipolaire Dépression majeure • Isolée • Récurrente Autres troubles affectifs spécifiques • Trouble cyclothymique • Trouble dysthymique (ou névrose dépressive) • Troubles affectifs atypiques • Trouble bipolaire atypique • Dépression atypique.	**Troubles de l'humeur** Troubles bipolaires • Trouble bipolaire – Mixte – Maniaque – Dépressif – Cyclothymique – Trouble bipolaire non spécifié Troubles dépressifs • Dépression majeure – Épisode isolé – Récurrente – Dysthymique (ou névrose dépressive) • Trouble dépressif non spécifié	**Troubles de l'humeur** Troubles dépressifs • Trouble dépressif majeur – Épisode isolé – Récurrent • Trouble dysthymique • Trouble dépressif non spécifié Troubles bipolaires • Trouble bipolaire – Épisode maniaque isolé – Épisode le plus récent hypomaniaque. – Etc. Autres troubles de l'humeur • Trouble de l'humeur dû à une affection générale • Trouble dépressif induit par une substance • Trouble de l'humeur non spécifié

épisodes dépressifs majeurs (c'est-à-dire une humeur dépressive ou une perte d'intérêt pendant au moins deux semaines associée à au moins quatre symptômes de dépression) ». Le trouble dysthymique, quant à lui, « est caractérisé par une humeur dépressive présente la majeure partie du temps pendant au moins deux ans, associée à des symptômes dépressifs qui ne remplissent pas les critères d'un épisode dépressif majeur[45] ». Le trouble vedette par sa prévalence, souvent considéré comme une épidémie[46], est sans aucun doute la dépression majeure, qui incarne la principale « faille psychiatrique » de l'individualité contemporaine[47]. Suivant la logique du DSM, le noyau ontologique des troubles dépressifs (dépression majeure et dysthymie), si l'on aspire à une quelconque spécificité pour fonder l'autonomie de cette catégorie, devrait être l'« humeur dépressive ». Or, on l'a vu, le caractère polythétique des critères diagnostiques permet de diagnostiquer une dépression en l'absence d'humeur dépressive s'il y a « perte d'intérêt ou de plaisir pour presque toutes les activités ». Les autres critères diagnostiques de l'épisode dépressif sont encore moins spécifiques : « Le sujet doit de surcroît présenter au moins quatre symptômes supplémentaires compris dans la liste suivante : changement de l'appétit ou du poids, du sommeil et de l'activité psychomotrice ; réduction de l'énergie ; idées de dévalorisation ou de culpabilité ; difficultés à penser, à se concentrer ou à prendre des décisions ; idées de mort récurrentes, idées suicidaires, plans ou tentatives de suicide. » Mis à part des critères temporels inférés empiriquement, tels que

---

45. American Psychiatric Association 2000a.

46. Organisation mondiale de la santé 2001 ; Pignarre 2001. Selon le DSM-IV-TR, la prévalence de la dépression majeure varie dans la population générale de 10 % à 25 % pour les femmes et de 5 % à 12 % pour les hommes. Quant à la prévalence du trouble dysthymique, elle serait approximativement de 6 % pour les hommes et les femmes.

47. Otero 2005. Voir l'analyse désormais classique d'Alain Ehrenberg (1998) sur la montée de la dépression et le déclin des névroses.

« pratiquement toute la journée » et « presque tous les jours pendant au moins deux semaines consécutives », on ajoute que l'épisode dépressif « doit être accompagné d'une souffrance cliniquement significative ou d'une altération du fonctionnement social, professionnel ou dans d'autre domaines importants[48] », comme c'est le cas pour tous les autres troubles mentaux selon la propre définition du manuel. Le critère d'intensité (mineur ou majeur, léger ou sévère) n'ajoute rien, lui non plus, de spécifique.

Toutefois, il ne faut pas oublier que l'univers des névroses était lui aussi fort peu spécifique et qu'il aurait pu être reconduit. Avant de décréter la mort nosographique de la névrose, les auteurs de la troisième édition du DSM l'ont définie, en 1980, comme suit :

> Un trouble mental dans lequel la perturbation prédominante est un symptôme ou un groupe de symptômes faisant souffrir l'individu et reconnu par lui-même comme inacceptable et étranger à sa personne (égo-dystonique) ; le sens de la réalité est, globalement, intact ; le comportement n'est pas activement opposé aux principales normes sociales (bien que le fonctionnement puisse être sérieusement altéré) ; la perturbation est relativement constante et récurrente en l'absence de traitement, et ne se limite pas à une réaction transitoire à des facteurs de stress ; il n'y a pas d'étiologie ou de facteur organique démontrable[49].

Y a-t-il une meilleure définition de névrose générique, voire de trouble mental général léger, que celle-là ? Le problème se trouve peut-être encore une fois ailleurs : les auteurs du DSM-III et des versions suivantes croient-ils vraiment que, dans le cas de la dépression, « il n'y a pas d'étiologie ou de facteur organique démontrable » ? Est-ce encore une fois un procédé rhétorique ? Tout semble l'indiquer.

---

48. American Psychiatric Association 2000a.
49. American Psychiatric Association 1980, p. 11.

Psychopathologie empirique : le meilleur argument théorique

Il est toujours frappant de comparer le premier des DSM, le frêle DSM-I de 1952 et ses 129 pages, avec l'imposante édition révisée publiée en 2000, le DSM-IV-TR. Cet ouvrage, qui ne diffère pas beaucoup du DSM-IV paru en 1994, compte 943 pages rédigées par plus de 200 professionnels organisés en groupes de travail spécialisés dans chaque catégorie de troubles répertoriés (troubles anxieux, de l'humeur, de l'enfance, sexuels, de la personnalité, etc.) ou dans certains problèmes techniques (évaluation multiaxiale, problèmes diagnostiques, etc.). Environ 80 % des auteurs sont des psychiatres masculins, sauf pour le groupe de travail sur les troubles dysphoriques prémenstruels, très majoritairement féminin, et le groupe de travail pour la révision du texte sur les troubles anxieux, composé par une majorité de non-médecins (huit titulaires d'un doctorat, vraisemblablement des chercheurs, contre trois médecins). L'ouvrage comporte aussi une annexe consacrée à l'énumération de plus de 2 000 conseillers du monde entier (médecins, docteurs, experts divers) qui ont collaboré d'une manière ou d'une autre à ses différentes sections. Il demeure cependant que le noyau dur et la majorité des intervenants significatifs dans l'élaboration du manuel sont des psychiatres étasuniens de sexe masculin.

Le principal changement à partir du DSM-III, on l'a souvent répété, est l'adoption d'une approche descriptive qualifiée d'a-théorique à laquelle personne ne croit vraiment, mais que tout le monde utilise, ce que montrent la diffusion planétaire du manuel et son omniprésence dans les cursus de formation des psychiatres contemporains. L'absence explicite et volontaire d'élaborations théoriques étiologiques est toutefois compensée par des recherches empiriques considérables, ce qui confère aux DSM la plus grande part de leur légitimité, contrairement à la nosologie, qui apparaît plus ambiguë et imprécise qu'a-théorique. Les auteurs du DSM-IV affirment qu'il « repose sur des bases empiriques solides » et que, « plus que toute autre nomenclature concernant les troubles mentaux, [il] est fondé sur des arguments empiriques ». Qu'est-ce que cela peut bien vouloir dire, un argument empirique ? Le contraire d'une donnée théorique ? Peut-être bien, car il faut se rappeler que lesdites approches théoriques, qui organisaient jadis l'univers de la psychopathologie, notamment d'inspiration psychodynamique[50], reposaient sur une poignée de théoriciens qui légiféraient dans leurs écoles respectives à coup d'arguments d'autorité, selon l'interprétation qu'ils privilégiaient chez les pères fondateurs de différentes tendances.

Le tournant décisif que la psychiatrie a pris après la publication du DSM-III ne peut pas être dissocié du rôle majeur et troublant joué par l'industrie pharmaceutique à plusieurs niveaux : groupes de pression économique, commandites sélectives de la recherche universitaire, production de données « scientifiques privées » soumises à des logiques commerciales et à des critères éthiques douteux, promotion massive et grossière des avantages du traitement médicamenteux tous azimuts auprès des corporations professionnelles, etc. De nombreuses études ont analysé les liens actuels entre la psychiatrie et l'industrie pharmaceutique, notamment dans l'adoption massive du tandem réducteur diagnostic-prescription, qui associe compulsivement un trouble mental diagnostiqué à la lumière de critères descriptifs, a-théoriques, testés empiriquement et facilement applicables par les généralistes à une molécule thérapeutique « spécifique », un produit commercial standardisé, testé à grande échelle, destiné à des marchés conditionnés par l'explosion de catégories diagnostiques associées à des problèmes très répandus dans la vie courante[51].

50. Voir les analyses de Robert Castel sur l'influence de la psychanalyse en France et aux États-Unis : Castel 1973 ; Castel, Castel et Lovell 1979.

51. Applebaum 2006 ; Gagnon 2010 ; Greene 2007 ; Healy 1997, 2002 ; Moncrieff 1999 ; Moynihan 2002.

Depuis les années 1980, le pari empirique (et fort pragmatique) des DSM garantit une résonance permanente non pas avec des écoles théoriques, mais avec les « failles » de l'individualité contemporaine qui dessinent en creux les logiques de socialisation valorisées par la collectivité et les demandes massives de résolution de problèmes découlant des tensions sociales courantes. La définition du trouble mental, qui évolue très peu après le DSM-III[52], garde toujours une ouverture explicite aux normes sociales et à leur variation, c'est-à-dire à cette dimension opaque sur laquelle la psychiatrie ne peut rien dire, mais dont elle ne peut non plus se passer. C'est cette dimension qui demeure sa force principale et vitale, le meilleur « argument empirique » qu'elle puisse avancer. Mais qu'est-ce qu'un trouble mental dans ce contexte pragmatique, empirique et descriptif ? Les auteurs du DSM-IV-TR évoquent ouvertement les nombreuses difficultés que pose le concept de trouble mental : 1) « une distinction entre les troubles "mentaux" et les troubles "physiques", ce qui est un anachronisme réducteur du dualisme esprit/corps » ; 2) « aucune définition ne spécifie de façon adéquate les limites précises du concept de "trouble mental" » ; 3) « pour ce concept [...], il n'existe pas de définition opérationnelle cohérente qui s'appliquerait à toutes les situations » ; 4) « les troubles mentaux ont [...] été définis par des concepts variés (p. ex. souffrance, mauvaise capacité de contrôle de soi, désavantage, handicap, rigidité, irrationalité, modèle syndromique, étiologie et déviation statistique[53]) [...] mais aucun n'est équivalent au concept et différentes situations demandent différentes définitions[54] ».

52. Le terme *trouble mental (mental disorder)* est présent dès la parution du premier DSM, en 1952, mais il n'est problématisé et défini qu'à partir du DSM-III.

53. Ce dernier critère renferme une promesse explicite d'ajustement perpétuel du continent des troubles mentaux et, partant, des contours entre le normal et le pathologique, en fonction de la variation normative (moyenne statistique).

54. American Psychiatric Association 2003, p. XXXV.

Bref : on a choisi le terme *trouble mental* parce qu'il est le plus adéquat, même si le qualificatif *mental* est anachronique ; le concept ne peut être délimité ; aucune définition du trouble mental n'est opérationnelle ni cohérente pour l'ensemble des phénomènes en question et les critères de sa justification demeurent fort variés et de nature différente. Ces mises en garde quant à la validité du concept n'empêchent pas les auteurs de définir, quelques pages seulement après avoir étalé ces difficultés épistémologiques, plus de 350 troubles mentaux.

Les auteurs du manuel avancent tout de même une définition :

> [...] chaque trouble mental est conçu comme un modèle ou un syndrome comportemental ou psychologique cliniquement significativement, survenant chez un individu et associé à une détresse concomitante (p. ex., symptôme de souffrance) ou à un handicap (p. ex., altération d'un ou plusieurs domaines du fonctionnement) ou à un risque significativement élevé de décès, de souffrance, de handicap, ou de perte importante de liberté[55].

Il est évident que la plupart des facteurs « associés » au syndrome cliniquement significatif (souffrance, dysfonctionnement, perte de liberté, etc.) ne peuvent être définis que par les caractéristiques du milieu social et culturel où évolue la personne. Et ces caractéristiques, bien entendu, sont préexistantes, instituées socialement, culturellement et normativement. Pour quelle raison l'association de psychiatres la plus importante et influente du monde penche-t-elle pour cette définition épistémologiquement chancelante ? Aux auteurs du DSM-IV de répondre : « [...] la définition du *trouble mental* qui a été incluse dans le DSM-III et le DSM-III-R est reprise ici parce qu'elle est aussi utile que n'importe quelle autre définition. » L'énorme succès des DSM-III et DSM-IV chez les psychiatres, psychologues, tra-

55. *Ibid.*

vailleurs sociaux, ergothérapeutes, intervenants communautaires et médecins généralistes montre que cette définition épistémologiquement improbable et ouverte en permanence aux variations normatives est plus utile « que n'importe quelle autre définition ». Elle garantit une résonance permanente avec l'évolution de la nervosité sociale.

Quant aux psychiatres plus spécifiquement, l'admission ouverte des difficultés posées par le concept de trouble mental est en fait un choix pragmatique qui leur permet, pour ainsi dire, de passer à autre chose en continuant d'exercer une psychiatrie bien ancrée dans le giron de la médecine, de la psychobiologie et de la psychopharmacologie[56]. Ainsi, les arguments empiriques se révèlent aussi le meilleur argument théorique pour une psychiatrie de masse où il est essentiel de demeurer toujours à l'affût des failles de l'individualité contemporaine pour les coder et les classer parmi ces artefacts mi-sociaux, mi-psychiatriques que personne ne parvient à définir : les « troubles mentaux ».

56. Édouard Zarifian affirme ainsi : « Si l'on s'en tient au seul traitement médicamenteux, cela conduit à prescrire une des substances appartenant aux quatre seules classes thérapeutiques utilisées en psychiatrie : les neuroleptiques ou antipsychotiques, les antidépresseurs, les tranquillisants (et les hypnotiques), le lithium et ses apparentés. Quatre classes thérapeutiques pour trois cent vingt diagnostics ! À quoi servent ces sortes de diagnostics ? » Zarifian 1999, p. 50.

CHAPITRE 3

Les nerveux au cœur de la contre-performance sociale

Le risque caractérise le groupe ; il l'affecte avec une régularité déprimante.

FRANÇOIS EWALD, *Le Risque dans la société contemporaine*

We are accidents waiting
Waiting to happen

RADIOHEAD, *There, There*

Selon le DSM-IV-TR, la prévalence à vie de la dépression majeure dans la population générale est comprise entre 10 % et 25 % pour les femmes, et 5 % et 12 % pour les hommes. Au-delà des pourcentages qui varient de quelques points d'une étude à l'autre, la prévalence deux fois plus élevée chez les femmes et la moindre prévalence dans les populations plus âgées et plus jeunes semblent des faits acquis[1]. La surreprésentation des catégories sociales moins favorisées est également souvent soulignée. Ces tendances sont reproduites d'étude en

1. Quel que soit le groupe social considéré, les études épidémiologiques montrent systématiquement une prévalence annuelle de la dépression deux fois plus élevée chez les femmes adultes que chez les hommes. Voir Kessler 2003 ; Emslie *et al.* 2006.

étude laissent l'impression d'une certaine stabilité épidémiologique de la dépression, notamment de la dépression majeure. Si l'épreuve dépressive semble largement distribuée à l'échelle du social, elle semble aussi mordre dans sa chair de manière bien inégale, touchant de préférence les adultes (de 20 à 60 ans) et tout particulièrement les femmes.

La mondialisation grammaticale des troubles mentaux

On l'a dit, le DSM-IV est la principale référence de la psychiatrie mondiale ; ses usages et applications traversent les frontières étatiques, culturelles et disciplinaires. Dans le même temps, il est très souvent accusé de favoriser une psychiatrisation abusive des dysfonctionnements et souffrances de tout ordre, lui qui redéfinit à chaque nouvelle édition le seuil de tolérance à la douleur morale et à certains comportements socialement inconfortables, déviants ou associés à des « contre-performances ». Toutefois, des agences gouvernementales prestigieuses s'abreuvant à d'autres sources théoriques et méthodologiques que le DSM-IV ne doutent nullement que la dépression soit devenue l'un des principaux problèmes mondiaux de santé publique et que son pronostic risque d'empirer encore. L'OMS, dans son très remarqué *Rapport sur la santé dans le monde* de 2001, a sonné l'alarme quant à l'importance épidémiologique des problèmes de santé mentale dans le monde et à leurs graves conséquences socioéconomiques. La mondialisation des deux principales grammaires psychiatriques, la CIM-10[2] et le DSM-IV, a répandu partout l'usage de celles-ci,

2. CIM-10 est le titre abrégé de la dixième révision de la *Classification statistique internationale des maladies et des problèmes de santé connexes*, sur laquelle s'appuie l'OMS. Son chapitre V, « Classification internationale des troubles mentaux et du comportement : descriptions cliniques et directives pour le diagnostic », dresse une liste complète des troubles mentaux et du comportement « internationaux ». Le

comme dans une contagion aveugle aux différences culturelles et aux clivages sociaux. En effet, si la santé en général semble s'être organisée mondialement dans une institution qui parle en son nom — l'OMS —, les troubles mentaux ont, quant à eux, trouvé le moyen de devenir carrément universels.

> Les troubles mentaux ne sont pas le lot d'un groupe particulier : ils sont universels. Ils s'observent dans toutes les régions, tous les pays et toutes les sociétés. Ils frappent les hommes et les femmes à tous les stades de leur vie, les riches comme les pauvres et la population urbaine comme le milieu rural. Il est faux de penser que les troubles mentaux sont des problèmes propres aux pays industrialisés et aux parties du monde relativement favorisées. On croit également à tort qu'ils sont absents des communautés rurales, relativement épargnées par le rythme accéléré de la vie moderne[3].

Comme les droits de l'homme et leur violation, comme le bonheur et le malheur, les troubles mentaux nous touchent tous et toutes. Cependant, « les troubles mentaux et du comportement ne sont pas de simples variations à l'intérieur des limites de la "normalité", mais des phénomènes manifestement anormaux ou pathologiques[4] », ajoutent les auteurs du rapport de l'OMS. Cette définition rappelle la rhétorique du DSM-IV qui, elle aussi, s'est mondialisée. Toutefois, l'OMS n'ira pas jusqu'à l'adopter complètement. En dépit de cette « universalité » du mental troublé et de la possibilité de définir un « manifestement anormal » qui traverse les classes sociales, les

---

rapport de l'OMS affirme que cette classification est applicable « indépendamment du contexte culturel » et repose « sur une synthèse de la littérature scientifique, sur l'avis de spécialistes du monde entier et sur un consensus international ».

3. OMS 2001, p. 23.

4. *Ibid.*, p. 21.

cultures, les régions géographiques, les genres, sexes et individus, les deux principales autorités mondiales en matière de troubles mentaux que sont l'OMS et l'APA ne parviennent pas, étonnamment, à s'accorder sur une classification « universelle ». Sans doute à cause des particularités étasuniennes et européennes respectives des classificateurs DSM-IV et CIM-10, plus complexes et significatives que celles de l'ensemble « mondial » des cultures et des clivages sociaux, qui peut être regroupé à l'aide de formules toutes faites.

On a vu dans le chapitre précédent qu'il est peu de chose d'aussi manifestement insaisissable, épistémologiquement et sociologiquement parlant, que la notion de trouble mental, et ce, tant dans sa version « universelle » étasunienne qu'« universelle » européenne. Les deux principaux documents qui cristallisent cette notion, le DSM-IV et la CIM-10, constituent par eux-mêmes un paradigme kuhnien qui fait autorité dans la communauté scientifique mondiale. La rhétorique universaliste de l'OMS et de l'APA cache mal le fait que ce qui est mondialisé, ce ne sont pas tant les troubles que les grammaires qui organisent le langage psychopathologique contemporain. Parfois, on formule cette réalité avec une assurance presque impériale : la CIM-10 est une classification « applicable indépendamment du contexte culturel » parce qu'elle repose « sur une synthèse de la littérature scientifique, sur l'avis de spécialistes du monde entier et sur un consensus international ». Les langages contemporains de la nosologie, de la psychopathologie et de l'épidémiologie, malgré leur genèse manifestement euro-américaine, évoquent de manière directe ou indirecte des préoccupations qui dépassent les univers restreints de la santé publique, de la statistique sanitaire ou de la psychiatrie. Ils nous parlent de l'organisation (ou de la désorganisation) des sociétés, de l'évolution des repères normatifs, de l'émergence de nouveaux problèmes sociaux, du remaniement des seuils de tolérance (ou d'intolérance) à la douleur ou à certains comportements, de nouvelles menaces (réelles ou imaginaires) auxquelles il faut se préparer, de la mise en forme de nouvelles préoccupations sociales, etc. L'attention redoublée à la nervosité sociale actuelle sous ses deux formes principales — la dépression et l'anxiété — et la manière de la mesurer et de la prévenir constituent des symptômes « universels » et « manifestes » d'un remaniement des grammaires sociosanitaires, auquel les grammaires sociétales ne sont nullement étrangères.

Traditionnellement, les statistiques sanitaires officielles présentaient des indices de morbidité et de mortalité attribuables aux différentes maladies afin de définir les principaux problèmes de santé publique auxquels il fallait s'attaquer pour améliorer ou maintenir la « santé » dans la société. Ces indices s'adaptaient bien aux dynamiques des maladies aiguës qui se soldent, pour aller vite, soit par une guérison complète du malade, soit par son décès. Or la plupart des problèmes de santé mentale, dont la dépression et l'anxiété contemporaines, ne tuent pas forcément, et ne se guérissent pas forcément : ils sont d'abord handicapants et invalidants. C'est, par définition, le lot des maladies chroniques. Leur « impact social » se manifeste autrement, par une forme ou une autre d'incapacité sociale, par des dysfonctionnements concrets ou par une diminution de la performance « dans une ou plusieurs sphères de la vie », selon les formules consacrées dans les rapports de santé populationnelle. Les indices de mortalité n'étant pas bien utiles dans ce cas, il faut alors se tourner vers d'autres instruments de mesure.

Deux indices assez nouveaux[5] tentent de mesurer l'impact social des maladies qui, d'ordinaire, ne tuent pas ni ne se guérissent : les années vécues avec une incapacité (AVI) et les années de vie corrigées de l'incapacité (AVCI). Le premier mesure simplement l'impact de la maladie, mentale ou somatique, sur le fonctionnement global de

5. Ce n'est qu'en 1993 que la Harvard School of Public Health, la Banque mondiale et l'OMS ont commencé à évaluer ce qu'on appelle la charge mondiale de morbidité (CMM), qui se traduira par la mise au point d'indices tenant compte de ce qu'on appelle élégamment les « issues sanitaires non fatales ».

la personne atteinte. Le second, plus complexe, est une combinaison entre l'indice de mortalité et l'indice d'incapacité, car il associe « les chiffres relatifs aux décès prématurés à ceux qui concernent les incapacités et d'autres issues sanitaires non fatales[6] ». Le taux d'incapacité imputable aux troubles mentaux et neurologiques prend aujourd'hui de l'ampleur partout dans le monde, mais les raisons de cette ampleur sont multiples et controversées : augmentation des troubles eux-mêmes, élargissement et uniformisation des critères diagnostiques, pressions plus grandes à la performance sociale, abaissement du seuil de tolérance à la souffrance psychologique, démocratisation de cette souffrance qui s'étend à des catégories sociales auparavant exclues, valorisation plus grande de la performance sociale et du rendement économique des populations actives, évaluation des coûts élevés de certaines contre-performances sociales, etc. Dans le pays pauvres, en voie de développement ou sous-développés, les indices d'AVI et d'AVCI attribuables aux troubles mentaux sont bien entendu relativement moins importants que dans les pays riches ou développés, à cause des nombreuses incapacités encore causées par les maladies transmissibles, maternelles, périnatales et nutritionnelles dont l'impact a été en grande partie maîtrisé en Occident. On l'aura compris, ce sont surtout les sociétés occidentales qui ont davantage besoin de ces nouveaux indices, car ils sont plus adéquats pour mesurer les problèmes de santé publique qui les caractérisent. Encore une fois, les préoccupations quant aux politiques sanitaires mondiales et à la mise

6. OMS 2001, p. 25. Dans le rapport de l'OMS, les AVCI calculées pour une maladie sont définies comme « la somme des années de vie perdues à la suite des décès prématurés survenus dans la population et des années perdues pour cause d'incapacité (AVI) pour les cas incidents de la maladie en question. L'AVCI, unité qui mesure un écart, élargit la notion d'années potentielles de vie perdues par mortalité prématurée pour y inclure les années de vie en bonne santé perdues en raison d'un état de santé qui n'est pas optimal, que l'on désigne par le terme général d'incapacité ». *Ibid.*

au point des instruments de mesure sanitaires demeurent largement occidentales plutôt que mondiales, malgré les appellations des organisations et les classifications internationales, mondiales, universelles.

La consistance dépressive : indicateurs, chiffres et interrogations

Le rapport de l'OMS de 2001 affirme que les problèmes de santé mentale et neurologiques[7] sont cause de 30,8 % de toutes les années vécues avec une incapacité (AVI) dans la population mondiale. Quant à la dépression, elle n'est rien de moins que la première cause d'incapacité, avec 11,9 % du total de toutes les affections mentales ou somatiques, tous âges et sexes confondus. Les problèmes de santé mentale et neurologiques qui la suivent en importance parmi l'ensemble de toutes les maladies sont : les troubles liés à l'alcool (5e place, 3,1 %) ; la schizophrénie (7e place, 2,8 %) ; le trouble affectif

7. La CIM-10 inclut essentiellement sous l'étiquette trouble mental : « les troubles mentaux organiques, y compris les troubles symptomatiques (démence de la maladie d'Alzheimer, delirium) ; les troubles mentaux et du comportement liés à l'utilisation de substances psychoactives (utilisation d'alcool nocive pour la santé, syndrome de dépendance aux opioïdes, etc.) ; la schizophrénie, les troubles schizotypiques et les troubles délirants (schizophrénie paranoïde, troubles délirants, troubles psychotiques aigus et transitoires) ; les troubles de l'humeur (trouble affectif bipolaire, épisode dépressif) ; les troubles névrotiques, troubles liés à des facteurs de stress et troubles somatoformes (anxiété généralisée, troubles obsessionnels-compulsifs) ; les syndromes comportementaux associés à des perturbations physiologiques et à des facteurs physiques (troubles de l'alimentation, troubles du sommeil non organiques), les troubles de la personnalité et du comportement chez l'adulte (personnalité paranoïaque, transsexualisme), le retard mental, les troubles du développement psychologique (troubles spécifiques de la lecture, autisme infantile), les troubles du comportement et troubles émotionnels apparaissant habituellement durant l'enfance et l'adolescence (troubles hyperkinétiques, troubles des conduites, tics) et les trouble mentaux sans précision ».

bipolaire (9e place, 2,5 %) ; la maladie d'Alzheimer et les autres démences (13e place, 2 %).

Il est toujours intéressant de constater les différences et les similitudes d'impact des affections entre les hommes et les femmes : troubles dépressifs unipolaires, 9,7 % chez les hommes et 14 % chez les femmes ; alcool, 5,5 % et moins de 1 % ; schizophrénie, 3 % et 2,7 % ; trouble affectif bipolaire, 2,6 % et 2,4 % ; Alzheimer et autres démences, 1,8 % et 2,2 %. Plus l'affection est lourde et présumée psychiatrique et (ou) neurologique (schizophrénie, troubles bipolaires, Alzheimer), plus elle « ignore » la différence de sexe ainsi que d'autres variables sociales et culturelles. Moins l'affection est lourde (en fait de handicaps causés, de gravité des symptômes, de type de prise en charge, etc.) et plus son statut psychiatrique est contesté, plus elle est sensible aux variables sociales, culturelles et du genre. Cette partition, certes grossière, entre névroses génériques et psychoses génériques, telle qu'on l'a définie dans le premier chapitre, demeure utile comme premier déblayage empirique du vaste univers des problèmes de santé mentale.

Si l'on considère cette fois les AVCI, l'indice qui associe décès prématurés et incapacité dans l'observation des maladies mentales et somatiques, la dépression devient moins spectaculaire, car elle tue moins que d'autres maladies. Néanmoins, elle reste en tête des problèmes de santé mentale et neurologiques mondiaux, tous âges et sexes confondus, et demeure bien positionnée parmi l'ensemble des affections. En effet, les troubles dépressifs unipolaires occupent la 4e place avec 4,4 % du total des maladies, après les infections des voies respiratoires basses (6,4 %), les affections périnatales (6,2 %) et le VIH/SIDA (6,1 %). Dans le groupe d'âge des 15-44 ans, elle monte à la deuxième place (8,6 %), après le VIH/SIDA (13 %). Quant à la prévalence des épisodes dépressifs sur une période de 12 mois, bien entendu moins impressionnante que la prévalence à vie, environ 5,8 % des hommes et 9,5 % des femmes seront touchés. Et les perspectives d'avenir n'aident pas à remonter le moral :

> Déjà considérable aujourd'hui, comme le montrent sans ambiguïté ces estimations, la charge de morbidité imputable à la dépression devrait s'accroître encore à l'avenir. En 2020, si la transition démographique et épidémiologique observée actuellement se poursuit, elle représentera 5,7 % de la charge totale de morbidité et deviendra la deuxième cause d'AVCI dans le monde, après les maladies cardiovasculaires ischémiques, chez les deux sexes. Dans les pays développés, elle viendra en tête des causes de morbidité[8].

Selon l'OMS, la dépression se démarque nettement dans l'ensemble des maladies répertoriées comme problèmes de santé publique, en nombres absolus et relatifs : elle demeure quatre fois plus importante pour l'incapacité produite que le trouble mental qui la suit en importance dans la catégorie des problèmes de santé mentale et neurologiques. Toutefois, chose étonnante, notamment en ce qui concerne les sociétés occidentales, les troubles anxieux ne figurent pas au répertoire des troubles mentaux étudiés comme problèmes significatifs d'incapacité produite. En effet, les troubles anxieux sont parmi les affections les plus souvent diagnostiquées dans les structures de soins de santé primaires, avec les troubles dépressifs et les dépendances à l'alcool et aux drogues. Les données du rapport de l'OMS, où l'on compare les diagnostics provenant des structures de soins primaires de 16 villes de différents pays riches et pauvres (Ankara, Athènes, Bangalore, Berlin, Groningue, Ibadan, Mainz, Manchester, Nagasaki, Paris, Rio de Janeiro, Santiago, Seattle, Shanghai et Vérone), montrent que la dépression est encore en tête de liste avec 10,4 % des diagnostics, mais qu'elle est suivie de près par les troubles anxieux (7,9 %) et de plus loin par la dépendance alcoolique (2,7 %). Sans doute, dans un prochain rapport sur la santé mentale dans le monde,

---

8. OMS 2001, p. 30. D'autres analyses cautionnent ces prévisions : Gilmour et Patten 2007 ; Mathers et Loncar 2006.

l'anxiété et la dépression se disputeront-elles les premières places de l'incapacité sociale ; c'est déjà le cas, on le verra, si l'on se fie aux études plus locales réalisées à l'échelle des villes ou des pays. Mais pour l'instant, selon l'OMS, la dépression est la vedette indiscutable des AVI.

Au Canada, ce sont les données fournies par l'*Enquête sur la santé dans les collectivités canadiennes. Santé mentale et bien-être* (ESCC – Cycle 1.2[9]) qui nourrissent les principales études populationnelles sur les problèmes de santé mentale et les stratégies d'intervention déployées pour les soigner et les gérer[10]. Elle est la première étude nationale qui utilise l'entrevue diagnostique internationale composite (*Composite International Diagnostic Interview,* CIDI) dans sa forme complète auprès d'un vaste échantillon. Selon les spécialistes, elle fournit la meilleure description épidémiologique des troubles mentaux au Canada, dont celui qui nous intéresse ici, la dépression majeure. La prévalence des épisodes de dépression majeure est évaluée à 4,8 % pour l'année de l'enquête et à 12,2 % au cours de la vie d'un Canadien. Elle ne semble pas associée au niveau d'instruction, mais

---

9. L'*Enquête sur la santé dans les collectivités canadiennes* (ESCC) est composée d'une série d'enquêtes générales et thématiques réalisées par Statistique Canada depuis 2001 dans les provinces et les territoires. Trois cycles d'enquête ont eu lieu jusqu'à présent. Le premier cycle a débuté en 2000, le deuxième, en 2003 et le troisième, en 2005. Chacun des cycles s'échelonne sur deux ans. La première année consiste en une enquête générale portant sur l'état de santé d'un vaste échantillon de la population générale élaboré de façon à recueillir des données relatives à la santé fiables à l'échelle régionale. L'enquête est menée auprès de personnes âgées de 12 ans et plus. La deuxième année du cycle recueille des données à l'échelle provinciale sur des thèmes précis touchant à la santé. Au cours de la deuxième année du premier cycle d'enquête, on s'est penché sur les questions de santé mentale et de bien-être. Il s'agit de l'enquête la plus exhaustive réalisée jusqu'à maintenant sur ce thème. Voir Lesage *et al.* 2006.

10. Les premières enquêtes populationnelles évaluant les troubles mentaux ont débuté aux États-Unis en 1980. Ces études ont permis de mettre au point une première mesure standardisée des diagnostics psychiatriques et de procéder à une analyse populationnelle des besoins en services.

elle est corrélée négativement à la présence d'une « affection médicale chronique », au chômage et au revenu et, positivement, à l'état matrimonial. Comme dans toutes les études, la dépression est environ deux fois plus fréquente chez les femmes que les hommes. De manière générale, on constate que la prévalence de la dépression majeure au Canada est légèrement moins forte que celle qui est déclarée aux États-Unis, et comparable à celle que rapportent les études paneuropéennes[11].

Le Service de la surveillance de l'état de santé de la Direction générale de la santé publique fournit des donnés récentes sur l'état général de la santé mentale au Québec en s'appuyant largement sur l'ESCC – Cycle 3.1[12]. Dans un esprit nosographique relâché et généreux, on apprend qu'en 2005 25,5 % des Québécois ont éprouvé un niveau élevé de détresse psychologique au cours du mois précédant l'enquête. Le terme « détresse psychologique » est utilisé pour désigner un registre de souffrance mentale polymorphe se situant quelque part, sans qu'on sache très bien où, entre le malheur ordinaire et les symptômes psychiatriques. On l'a défini comme « le résultat d'un ensemble d'émotions négatives ressenties par les individus qui, lorsqu'elles se présentent avec persistance, peuvent donner lieu à des syndromes de dépression et d'anxiété[13] ». Cette détresse psychologique est plus élevée chez les femmes (28,6 %) que chez les hommes (22,2 %) et diminue avec l'âge (35,1 % chez les 12 à 24 ans, 16,6 % chez les 65 ans et plus[14]).

Les Québécois de 18 ans et plus semblent à la fois plus stressés et plus satisfaits de leur vie que les autres Canadiens. Dans l'enquête de 2005, 26 % des résidants du Québec disaient éprouver un stress

11. Patten *et al.* 2008.
12. Statistique Canada 2005.
13. Camirand et Nanhou 2008, p. 1.
14. Ministère de la Santé et des Services sociaux 2007.

quotidien élevé (moyenne canadienne : 23,2 %) et 36,6 % des travailleurs disaient éprouver un stress quotidien élevé dans leur activité professionnelle. Les adultes de 25 à 44 ans sont en général ceux qui semblent les plus touchés par ces états de stress (figure 1). En revanche, toujours en 2005, les Québécois, autant hommes que femmes, étaient toujours un peu plus nombreux (75 %) que l'ensemble des Canadiens (72,9 %) à estimer leur santé mentale « excellente », surtout s'ils étaient scolarisés (études secondaires terminées) et avaient d'un revenu élevé[15] (figure 2). Enfin, plus largement, les Québécois se disaient un peu plus « satisfaits de la vie » que le reste des Canadiens (92,9 % contre 91,8 % ; voir la figure 3).

Au-delà de ces indices malheur-stress et bonheur-satisfaction des populations, dont l'utilité reste encore à découvrir, environ 10 % des Québécois de 15 ans et plus semblent avoir été affectés par au moins un trouble de santé mentale ou par une dépendance à une substance (alcool ou drogues illicites) au cours d'une période de 12 mois en 2002 (moyenne canadienne, 10,6 %) (figure 4). Parmi les troubles de santé mentale mesurés, les épisodes dépressifs majeurs sont les plus fréquents (environ 5 %), suivis par la phobie sociale (2 %), la dépendance à l'alcool (1,9 %), les troubles alimentaires (1,9 %), le trouble panique (1,4 %), l'agoraphobie (1 %), la dépendance aux drogues illicites (0,9 %), la manie (0,8 %) et la dépendance au jeu (0,3 %) (figure 5). Sans entrer dans le débat au sujet de la pertinence d'inclure les dépendances parmi les troubles mentaux, ou du choix de certaines dépendances (alcool, cocaïne, cannabis, jeux, etc.) plutôt que d'autres (médicaments psychotropes, consommation compulsive, religion, etc.), si on regroupe les troubles de l'humeur (dépression majeure et manie, 5,8 %) et les troubles anxieux (panique, phobie sociale et agoraphobie, 4,4 %), on obtient l'essentiel de l'univers de la nervosité sociale contemporaine, qui compte pour 10 % des

15. Statistique Canada 2005 ; Bordeleau et Traoré 2007.

Figure 1. — Stress élevé dans la vie quotidienne (population de 18 ans et plus, données comparées, 2005)

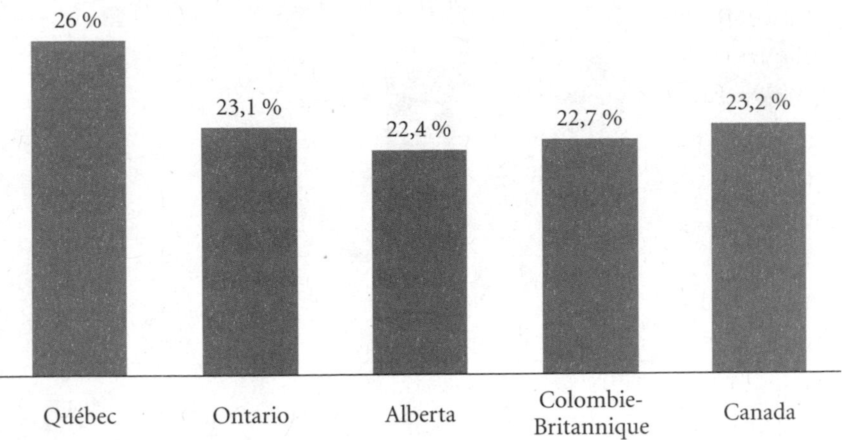

Source : Statistique Canada, ESCC – Cycle 3.1, 2005.

Figure 2. — Population se percevant comme en excellente ou en très bonne santé mentale (population de 12 ans et plus, données comparées, 2005)

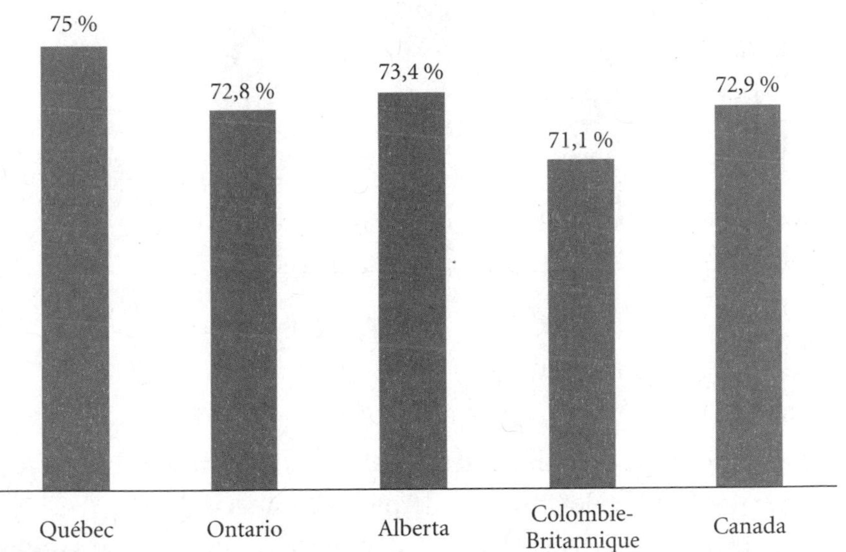

Source : Statistique Canada, ESCC – Cycle 3.1, 2005.

Figure 3. — Satisfaction de la vie (population de 12 ans et plus, données comparées, 2005)

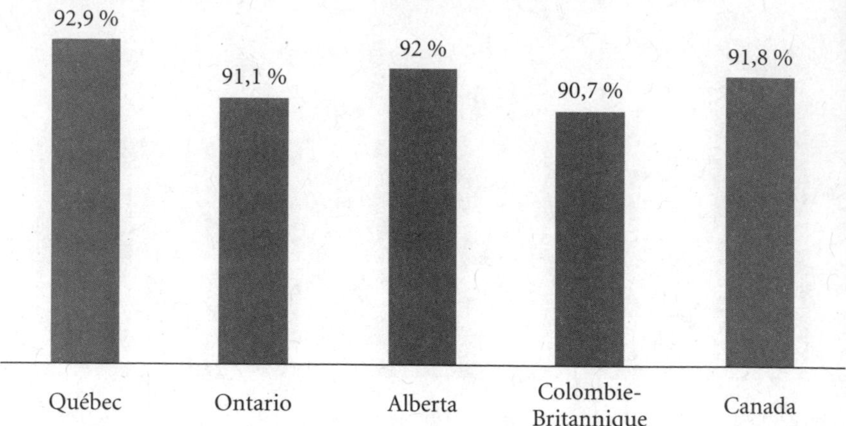

Source : Statistique Canada, ESCC – Cycle 3.1, 2005, compilation de l'Institut de la statistique du Québec.

Figure 4. — Présence d'au moins un trouble de santé mentale ou d'une dépendance au cours d'une période de 12 mois (population de 15 ans et plus, données comparées, 2002)

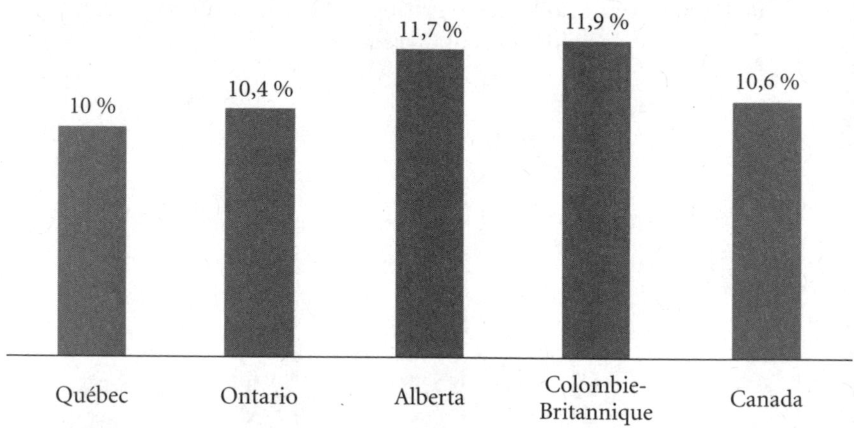

Source : Statistique Canada, ESCC – Cycle 1.2, 2002.

troubles dont souffrent les Québécois. Par ailleurs, ne l'oublions pas, il s'agit des troubles les plus socialement « incapacitants ».

À la fois plus stressés et plus satisfaits de la vie que les autres Canadiens, pour reprendre le langage épidémio-existentiel de certains

Figure 5. — Principaux problèmes de santé mentale ou de dépendance (population de 15 ans et plus, Québec, 2002)

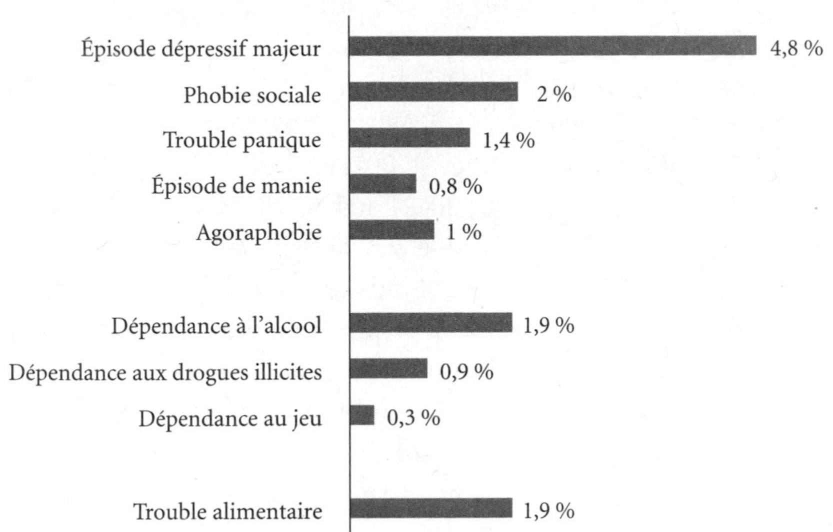

Source : Statistique Canada, ESCC – Cycle 1.2, 2002.

enquêtes, la grande majorité des Québécois de 12 ans et plus ont eu en 2005 une perception excellente ou très bonne de leur état de santé mentale (75 %), un peu mieux que la moyenne canadienne (72,9 %).

Une autre mesure souvent utilisée pour évaluer la prévalence des troubles mentaux dans une population est le « risque probable » d'avoir eu un trouble de santé mentale, dans ce cas un épisode dépressif majeur[16]. Au Québec, la prévalence de ce risque dans la population âgée de 12 ans et plus au cours d'une période de douze mois varie selon les critères appliqués par les agences. La méthode adoptée par Statistique Canada produit des chiffres moins élevés que la méthode

16. L'indice de « risque probable » se fonde sur le score obtenu à un questionnaire diagnostique structuré, la *Composite International Diagnostic Interview, short form,* qui détermine la probabilité de recevoir un diagnostic. La CIDI, élaborée par Kessler et Mroczek, est conforme aux critères du DSM-III-R, aux critères de la classification internationale de l'OMS, la CIM-10.

utilisée par l'Institut national de santé publique du Québec (INSPQ[17]). En effet, pour les années disponibles, ces deux agences obtiennent respectivement : 1994-1995, 5,0 % et 6,9 % ; 1996-1997, 3,5 % et 5 % ; 1998-1999, 5,1 % et 6,3 % ; 2000-2001, 5,9 % et 7,9 %. Par groupes d'âge pour l'année 2000-2001, on obtient respectivement : 12-19 ans, 5 % et 7 % ; 20-24 ans, 6,8 % et 9,2 % ; 25-44 ans, 7,2 % et 9,5 % ; 45-64 ans, 5,6 % et 7,3 % ; 65 et plus, 3,5 % et 5,0 %. Quant aux sexes, selon l'indice de Statistique Canada, le « risque probable » d'avoir vécu un épisode dépressif majeur est de 7,6 % chez les femmes et de 4,2 % chez les hommes (environ 367 800 personnes en tout) ; selon l'indice de l'INSPQ, on obtient 9,9 % chez les femmes et 5,9 % chez les hommes (environ 490 100 personnes en tout). La proportion de la population ayant vécu un épisode de dépression majeure, mesuré en termes de « risque probable », en 2000-2001 est de 7,9 % pour l'ensemble du Québec et de 8,2 % pour Montréal, selon l'indice de l'INSPQ, le seul disponible cette fois.

Si, comme le fait l'ESCC en 2001, on regroupe les troubles de santé mentale en deux ensembles majeurs, soit les troubles anxieux (trouble panique, phobie sociale et agoraphobie) et les troubles de l'humeur (dépression majeure[18] et manie[19]), on constate que plus d'un Québé-

---

17. Institut national de santé publique du Québec 2006.

18. Il s'agit d'un synonyme d'épisode dépressif majeur, qui est défini comme une « période de deux semaines ou plus durant laquelle persiste une humeur dépressive ou une perte d'intérêt ou de plaisir pour des activités normales, associée à au moins cinq des symptômes suivants : une réduction de l'énergie, un changement de sommeil ou de l'appétit, des difficultés à se concentrer ou un sentiment de culpabilité, de désespoir ou des idées suicidaires. Ces symptômes n'étaient pas mieux expliqués par un deuil et entraînaient chez les personnes une altération de leur fonctionnement professionnel, social ou dans d'autres domaines importants ». Kairouz *et al.* 2008, p. 19.

19. La manie est définie comme « une période d'au moins une semaine, ou ayant entraîné l'hospitalisation, caractérisée par des sentiments exagérés de bien-être, d'énergie et de confiance en soi qui peuvent mener la personne à perdre la notion

Figure 6. — Prévalence des troubles de l'humeur et des troubles anxieux (population de 15 ans et plus, Québec, ESCC, 2001)

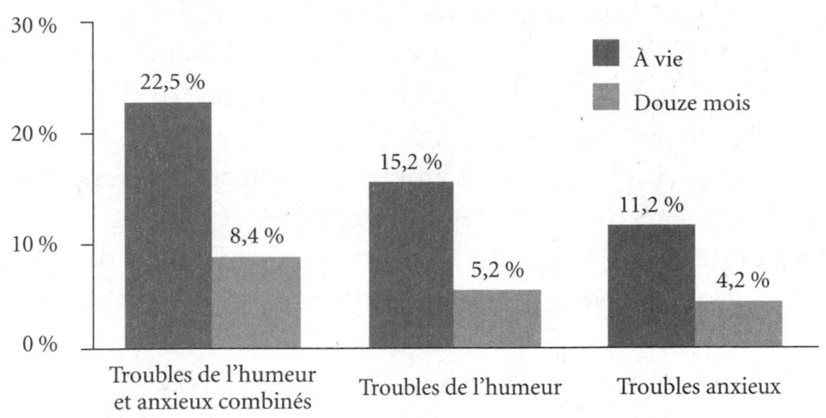

Source : Kairouz *et al.* 2008.

cois sur cinq (23 %) de 15 ans et plus a présenté au moins un trouble de l'un ou l'autre groupe au cours de sa vie, ce qui représente environ 1,3 million de Québécois (figure 6).

La prévalence à vie chez les femmes (27 %) est nettement supérieure à celle qui est rapportée chez les hommes (18 %), du moins dans le groupe d'âge des 15 à 64 ans. La prévalence dans le groupe d'âge des 15 à 24 ans (23 %) et dans celui des 25-64 ans (25 %) est significativement supérieure à celle qui est mesurée chez les aînés (12 %). Le revenu est également associé à la prévalence des troubles de l'humeur et anxieux, avec 21 % dans le groupe de revenu supérieur et 29 % dans le groupe de revenu inférieur[20] (figure 7). Si l'on consi-

de la réalité. Les symptômes incluent la fuite des idées ou la sensation que les pensées défilent trop vite, l'augmentation de l'estime de soi, la réduction du besoin de sommeil, le désir de parler constamment et l'irritabilité. Ces symptômes entraînaient une altération du fonctionnement professionnel ou social des personnes ou l'existence de caractéristiques psychotiques ». Kairouz *et al.* 2008, p. 19.

20. Le revenu inférieur est de moins de 15 000 $ pour les ménages qui comptent une ou deux personnes, sous 20 000 $ pour trois ou quatre personnes, et sous 30 000 $ pour cinq personnes et plus. Le revenu supérieur dépasse 60 000 $

dère la prévalence sur douze mois, 8 % de la population présente au moins un trouble de l'humeur ou anxieux, c'est-à-dire environ 500 000 résidants du Québec âgés de 15 ans et plus. La forte prévalence chez les femmes par rapport aux hommes se maintient (11 % contre 6 %), ainsi que celle des groupes plus jeunes par rapport aux plus âgés (13 % chez les 15-24 ans contre 8 % chez les 25-64 ans et 3,3 % chez les 65 ans et plus). Les personnes du groupe de revenu inférieur sont également plus touchées que les personnes du groupe de revenu supérieur (15 % et 6 % respectivement).

Si l'on compare les troubles de l'humeur et anxieux[21], les deux plus grandes composantes de la nervosité sociale contemporaine, on observe que 15 % (19 % chez les femmes et 12 % chez les hommes) de la population présente au moins un trouble de l'humeur (916 000 personnes) au cours de la vie (figure 8), tandis que 11 % (13 % chez les femmes et 9 % chez les hommes) de la population présente au moins un trouble anxieux (677 000 personnes) (figure 9). Dans les deux cas, les 15 à 64 ans risquent plus d'être touchés par ces formes de nervosité sociale que les groupes plus âgés. Quant à la prévalence annuelle en 2002, 5 % de la population québécoise a rapporté au moins un trouble de l'humeur (314 000 personnes, 6,6 % chez les femmes et 3,8 % chez les hommes) et 4,2 % a présenté au moins un trouble anxieux (253 000 personnes, 5 % chez les femmes et 2,9 % chez les hommes). Dans les deux cas, les personnes âgées de 15 à 64 ans sont plus susceptibles d'être touchées par ces troubles, ainsi que celles de revenu inférieur (15 %) par rapport à celles de revenu supérieur (6 %).

---

pour une ou deux personnes, et 80 000 $ pour cinq personnes ou plus. Kairouz *et al.* 2008.

21. La phobie sociale est le plus prévalent (7 % au cours de la vie ; 2 % sur une année) des trois troubles anxieux répertoriés dans l'enquête. Suivent en importance le trouble panique (3,9 % à vie et 1,5 % annuellement) et l'agoraphobie, (3,3 % à vie et 1,1 % annuellement). Kairouz *et al.* 2008.

Figure 7. — Prévalence d'au moins un trouble de l'humeur ou un trouble anxieux à vie et sur 12 mois (population de 15 ans et plus, Québec, 2001)

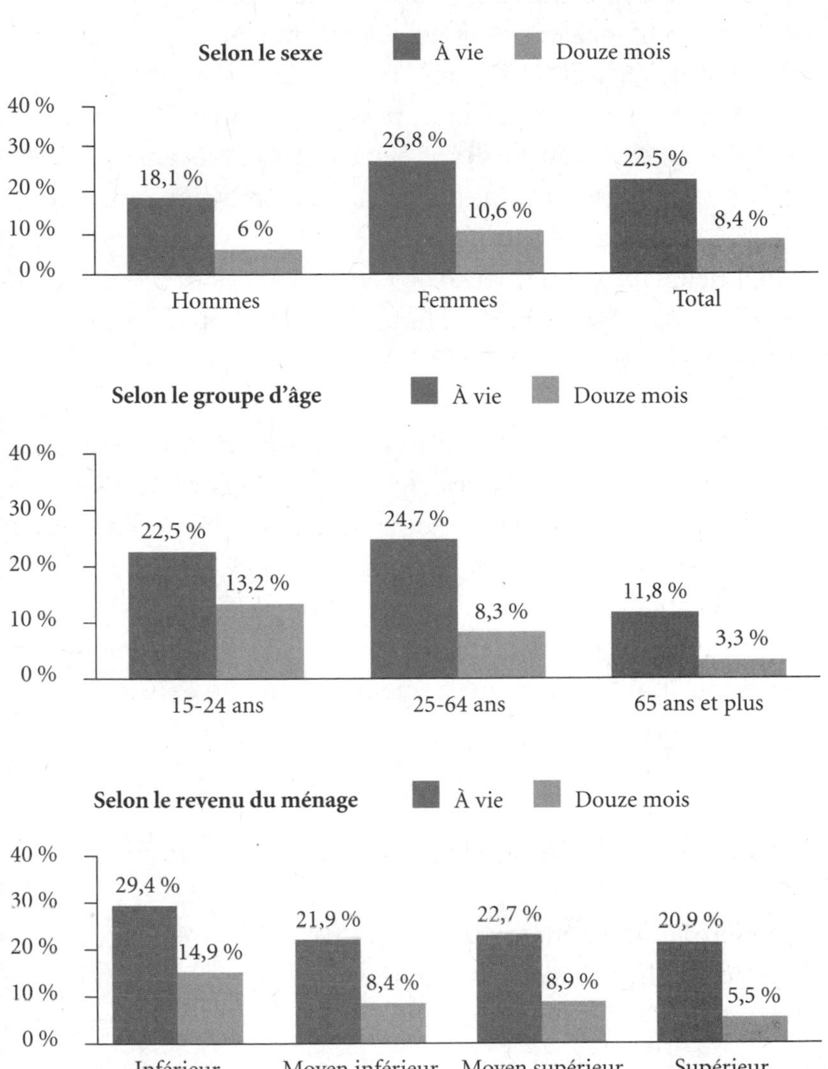

Source : Kairouz *et al.* 2008.

Quant à la dépression majeure (trouble dépressif unipolaire ou épisode dépressif majeur), toujours selon l'enquête de 2001, la prévalence à vie est d'environ 14 % dans la population générale (17 % chez les femmes et 11 % chez les hommes) et le groupe des 25-64 ans semble plus touché que celui des 65 et plus et des 14-24 ans (15 %, 9 % et 12 %[22]). La prévalence annuelle de la dépression majeure est de 4,8 % (6 % chez les femmes et 3,5 % chez les hommes), soit la presque totalité de la prévalence de l'ensemble des troubles de l'humeur, qui est de 5 % (figure 10). Elle est, encore là, plus fréquente chez les personnes à revenu inférieur (8 %) que chez les personnes à revenu supérieur (3,1 %).

Que conclure de tous ces chiffres ? Peu importe les sources auxquelles on se réfère, les méthodes suivies et les catégorisations privilégiées, la dépression est la vedette épidémiologique de l'incapacité sociale, même si les troubles anxieux cognent déjà à la porte de manière insistante. C'est ce qu'on perçoit plus clairement lorsqu'on passe de l'analyse des prévalences à l'analyse de l'utilisation des services : les nerveux sociaux, qu'ils soient anxieux ou déprimées, sont déjà aux portes de la cité.

Les nerveux aux portes de la cité : anxieux et déprimés

La première véritable étude réalisée sur les troubles mentaux chez les adultes au Québec concernait la population montréalaise[23] et a été

22. Le trouble maniaque, plus rare et stable, dont le statut psychiatrique est moins contesté, touche 2,5 % de la population québécoise au cours de la vie et sa prévalence annuelle est de moins de 1 %. Il est presque absent chez les 65 ans et plus.

23. Fournier *et al.* 2002. Cette enquête a eu recours a une stratégie multi-méthodes en étapes : 4 704 Montréalais ont été interviewés par téléphone et, dans un second temps, un sous-ensemble de 359 personnes ont été rencontrées par des psychologues pour une entrevue en profondeur, et, parallèlement, 405 personnes « aidantes

Figure 8. — Prévalence des troubles de l'humeur (population de 15 ans et plus, Québec, ESCC, 2001)

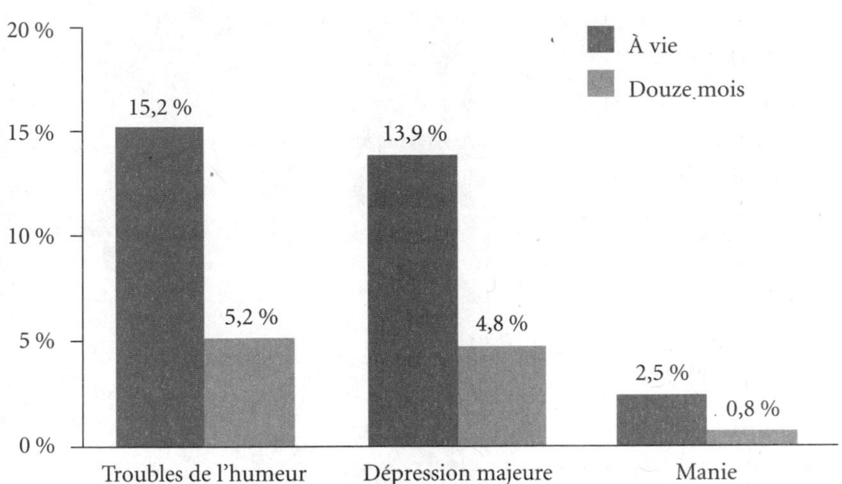

Source : Kairouz *et al.* 2008.

Figure 9. — Prévalence des troubles anxieux (population de 15 ans et plus, Québec, ESCC, 2001)

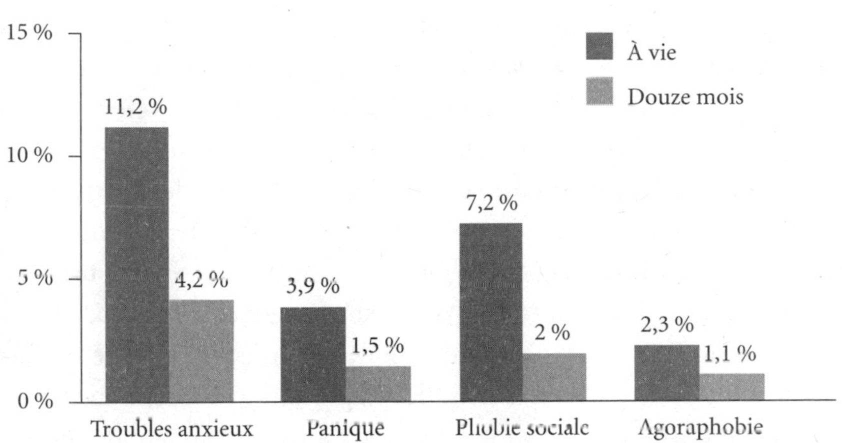

Source : Kairouz *et al.* 2008.

Figure 10. — Prévalence des troubles de l'humeur selon le sexe (population de 15 ans et plus, Québec ESCC, 2001)

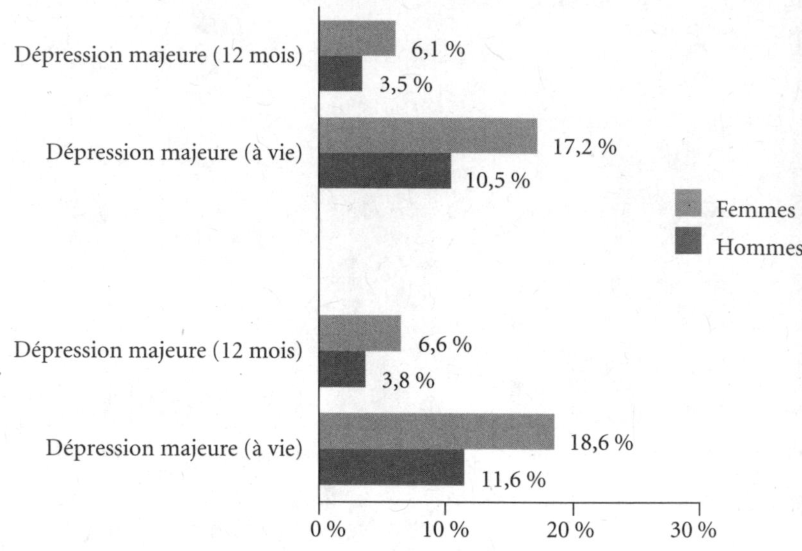

Source : Kairouz *et al.* 2008.

réalisée en 1999 auprès de 4 704 personnes. La prévalence des troubles mentaux chez les Montréalais était de 11 % pour une année et de 29 % au cours de la vie. Les troubles dépressifs ou anxieux étaient déjà la cause de près de la moitié des incapacités liées aux troubles mentaux. On concluait également à une prévalence de 19 % des troubles de l'humeur (dépression majeure et dysthymie) à vie et de 5 % sur douze mois. Les troubles anxieux (phobies, trouble panique, anxiété généralisée) sont déjà fort importants, car la prévalence s'élevait à 13 % à vie et à 6 % pour un an. Selon cette enquête utilisant les critères diagnostiques du DSM-IV, les troubles dépressifs arrivaient en tête de liste de l'ensemble des troubles mentaux à vie, devançant de peu les troubles anxieux (18 % contre 14 %), mais ces derniers se situaient à

naturelles » auprès d'un proche souffrant d'un problème de santé mentale ont rempli un questionnaire.

leur tour en tête de liste de l'ensemble des troubles mentaux sur une période de douze mois, devançant de très peu les troubles dépressifs (6 % contre 5 %).

Déjà, à ce moment, le recours à des services de santé offrait certaines pistes pour mieux comprendre les comportements des personnes aux prises avec des problèmes de santé mentale en plus d'offrir d'autres données, parfois complémentaires, parfois contradictoires avec les prévalences obtenues par des moyens tels que des entrevues et des questionnaires. Ces travaux présentent à leur tour d'autres limites et d'autres avantages, mais ils sont incontournables. Une caractéristique saillante de ceux-ci est le chiffre canonique de 50 % qui correspond à la proportion de personnes aux prises avec un problème de santé mentale n'ayant eu recours à aucun service de santé dans l'année de l'étude. Ce pourcentage revient tellement souvent dans la littérature que certains spécialistes, comme Alain Lesage, parlent ironiquement de la « règle du 50 % ».

Une précieuse étude récente portant sur les « contacts en santé mentale » à Montréal en 2004-2005 s'appuie sur d'importantes sources de données provenant de banques médico-administratives officielles qui regroupent : 1) les consultations en clinique privée avec un omnipraticien en raison d'un problème de santé mentale ; 2) les consultations à l'urgence, en clinique privée ou en clinique externe avec un psychiatre ; 3) les interventions en CLSC avec un « profil santé mentale » ; et 4) les hospitalisations avec un diagnostic principal de trouble mental[24]. À part le fait évident que cette étude ne prend pas

24. Benigeri 2007. À partir des banques de données médico-administratives, il est possible de définir un « contact en santé mentale » à partir de l'acte posé par le médecin, le diagnostic ou encore la spécialité du médecin. Ces données, qui couvrent, dans l'étude, la période du 1er avril 2004 au 31 mars 2005, proviennent de la banque de données jumelées de l'Agence de la santé et des services sociaux de Montréal, qui a recours à trois sources : les services des médecins rémunérés à l'acte (RAMQ-MEDIC) ; les services hospitaliers (admissions et chirurgie d'un jour)/

en compte l'hypothétique 50 % des personnes souffrant des problèmes de santé mentale qui n'ont recours à aucun service, sa limite la plus importante est l'absence de données sur le recours aux psychologues en pratique privée qui n'est pas enregistré dans les banques de données utilisées[25]. Le recours aux psychologues en cabinet privé, on le verra plus en détail dans le chapitre 6, semble être une spécificité du Québec par rapport aux autres provinces canadiennes.

En 2004-2005, 7,7 % des Montréalais (environ 144 000 personnes) on eu au moins un « contact en santé mentale » avec l'une des diverses composantes du réseau de santé considérées. L'auteur de l'étude souligne que ces résultats sont comparables à ceux de la littérature disponible, qui montrent qu'environ 20 % de la population est touchée par un trouble de santé mentale, dont seulement la moitié consulte sur une période d'un an. Par ailleurs, 76 % des utilisateurs recensés dans l'étude (environ 109 400 personnes) ont de 20 à 64 ans (7 % ont moins de 20 ans et 17 % ont plus de 65 ans), et 62 % (88 783 personnes) sont des femmes (figure 11).

Les troubles répertoriés sont distribués en huit catégories : 1) troubles organiques ; 2) troubles liés à une substance ; 3) troubles schizophréniques et psychotiques ; 4) troubles affectifs ; 5) troubles anxieux ; 6) troubles de la personnalité, de l'adaptation et de la conduite ; 7) troubles spécifiques de l'enfant ; et 8) autres troubles[26].

(MED-ECHO) et les interventions en CLSC (I-CLSC).) Elle contient des données démographiques, administratives et cliniques et couvre des aspects tels les hospitalisations, les actes médicaux en établissements et en cliniques privées, les médicaments, les interventions en CLSC, les admissions en Centre hospitalier de soins de longue durée (CHSLD) et les décès.

25. On exclut aussi le recours à une clinique externe sans consultation de psychiatre et l'utilisation des ressources communautaires.

26. Les codes de la CIM-9 ont été utilisés pour la construction des huit catégories diagnostiques retenues par l'étude. En ce qui concerne la catégorie « troubles affectifs », elle comprend les sous-catégories « dépression » et « bipolaire » (codes 296.0

Figure 11. — Répartition des personnes de tous âges ayant eu au moins un « contact en santé mentale », selon l'âge et le sexe, Montréal (2004-2005)

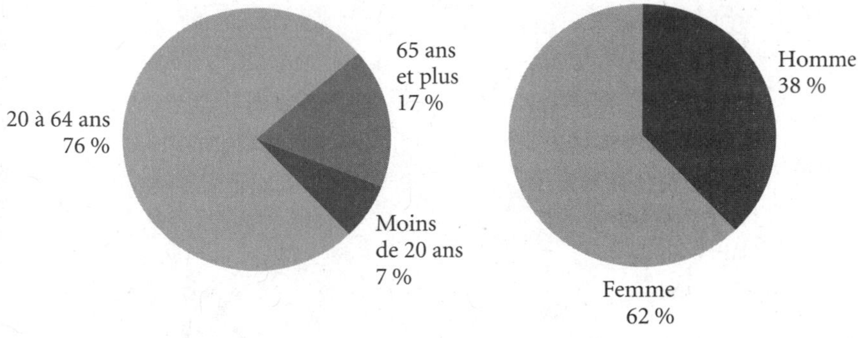

Source : Benigeri 2007.

Les utilisateurs ont été répartis selon le diagnostic le plus fréquent[27], ce qui donne comme résultat principal que près de 60 % d'entre eux ont eu au moins un « contact en santé mentale » dont la raison principale était un diagnostic soit de troubles affectifs (27,5 % du total, 39 600 personnes), soit de trouble anxieux (32 %, 46 100 personnes) (figure 12). Dans les deux cas, les femmes sont davantage représentées que les hommes en nombres absolus (26 142 contre 13 494 pour les troubles affectifs, et 30 476 contre 15 620 pour les troubles anxieux), mais aussi proportionnellement, car elles ont recours aux services plus souvent que les hommes. Les autres troubles mentaux en ordre d'importance sont les « troubles de la personnalité/adaptation/

à 296.9, 311.0 à 311.9, 300,4). La catégorie « troubles anxieux » comprend la sous-catégorie « anxiété » (codes 300.0, 300.2, 300.3). Quant à la catégorie des « troubles schizophréniques et psychotiques », elle comprend les sous-catégories « psychoses schizophréniques », « paranoïa et états délirants » et « autres psychoses non organiques » (codes 295.0 à 295.9, 297.0 à 297.9, 298.0 à 298.9).

27. La méthode utilisée pour catégoriser les Montréalais ayant eu au moins un contact dans le réseau de la santé mentale a consisté à à chaque utilisateur le diagnostic de trouble de santé mentale que l'on retrouvait le plus fréquemment dans les banques de données.

Figure 12. — Répartition des personnes de tous âges selon le diagnostic le plus fréquent, Montréal (2004-2005)

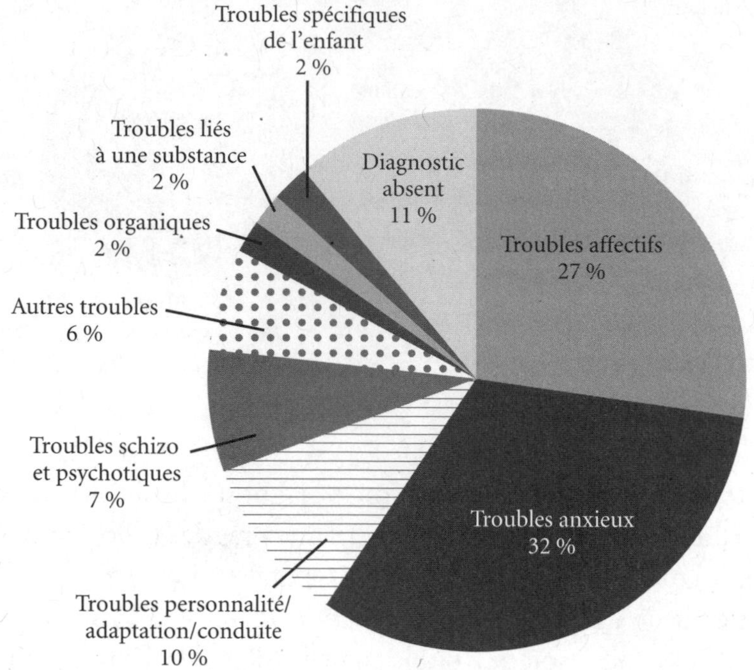

Source : Benigeri 2007.

conduite » (10 %, 14 281 individus) et les « troubles schizophréniques et psychotiques » (7,4 %, environ 10 600 individus).

Dans la sollicitation des services montréalais pour des troubles de santé mentale, la part du lion revient donc encore aux univers de la dépression et de l'anxiété[28]. Si l'on considère les adultes et les personnes âgées, ce sont les troubles anxieux (moins de 20 ans, 17,9 % ; 20 à 64 ans, 32,8 % ; 65 ans et plus, 34,5 %) et les troubles affectifs (10,3 % ; 29,6 % ; 25,4 %) qui les concernent le plus, à raison d'envi-

28. On peut également supposer qu'une bonne partie des clients des psychologues en cabinet privé, qui ne sont pas pris en compte dans l'étude, sont touchés par la dépression, l'anxiété et les états subsyndromiques qu'on appelle administrativement la « détresse psychologique ».

ron 60 % du total des sollicitations. Les femmes utilisent plus souvent que les hommes les services des omnipraticiens (65 % contre 52 %) ainsi que les services des CLSC, alors que les hommes vont plus souvent à l'urgence, en clinique externe et sont plus fréquemment hospitalisés. Les personnes touchées par des troubles affectifs consultent le plus souvent un omnipraticien (49,7 %), un psychiatre en clinique externe (31,8 %) ou un psychiatre en clinique privée (8,1 %). Les personnes touchées par des troubles anxieux ont recours essentiellement à un omnipraticien (81,5 %), à un psychiatre en clinique externe (11,2 %) ou à un psychiatre en clinique privée (3,8 %[29]) (tableau 2).

Si les psychologues en pratique privée avaient été considérés dans cette étude, la distribution du recours selon les catégories de professionnels aurait sans aucun doute changé. En effet, les données concernant la proportion de la population âgée de 12 ans et plus ayant consulté un professionnel pour un motif de santé mentale dans l'ensemble du Québec en 2003 montrent que les professionnels les plus consultés sont les psychologues (3,8 %, c'est-à-dire 243 000 personnes), suivis par les omnipraticiens (3,1 %, 198 800 personnes), les psychiatres (1,3 %, 84 500 personnes) et les travailleurs sociaux (1 %, 62 600 personnes). Les femmes consultent deux fois plus que les hommes un psychologue, un omnipraticien ou un travailleur social. Le seul professionnel consulté dans une proportion équivalente par les hommes et les femmes est le psychiatre.

Toujours en 2003, pour la seule région de Montréal, 4,7 % des personnes (75 400 individus) ont consulté un psychologue ; 3,3 % (environ 54 000 individus) ont consulté un omnipraticien, 2,1 % (33 900 individus), un psychiatre et 0,9 % (14 800 individus), un tra-

29. Les personnes avec des troubles schizophréniques et psychotiques se retrouvent majoritairement dans les cliniques externes de psychiatrie (69 %) et en hospitalisation (21,5 %).

Tableau 2. — Répartition des personnes de tous âges selon le diagnostic et le profil d'utilisateur, Montréal (2004-2005)

Catégorie de diagnostic / Profil d'utilisateurs	Omnipraticien	Urgence	Clinique privée/ psychiatre	CLSC	Clinique externe/ psychiatre	Hospitalisation	Tous
Troubles organiques	25,7 %	5,0 %	2,8 %	1,5 %	20,2 %	44,7 %	100,0 %
Troubles liés à une substance	58,9 %	16,9 %	2,3 %	3,5 %	18,3 %	—	100,0 %
Troubles schizophréniques et psychotiques	4,1 %	3,7 %	1,5 %	0,8 %	68,5 %	21,5 %	100,0 %
Troubles affectifs	49,7 %	3,2 %	8,1 %	3,0 %	31,8 %	4,3 %	100,0 %
Troubles anxieux	81,5 %	1,0 %	3,8 %	2,1 %	11,2 %	0,3 %	100,0 %
Troubles de la personnalité, de l'adaptation et de la conduite	47,2 %	7,4 %	6,0 %	3,2 %	31,1 %	5,1 %	100,0 %
Troubles spécifiques de l'enfant	15,0 %	0,8 %	1,3 %	0,4 %	80,9 %	1,6 %	100,0 %
Autres troubles	26,5 %	10,0 %	4,4 %	2,0 %	55,4 %	1,7 %	100,0 %
Aucun diagnostic de santé mentale ou diagnostic absent	—	1,3 %	1,6 %	85,3 %	11,8 %	—	100,0 %

Source : Benigeri 2007.

vailleur social[30]. À l'échelle canadienne, le recours au psychologue est une spécificité québécoise, car, dans l'ensemble des provinces canadiennes, les omnipraticiens sont les professionnels les plus consultés, suivis des travailleurs sociaux, conseillers et psychothérapeutes ; ensuite seulement, à égalité, on retrouve les psychologues et les psychiatres. Enfin, les groupes d'entraide ferment la liste des ressources et professionnels consultés[31]. Ainsi, les Québécois sont, au Canada, ceux qui ont le moins recours à un psychiatre pour des problèmes de santé mentale, et ceux qui ont le plus recours à un psychologue[32]. L'utilisation des services jette un éclairage complémentaire sur l'importance indiscutable de la dépression comme trouble de l'humeur emblématique de la nervosité sociale contemporaine et attire l'attention sur l'autre composante essentielle de cette nervosité : les troubles anxieux.

Les antidépresseurs à la rescousse de la contre-performance sociale

Peu importe le professionnel ou la ressource consulté, la littérature spécialisée indique que la prise en charge en première ligne serait « déficitaire » à trois niveaux : diagnostic, traitement et observance[33].

30. Institut national de santé publique du Québec 2006, p. 155.

31. Après avoir regroupé les prestataires par catégorie, on constate que la plupart des répondants ont d'abord consulté des professionnels du secteur de la médecine générale, suivis des « autres professionnels » (infirmières, travailleurs sociaux, conseillers spirituels, acupuncteurs, chiropraticiens, diététistes, etc.), des spécialistes de la santé mentale (psychiatres, psychologues), puis, enfin, des intervenants de regroupements bénévoles (groupes d'entraide, lignes d'aide téléphonique, Internet).

32. Pour une explication détaillée de ce phénomène, voir Lesage *et al.* 2006.

33. Aubé, Beaucage et Duhoux 2007.

On répète dans plusieurs études qu'un diagnostic de dépression majeure est posé pour la moitié seulement des personnes qui en sont atteintes, que seulement le quart de cette moitié a accès à un traitement adéquat et qu'environ la moitié de ce quart interrompt la médication prescrite dans les trois mois suivant le début du traitement, ce qui joue contre son efficacité. Mais comment en être sûr ? On déduit de cette insistance généralisée sur les « déficits » de prise en charge de la première ligne qu'il faut médicaliser la dépression de manière plus intense et au sens premier du terme : dépister et diagnostiquer plus et mieux, diffuser et rendre disponibles les traitements surtout médicaux et, enfin, mieux assurer l'observance de la prise d'antidépresseurs selon les directives médicales.

Comme un corollaire du renouvellement épidémiologique axé sur la prise en compte des contre-performances sociales (AVI, AVCI, etc.) et non plus seulement de la mortalité populationnelle, on remet également en question l'ancien modèle de soins qui répondait à une conception aiguë (et non chronique) de la maladie. Aujourd'hui, on se dirige plutôt vers le modèle d'une maladie qui ne tue pas, ne se guérit pas, mais qui accompagne les individus touchés pendant de longues périodes, revient à plusieurs occasions ou demeure pour la vie. *Ces tendances générales vont dans le sens de l'hypothèse de cet ouvrage, qui envisage l'épreuve dépressive comme l'ombre portée de l'individualité contemporaine qui ne disparaît pas, qui ne tue pas, mais qui se transforme au diapason de l'éclairage normatif constitutif de toute vie sociale.* En effet, on est de plus en plus contraint à composer avec l'épreuve dépressive ou anxiodépressive en recherchant le « fonctionnement optimal » dans un contexte de fragilisation épisodique, récurrente ou chronique de l'individualité qui appelle l'entretien perpétuel des aspects mentaux qu'on assure liés à la performance sociale par les moyens institutionnellement mis à la disposition des individus : les médicaments psychotropes et les psychothérapies.

Les propositions pour améliorer la prise en charge de la dépression sont, en fin de compte, les mêmes que pour d'autres problèmes de santé mentale et de santé tout court : plus de prévention, de dépistage précoce, d'information, de communication entre les différents intervenants et niveaux d'intervention, de suivi, de leadership en première ligne, de médicaments psychotropes, de formation et de valorisation des gestionnaires de cas, etc.[34]. Comme on l'a souligné, ces stratégies générales gèrent (et non pas traitent) le problème autant qu'elles l'implantent et le diffusent en déblayant de nouveaux terrains subsyndromiques à coloniser à la périphérie des univers plus solidement syndromiques déjà balisés comme pathologiques. L'univers de la nervosité sociale actuelle, dont les troubles dépressifs et anxieux sont les composantes les plus importantes, est constamment élargi en même temps que les individus eux-mêmes deviennent plus sensibles et attentifs à leurs caractéristiques, et plus experts dans leur dépistage. Bref, on apprivoise ces troubles, on les socialise et on les incorpore de plus en plus comme fragilités vraisemblables, voire institutionnalisées, de l'individualité qui a cours. Le seuil de ce qui est « manifestement » anormal ou pathologique, pour reprendre le troublant sens de l'évidence des manuels de psychiatrie et des rapports mondiaux comme celui de l'OMS, est en constant mouvement de va-et-vient qui accueille ou expulse (classe ou déclasse) des comportements, des états de conscience, d'âme et d'humeur dans une spirale dont la dynamique est loin d'être seulement scientifique et médicale.

Parmi les propositions pour améliorer la prise en charge de la dépression et diminuer sa prévalence, on a repéré, sans surprise, « plus de psychotropes ». Malgré la position explicitement biopsychosociale de l'OMS, la deuxième des dix recommandations formulées à la fin du rapport de 2001 sur la santé mentale dans le monde est « Assurer

34. Voir Collin 2007. Johanne Collin établit une comparaison convaincante entre les prises en charge contemporaines de la dysfonction érectile, de la dépression et de l'hypertension. Elle démontre la résonance profonde qui existe entre les raisonnements cliniques, l'arrivée de nouveaux médicaments et les dynamiques sociétales.

la disponibilité des psychotropes ». Ce qui semble d'ailleurs cohérent avec l'affirmation de la même organisation que « les troubles mentaux résultent de nombreux facteurs [mais] ont une origine physique dans le cerveau[35] ». Et si le cerveau fait partie, comme la souffrance humaine, les troubles mentaux et les droits de l'homme, des « universaux », selon les déclarations des organismes autodésignés pour accorder de telles étiquettes, alors pourquoi les remèdes des « cerveaux universels » ne le seraient-ils pas ? En ce qui concerne les principales composantes de la nervosité contemporaine, la dépression et l'anxiété, c'est des antidépresseurs et des anxiolytiques qu'il est question. Ces termes imaginés pour nommer deux classes de molécules débordent d'une « spécificité » à la fois nosologique et thérapeutique. Les faits disponibles commandent toutefois de nuancer la charge métonymique fort optimiste de termes tels qu'antidépresseur, anxiolytique ou antipsychotique. Mais d'abord, dans quelle mesure les individus déprimés et anxieux ont-ils effectivement recours à ces médicaments psychotropes qui sont conçus « spécifiquement » pour soigner ces troubles « qui ont une origine physique dans le cerveau » ? Les antidépresseurs et les anxiolytiques sont-ils utilisés exclusivement pour traiter les dépressions et l'anxiété, ou leur « spécificité » n'est-elle qu'effet rhétorique et stratégie de marketing[36] ?

La littérature spécialisée sur la consommation d'antidépresseurs au Canada, du moins entre 1980 et 2000, est formelle : si les Canadiens, et surtout les Canadiennes, sont passablement déprimés, le marché des médicaments de l'esprit garde le moral ; il est même euphorique. Depuis 1999, le nombre d'ordonnances d'ISRS (les

35. OMS 2001, p. x.

36. Voir Kavanagh *et al.* 2006, excellente revue des études publiées entre 1998 et 2005 portant sur les impacts cliniques de stratégies d'intervention visant l'amélioration des services offerts aux personnes atteintes de dépression majeure consultant en première ligne.

fameux inhibiteurs sélectifs de la recapture de la sérotonine) a augmenté de 83 %[37]. D'autre part, on consulte de plus en plus les médecins de famille et omnipraticiens pour des problèmes de santé mentale. Prenons encore les ISRS, qui représentent 81 % de tous les antidépresseurs prescrits. En 1999, 20 % des ISRS ont été prescrits par des psychiatres, tandis qu'en 2003 seulement 16 % l'ont été. En 1999, 76 % des ISRS ont été prescrits par des médecins de famille et des omnipraticiens, tandis qu'en 2003 cette proportion s'est élevée à 81 %[38].

Compte tenu du fait que les problèmes de santé mentale semblent s'être généralisés à un point jamais atteint jusqu'ici, quoi de plus naturel que de consulter des généralistes ? Les omnipraticiens sont devenus les spécialistes de la nouvelle nervosité sociale, ou plutôt, celle-ci est devenue un mal omniprésent. Le mental échappe au seul registre psychiatrique pour se loger plus aisément dans l'univers flou de la médecine générale à l'aide du double imaginaire accessible à tous qui est issu de la psychopop (estime de soi, intelligence émotionnelle, souffrance psychique, etc.) et de la neuropop (cerveau, neurotransmetteurs, synapses, etc.). À l'instar de ce que Robert Castel appelait les thérapies psychologiques pour les normaux indiquées pour des maux également normaux[39], les maux généraux contemporains, dont le

---

37. Dès l'arrivée des ISRS, la progression a été spectaculaire. Entre 1981 et 2000, le nombre d'ordonnances au Canada est passé de 3,2 à 14,5 millions et les coûts associés aux antidépresseurs sont passés de 31,4 à 543,4 millions. Hemels, Koren et Einarson 2002 ; Olfson et Klerman 1993 2002. Selon certains travaux, l'augmentation du nombre des consommateurs découle d'un allongement des durées de traitement, allongement qui pourrait lui-même découler d'une évolution des schémas thérapeutiques ou encore des difficultés de sevrage. Les travaux de Le Moigne montrent les paradoxes des usages à long cours de psychotropes. Lecadet *et al.* 2006 ; Le Moigne *et al.* 2004.

38. IMS Health Canada, 2005, www.imshealthcanada.com/htmfr/3_1_41.htm (consulté en décembre 2005).

39. Castel 1981.

statut exclusivement psychologique est fort discutable, sont de plus en plus soignés par les « généralistes » du traitement des humeurs (déprimée, anxieuse, maussade, surexcitée, etc.) et de l'action (inhibée, ralentie, accélérée, inadaptée, etc.).

Même si IMS Health Canada[40] affirme qu'en 2007 on a assisté à la plus faible croissance du chiffre des ventes de médicaments en dix ans (6,3 %), fléchissement attribué à l'utilisation de plus en plus fréquente de génériques[41], elles continuent quand même de croître. Les ventes de médicaments d'ordonnance dans les pharmacies de détail et les hôpitaux canadiens ont atteint 19 milliards pour la même année 2007. L'enjeu est évidemment énorme. Ian Therriault, vice-président principal d'IMS Health Canada, affirmait que « la valeur associée aux expirations de brevets a atteint l'an dernier un sommet inégalé de 1,2 milliard de dollars. À eux seuls, Altace et Effexor XR représentent près de 60 % de la valeur des brevets venus à échéance[42] ».

En effet, Novo-Venlafaxine X, le générique d'Effexor XR, est l'antidépresseur le plus prescrit au Canada, suivi par le « vrai » Effexor XR. Si l'on considère seulement les ordonnances effectivement exécutées par les pharmacies de détail au Canada, on constate qu'elles augmentent toujours d'année en année (5,6 % en 2005, 6,4 % en 2006 et 6,2 % en 2007). En 2007 toujours, parmi les catégories thérapeutiques prin-

40. IMS Health est le chef de file mondial de l'information commerciale destinée aux acteurs de l'industrie pharmaceutique et des soins de santé.

41. Le nombre de produits génériques délivrés sur ordonnance (48 % de toutes les ordonnances exécutées) a augmenté globalement de 14 % en 2007. Les médicaments d'origine représentent 58 % et 51 % des ordonnances au Québec et en Ontario respectivement.

42. IMS Health Canada 2008. *La plus faible croissance en dix ans : les ventes de médicaments d'ordonnance au Canada en hausse de 6,3 pour cent.* Résumé des propos d'Ian Therriault, vice-président principal d'IMS Health Canada. En ligne : http://www.guidesanteenligne.com/news_detail.asp?ID=86189 (consulté en décembre 2008).

cipales de ces ordonnances, les « agents psychothérapeutiques[43] » occupent la deuxième place (53 268 000), après les « agents cardiovasculaires » (65 697 000), ce qui représente une augmentation de 6,9 % par rapport à l'année précédente. Sur un total de 13 953 398 ordonnances exécutées au Canada en 2007 en psychiatrie, on trouve deux marques d'antidépresseurs parmi les dix marques de médicaments les plus prescrites : la Novo-Venlafaxine X en deuxième place et l'Effexor XR en cinquième place. Parmi les dix premières marques vendues en psychiatrie, on retrouve également quatre anxiolytiques (PMS-Clonazepam-R, Apo-Lorazepam, PMS-Clonazepam et Ativan). Sur un total de 109 186 961 ordonnances exécutées au Canada en 2007 en médecine familiale, parmi les dix marques les plus prescrites, la Novo-Venlafaxine X est au quatrième rang.

Il est intéressant d'observer l'évolution des principaux diagnostics issus des consultations auprès de médecins canadiens exerçant à l'extérieur d'un hôpital. Selon IMS, en 2003, les 9,3 millions de consultations pour dépression en faisaient la deuxième cause de consultation[44], placée entre l'hypertension (20,3 millions de consultations) et le diabète (8,7 millions). L'anxiété occupait quant à elle la sixième place, avec 5,3 millions de consultations. En 2004, la dépression descendait en troisième position (9 millions de consultations), placée entre le diabète (9,5 millions) et les examens courants (8,7 millions), tandis que l'anxiété montait à la cinquième place (5,6 millions). En 2005, la dépression reprenait la deuxième place (8,9 millions), suivie de très près par les examens courants (8,8 millions) et le diabète (8,7 millions) et d'un peu plus loin par l'anxiété (5,7 millions), tou-

43. Le terme englobe les tranquillisants (majeurs et mineurs), les psychostimulants, les antidépresseurs (tricycliques, inhibiteurs de l'amine-oxidase, analeptiques, ISRS et autres) et le lithium.

44. Selon IMS, depuis au moins 2000, la dépression occupe la deuxième place (7,8 millions de consultations) et l'anxiété la cinquième place (4,6 millions).

jours en cinquième place. En 2007, la dépression tombait à la quatrième place (8,6 millions), suivie de l'anxiété, qui réduisait l'écart (6,2 millions[45]).

À la lumière de ces chiffres, on pourrait conjecturer sur le rapprochement entre la dépression et l'anxiété, car la première ralentit sa croissance en nombre de consultations tandis que la deuxième l'accélère. Ce double mouvement, dans un contexte de croissance des valeurs absolues, va dans le sens de la généralisation des états anxiodépressifs dont parlent de plus en plus les psychiatres. Ce qui va de pair également avec la prescription grandissante des molécules « post-Prozac », comme le Paxil (et génériques) hier et l'Effexor (et génériques) aujourd'hui, qui sont, semble-t-il, davantage « spécifiques » pour traiter les états anxiodépressifs. La prétendue spécificité *anti*dépressive se transformerait donc, avec l'évolution de la consistance de la nervosité sociale, en spécificité *anxio*dépresssive. Mais ce ne sont que des hypothèses qu'il faudrait confirmer par des études plus poussées.

Ce qui est certain, en revanche, c'est que la dépression est un problème qui touche principalement les personnes adultes, celles qui constituent la « population active » d'une société, c'est-à-dire celles qui incarnent concrètement, lorsqu'elles sont touchées, les contre-performances, les incapacités et les invalidités dont les répercussions économiques, productives et financières inquiètent les agences gouvernementales. Il ne faut pas oublier que l'épreuve dépressive met au défi en tout premier lieu, on le verra en détail dans le prochain chapitre, la capacité de fonctionnement social des individus en termes mécaniques et énergétiques. On rapporte en effet que 87 % des diagnostics de dépression concernent des individus âgés de 20 à 64 ans. Dans le cas de l'anxiété, le portrait est semblable, mais il comporte quelques nuances, car si 78 % des diagnostics d'anxiété se rapportent à des indi-

45. www.imshealthcanada.com/htmfr/4_2_1_54.htm (consulté en décembre 2005).

vidus âgés de 20 à 64 ans, elle touche un peu plus de jeunes (6 % contre, 3 % chez les moins de 20 ans) et de personnes plus âgés (16 %, contre 11 % chez les 65 ans et plus) que la dépression. Il demeure ce fait massif que plus des trois quarts des diagnostics de dépression et d'anxiété concernent les individus adultes qui composent la population active d'une société dont la « performance » se voit menacée.

Il est important aussi de souligner que 82 % des consultations qui aboutissent à un diagnostic de dépression sont assorties de la prescription d'un médicament, vraisemblablement un antidépresseur, alors que 59 % des consultations menant à un diagnostic d'anxiété débouchent sur la prescription d'un médicament, vraisemblablement un anxiolytique, mais aussi, de plus un plus souvent, sur la prescription d'un antidépresseur, parfois indiqué pour soigner les états anxieux. En revanche, la proportion de diagnostics de dépression correspondant aux ordonnances effectivement délivrées d'un antidépresseur est plus laborieuse à comprendre. Selon certains travaux, seulement 65 % des ordonnances d'antidépresseurs délivrées au Canada au cours de l'année 2005 avaient pour motif le traitement de troubles dépressifs. Ce sont surtout deux types de médicaments antidépresseurs, les tricycliques et la trazodone, qui présentaient un profil d'utilisation clairement différencié du traitement des dépressions. Les tricycliques étaient utilisés plus souvent pour des indications non psychiatriques que psychiatriques, notamment pour les troubles du sommeil et la douleur. Quant à la trazodone, elle était fréquemment prescrite à faible dose pour les problèmes de sommeil. Les ISRS, fait de plus en plus répandu, étaient souvent recommandés pour traiter les troubles anxieux[46].

---

46. Patten, Esposito et Carter 2007. Les données sur lesquelles se fonde cette étude proviennent de l'*Index canadien des maladies et traitements* (*Canadian Disease and Therapeutic Index*, CDTI) de IMS Canada. Cette base de données canadiennes repose sur un échantillon de 652 médecins, sur les diagnostics et les traitements des médecins en pratique privée dans cinq régions du pays, et est stratifiée selon les spécialités des médecins.

Le Conseil du médicament a réalisé une intéressante étude sur l'usage des antidépresseurs par des personnes inscrites au régime public d'assurance médicaments au Québec entre 1999 et 2004, dont les résultats sont très suggestifs[47]. Ce régime, qui couvrait environ 43 % de la population du Québec en 2002, offre une protection de base aux personnes qui n'ont pas accès à un régime privé d'assurance collective, à savoir : 1) les prestataires de l'assistance-emploi ; 2) les personnes âgées de plus 65 ans non hébergées en ressources spécialisées ; et 3) les personnes âgées de moins de 65 ans qui adhèrent au régime. Parmi les adultes âgés de 18 à 64 ans, il existe donc deux classes d'assurés : les prestataires de l'aide sociale et les adhérents libres. En 2004, les personnes de 40 à 64 ans formaient le groupe d'âge le plus important (31,2 %), suivies des 65 ans et plus (30,5 %), des 18-39 ans (22,6 %) et des moins de 18 ans (15,7 %). La nature de ce régime d'assurance implique deux biais : 1) les prestataires de l'assistance-emploi et les personnes de 65 ans et plus sont surreprésentées par rapport à la population générale, et 2) ces deux groupes présentent relativement plus de problèmes de santé que l'ensemble de la population.

Malgré ces limites, cette étude révèle des données surprenantes, car elle s'inscrit dans un contexte précis où, selon les responsables du Conseil du médicament, « l'usage des antidépresseurs est en croissance et les indications approuvées ou non de ces médicaments se multiplient ». En effet, les antidépresseurs sont utilisés pour traiter non seulement la dépression majeure, mais aussi les troubles anxieux, les troubles de l'adaptation, les troubles de l'affectivité, les troubles de conduites alimentaires, le trouble de déficit de l'attention, l'énurésie, la fibromyalgie, l'épuisement professionnel, le trouble dysphorique prémenstruel, l'insomnie, les douleurs neuropathiques, la perte de poids, l'incontinence, l'alcoolisme, l'éjaculation précoce, le syndrome

47. Conseil du médicament 2008.

du côlon irritable et l'apnée du sommeil[48]. Dans les faits, la « spécificité » de cette molécule thérapeutique semble donc de plus en plus problématique, ce qui n'est pas un fait nouveau dans la littérature sur l'histoire des antidépresseurs[49].

De 1999 à 2004, le nombre d'utilisateurs, définis comme les personnes qui ont reçu au moins une ordonnance d'antidépresseurs au cours de la période étudiée, a augmenté de 39,5 % (de 219 352 personnes en 1999 à 305 928 personnes en 2004) et les femmes étaient deux fois plus nombreuses que les hommes[50]. Toutefois, ces chiffres peuvent donner une fausse impression, car la prévalence annuelle de l'usage d'antidépresseurs n'a augmenté que très peu entre 1999 (8,1 %) et 2004 (10,6 %), c'est-à-dire environ 2 %. Les données disponibles pour le recours aux antidépresseurs en 2005 (10, 9 %) et 2006 (11,4 %) ne montrent pas non plus une progression très significative. De 1999 à 2004, le nombre annuel d'ordonnances d'antidépresseurs a augmenté de 105 % (de 1 939 829 en 1999 à 3 976 318 en 2004), alors que le nombre annuel moyen de jours-ordonnances d'antidépresseurs par utilisateur a augmenté de 24,7 %, (de 226 jours-ordonnances en 1999 à 281,9 jours-ordonnances en 2004), pour l'ensemble des utilisateurs. Toutefois, ce fait doit être encore relativisé, car on parle ici de tous les diagnostics confondus, parmi lesquels figure, avec beaucoup d'autres, la dépression majeure.

L'étude s'est intéressée précisément aux dix diagnostics principaux dont les utilisateurs d'antidépresseurs ont fait l'objet : 1) dépression majeure (dépression névrotique ou troubles dépressifs non classés ailleurs) ; 2) troubles anxieux (états anxieux, états phobiques ou troubles compulsifs) ; 3) troubles de l'adaptation ; 4) troubles de l'af-

48. Conseil du médicament 2008.

49. Healy 1997, 2000 et 2002.

50. Pendant la période 1999-2004, les femmes étaient plus nombreuses que les hommes à être couvertes par le régime (55 % contre 45 %).

fectivité ; 5) troubles des conduites alimentaires ; 6) trouble du déficit de l'attention avec ou sans hyperactivité (TDAH) ; 7) maladie bipolaire ; 8) schizophrénie ; 9) énurésie ; et 10) fibromyalgie. Les résultats des analyses étonnent : le pourcentage des utilisateurs d'antidépresseurs avec un ou plus de ces diagnostics est d'environ 50 % seulement[51]. La tendance est de surcroit à la baisse, car, en 1999, 53,9 % des utilisateurs d'antidépresseurs avaient reçu au moins l'un de ces diagnostics, tandis qu'en 2005 ils n'étaient plus que 44,5 %. Si on s'attarde au diagnostic de dépression majeure, il était inscrit dans seulement 29,4 % des dossiers de l'ensemble des utilisateurs d'antidépresseurs en 1999, et en 2004, il y était inscrit encore moins fréquemment, soit dans 21 % des cas. Le diagnostic de troubles anxieux, quant à lui, était inscrit en 1999 dans 28,9 % des cas parmi l'ensemble des utilisateurs d'antidépresseurs, alors qu'en 2004 ce chiffre tombait à 23, 5 %. En un mot, et en gardant une certaine prudence compte tenu des caractéristiques particulières du type de population considérée, seule une proportion réduite des utilisateurs d'antidépresseurs reçoivent un diagnostic de dépression majeure ou de troubles anxieux, et leur nombre diminue de façon significative au cours de la période étudiée.

Parmi l'ensemble des personnes assurées, on peut affirmer qu'environ 100 000 personnes à chaque année considérée avaient reçu au moins un diagnostic de dépression majeure. Environ 7 sur 10 des personnes avec un diagnostic de dépression majeure (entre 67,2 % et 70,2 % selon les années) avaient utilisé des antidépresseurs en cours d'année, pourcentage qui demeure relativement constant pour la période étudiée. Peu importe les biais et les différentes méthodologies des études, le traitement de choix de la dépression est massivement l'antidépresseur. En 2004, la proportion des personnes qui avaient reçu

51. Plusieurs explications sont proposées : le diagnostic pour lequel l'antidépresseur a été utilisé n'a pas toujours pu être documenté, ou les antidépresseurs peuvent avoir été utilisés pour traiter d'autres troubles ou états pathologiques que ceux étudiés.

au moins un diagnostic de dépression majeure et s'étaient vu prescrire des antidépresseurs était de 60,6 % pour le groupe d'âge de 18 à 39 ans et de 71,7 % pour groupe des 40 à 64 ans. En ce qui concerne les personnes reconnues dépressives n'ayant pas eu recours à un antidépresseur (3 sur 10), 40,7 % d'entre elles se sont fait prescrire au moins un autre psychotrope et 14,3 % ont bénéficié d'une psychothérapie auprès d'un psychiatre. De 1999 à 2004, le nombre annuel moyen de jours-ordonnances d'antidépresseurs chez les personnes qui ont eu au moins un diagnostic de dépression majeure a augmenté de 274 à 330,4.

Les données sur les personnes qui ont reçu un diagnostic de troubles anxieux (états anxieux, états phobiques et troubles obsessionnels-compulsifs) rejoignent en général les tendances concernant les personnes touchées par la dépression majeure. Environ 175 000 individus à chaque année considérée dans l'étude avaient eu un diagnostic de troubles anxieux. Environ 4 sur 10 (entre 35,9 % et 41,5 %) avaient reçu des antidépresseurs, proportion qui augmentait légèrement d'année en année. En 2004, la proportion des personnes ayant reçu à la fois au moins un diagnostic de troubles anxieux et des antidépresseurs pour les traiter était de 40,7 % pour le groupe des 18 à 39 ans et de 46,3 % pour le groupe des 40 à 64 ans. De 1999 à 2004, le nombre annuel moyen de jours-ordonnances chez les personnes qui avaient eu au moins un diagnostic de troubles anxieux et qui s'étaient fait prescrire des antidépresseurs a augmenté de 235,9 à 290,2[52].

---

52. En 2004, 6 utilisateurs d'antidépresseurs sur 10 (61,5 %) ont reçu au moins un médicament d'un des groupes énumérés plus haut ; il s'agissait le plus fréquemment de benzodiazépines. En fait, un peu plus d'un utilisateur sur deux (55,2 %) d'antidépresseurs a utilisé des benzodiazépines. Le pourcentage varie selon l'âge et le diagnostic : l'usage de benzodiazépines est plus fréquent chez ceux qui ont eu un diagnostic de trouble anxieux sans ou avec dépression que chez ceux qui ont eu seulement un diagnostic de dépression. En ce qui concerne aussi bien la dépression majeure que les troubles anxieux, on observe une baisse du pourcentage des nouveaux utilisateurs pour qui l'un ou l'autre de ces diagnostics a été inscrit. Cette baisse se voit également chez les utilisateurs pour qui la dépression majeure était le

Les antidépresseurs sont de plus en plus utilisés pour traiter l'anxiété.

En ce qui concerne les classes d'antidépresseurs prescrits, on observe des évolutions significatives au cours de cette période de cinq ans. En 1999, la paroxétine (Paxil) était l'antidépresseur le plus fréquemment prescrit, avec 20,3 % des ordonnances[53], suivie par l'amitriptyline (Elavil et génériques,18,2 %) et la sertraline (Zoloft et génériques, 14,8 %). En 2004, c'est la venlafaxine (Effexor) qui était l'antidépresseur le plus fréquemment prescrit (20,3 %), suivie par la paroxétine (15,8 %), le citalopram (Celexa, 15 %) et l'amitriptyline (13 %[54]). La fluoxétine, le composé de l'autrefois célèbre Prozac, est passée pendant la même période de 6,5 % à 3 % des prescriptions. Quant aux classes de molécules, les tricycliques et dérivés ont chuté de 32,9 % à 19 % et les inhibiteurs de la monoamine oxydase (IMAO), de 1,2 % à 0,3 %. Les plus prescrits sont les ISRS, malgré une légère diminution (47,8 % à 44 %) et les inhibiteurs de la recapture de la sérotonine et de la noradrénaline (IRSN), en nette croissance (10 % à 20,3 %) dans la période étudiée. Dans l'ensemble, 70 % des utilisateurs d'antidépresseurs ont pris soit un ISRS, soit un IRSN au cours de l'année 2004.

La question de l'observance est abordée dans le rapport du Conseil du médicament avec les mises en gardes habituelles :

---

seul diagnostic visé par l'étude. En effet, de 2000 à 2004, leur nombre est passé de 11 575 à 10 081, soit de 16,3 % à 13,8 %. Pendant cette même période, le nombre annuel moyen de jours-ordonnances par utilisateur est passé de 125,7 à 134,9.

53. Au cours de l'année 2000, le Paxil était le huitième médicament les plus vendu au Canada, toutes classes thérapeutiques confondues, avec plus de 3 millions d'ordonnances. IMS Health Canada 2001. *Principaux produits pharmaceutiques du Canada en 2000,* en ligne : www.imshealthcanada.com/htmfr/4_2_1_54.htm (consulté en juin 2005).

54. La venlafaxine (Effexor), la paroxétine (Paxil), le citalopram (Celexa) et la sertraline (Zoloft et équivalents génériques) sont des antidépresseurs visés par les mises en garde de Santé Canada de mai 2004.

> Alors qu'il est généralement recommandé que les personnes souffrant de dépression majeure prennent des antidépresseurs pendant au moins neuf mois, seulement 36,4 % des nouveaux utilisateurs de 2003 avaient suivi un traitement de cette durée.

On ajoute une autre remarque hygiéniste habituelle :

> Les durées de traitement insuffisantes pour le traitement de la dépression majeure et des troubles anxieux peuvent s'expliquer de diverses façons. On peut évoquer l'inefficacité des produits chez certaines personnes, un suivi insuffisant, l'idée négative que se font les patients de ce genre de molécules, leur crainte qu'une dépendance ne s'installe, le recours à la psychothérapie ainsi que l'apparition d'effets indésirables. Toutefois, compte tenu de l'importance du nombre de jours d'utilisation sur l'issue de la maladie, il serait important de s'assurer que les traitements sont de durée suffisante pour éviter les rechutes, voire la chronicité de la maladie[55].

Comme on le verra dans les chapitres suivants, les idées négatives et la crainte de la dépendance ne sont pas que des idéations et des peurs sans fondements issues de l'ignorance des utilisateurs, mais découlent de leurs expériences concrètes, et parfois fort pénibles. Il est possible qu'en fonction de leurs propres expériences certains usagers aient régulé eux-mêmes et parfois judicieusement la consommation d'un médicament au sujet duquel subsistent assez de doutes pour inciter Santé Canada à publier des mises en garde. Le Conseil du médicament rapporte, à l'égard des risques de la prise d'antidépresseurs :

> Depuis quelques années, *certains de ces médicaments* ont fait l'objet d'avis et de mises en garde de la part de Santé Canada. Ainsi, à

---

55. Conseil du médicament 2008, p. 66.

> l'été 2003, la documentation scientifique faisait état d'un risque suicidaire possiblement lié à l'usage de certains antidépresseurs chez les jeunes aux prises avec la dépression. Puis, en mai 2004, Santé Canada émettait un avis disant que certains antidépresseurs dont les inhibiteurs sélectifs de la recapture de la sérotonine (ISRS) pouvaient causer des changements comportementaux ou émotifs possiblement associés à un risque accru de poser des gestes autodestructeurs ou de faire du mal à autrui[56].

Les mises en garde de Santé Canada visaient les antidépresseurs suivants : le bupropion (Wellbutrin), le citalopram (Celexa), la fluoxétine (Prozac), la fluvoxamine (Luvox), la mirtazapine (Remeron), la paroxétine (Paxil), la sertraline (Zoloft) et la venlafaxine (Effexor). Une des mises en garde parle même d'« effets indésirables inquiétants » quant à la paroxétine et la sertraline. Lorsqu'on dit que « certains de ces médicaments » ont fait l'objet de mises en garde de Santé Canada, il serait plus juste de dire « la majorité des antidépresseurs », car près de 70 % des antidépresseurs effectivement vendus à la population considérée dans l'étude ont fait l'objet de mises en garde. Le Conseil recommande d'un côté de respecter la durée des traitements indiquée en même temps qu'il constate, de l'autre, que « les mises en garde de Santé Canada n'ont eu que peu d'effet sur l'usage des ISRS en général[57] ». Faut-il s'en étonner ?

L'épidémiologie a changé en s'adaptant aux exigences sociales

---

56. *Ibid.*, p. 17. C'est nous qui soulignons.

57. « En effet, seule la première mise en garde, qui visait l'usage de la paroxétine, a été suivie d'une baisse de la proportion d'ordonnances de ce médicament, rien de tel ne s'étant produit dans le cas des antidépresseurs ensuite visés par de semblables mises en garde. » *Ibid.*, p. 66. Ailleurs, on peut lire que « les ordonnances cumulées de paroxétine et de sertraline, deux des huit produits ayant fait l'objet de mises en garde en raison de leurs effets indésirables inquiétants, sont passées de 35,1 % de l'ensemble des ordonnances à 24,1 % ». *Ibid.*, p. 43.

contemporaines qui commandent d'évaluer, de prévenir et d'atténuer les contre-performances dont l'origine est attribuable à des maladies qui ne tuent pas, mais qui rongent sourdement le corps social et l'esprit social en réduisant leurs capacités de fonctionnement. C'est ce qu'on appelle dans certains rapports de santé populationnelle les « issues sanitaires non fatales », qui sont aujourd'hui devenues une cible d'intervention sanitaire de la plus haute importance, comme en témoigne l'affolement planétaire suscité par les « chronicités mentales » socialement handicapantes. Les langages psychiatriques mondialisés (les nosologies CIM et DSM) fournissent une puissante grammaire commune pour la définition concrète de l'« incapacité socio-mentale » en termes médicaux, tandis que l'épidémiologie met au point des instruments de mesure plus adaptés aux préoccupations étatiques contemporaines (AVI, AVCI). Cette grammaire de la bonne ou de la mauvaise santé mentale n'est toutefois pas « commune », et encore moins « universelle », mais bien, pour l'essentiel, américaine et européenne. De même des grammaires étiologiques (neurosciences) et thérapeutiques (psychopharmacologiques) qui revendiquent l'universalité psychopathologique et psychothérapeutique des problèmes de santé mentale contemporains.

Les qualificatifs « mondial », « international », « universel » dont les puissantes agences gouvernementales, les associations professionnelles de psychiatres et les fabricants de médicaments se parent avec l'assurance de leurs énormes moyens symboliques, économiques et politiques ne parviennent pas à dissimuler le fait que les paramètres de la santé et de la maladie sont géopolitiquement situés. En dépit des différends chauvins entre les classificateurs des DSM et de la CIM, il demeure un fait empirique « commun », à savoir que *ce qui est codé* comme troubles de l'humeur et troubles anxieux comprend l'essentiel de la nervosité sociale contemporaine. Dépressions, anxiétés et anxio-dépressions sont les manières instituées de *coder* les « failles » de l'individualité contemporaine qui se traduisent certes par des contre-performances, des incapacités et des handicaps dont les pénibles conséquences individuelles et sociales ne font aucun doute. Mais qu'est-ce qui est codé exactement ? De quoi sont faites ces failles, en fait de comportements, de cognitions, d'états d'âme et d'esprit concrets ? Comment l'épreuve dépressive se manifeste-t-elle empiriquement dans les expériences des personnes qui la traversent, au-delà des langages psychiatriques, sanitaires et pharmaceutiques ? C'est ce qu'on analyse dans le chapitre suivant.

CHAPITRE 4

Le ventre de l'épreuve : ne pas pouvoir, ne pas pouvoir vouloir

Non pas languide, mais apathique.
Il semblait étonnamment alourdi, sans esprit et même sans beauté. C'était son manque d'énergie qui surprenait, surtout.

NORMAN MAILER, *Le Combat du siècle*

Pour le sujet, derrière la limite de son effort, il n'y a d'abord que ce qui est la victime de l'épuisement, c'est-à-dire lui-même — sur le mode de l'effondrement.

PETER SLOTERDIJK, *La Mobilisation infinie*

Le grand Ali était-il déprimé (ou en prédépression) avant de battre par K.O. George Foreman, le champion du monde invaincu ? La description que fait Norman Mailer, en 1974, de l'état d'esprit et du corps de Muhammad Ali juste quelques jours avant le « combat du siècle » ressemble à s'y méprendre à celle des déprimés contemporains : apathie, aboulie charnelle, alourdissement, esprit absent, manque d'éclat, manque d'énergie. Rien qu'on ne puisse imaginer si on vit dans la même société que les nerveux, étant soumis tout comme eux aux mêmes injonctions sociales et ouvert aux mêmes possibilités. On l'a dit plusieurs fois, la nervosité sociale est faite de « normal » mal dosé, mal distribué, déficitaire, débordant, insuffisant, inadapté. C'est sans doute le talent prémonitoire de l'écrivain qui, en quelques phrases écrites il y a plus de trente ans, lui fit dresser un portrait littéraire de l'univers de ce qui deviendra le « diagnostic mental » le plus posé par les psychiatres et omnipraticiens.

Mailer décrit l'apathie, l'alourdissement, le manque d'éclat, mais soulève également ceci : « C'était son manque d'énergie qui surprenait, surtout. » Ce qui était « surprenant » pour le grand écrivain-journaliste aurait pu se révéler suicidaire pour le grand boxeur qui était sur le point de se mesurer au plus féroce et au plus craint des combattants au monde[1]. On ne saura jamais ce qui s'est passé, mais l'énergie est revenue et Ali a gagné le « combat du siècle » par K.O. au huitième round, contre toute attente. Les individus déprimés ne disent-ils pas, eux aussi, mener un combat solitaire contre un mal indéfinissable qui s'est soudainement emparé de leur vie, s'attaquant à la fois à leur corps (aboulie charnelle, manque d'énergie, etc.) et à leur esprit (apathie, absence, manque d'éclat, etc.) ? Toutefois, bien que solitaires, les individus déprimés ne sont nullement « seuls », car leur combat les dépasse largement. Ce « combat du siècle » se joue à l'échelle du social en ce sens qu'il met à l'épreuve, en même temps qu'il les révèle négativement, les caractéristiques générales de l'individualité ordinaire collectivement partagée, d'une manière ou d'une autre, par tous et chacun. Les effets socioéconomiques dévastateurs de ce mal sont à tel point préoccupants que les plus puissants hommes d'affaires l'ont déjà désigné comme le cancer du XXIe siècle[2].

Ce qui est moins sûr, cependant, ce sont les circonstances de ce dénouement. Quand se produira-t-il et de quelle manière ? Par K.O.

---

1. Foreman avait défait avec une facilité étonnante deux grands boxeurs qui avaient battu Ali quelque temps auparavant : Joe Frazier, qui avait envoyé Ali au tapis, et Ken Norton, qui lui avait cassé la mâchoire.

2. Au Forum économique mondial de Davos de 1999 s'est tenue la table ronde « La dépression est-elle le cancer du XXIe siècle ? » Voir Ehrenberg et Lovell 2001, p. 13.

thérapeutique asséné par la puissance spécifique d'un médicament ? Par l'abandon de la dépression au profit d'autres formes de nervosité de majeure prévalence ? Par une décision médicale qui jugera bon de désagréger l'univers nosographique dépressif devenu trop imprécis en plusieurs entités mieux gérables par les prises en charge disponibles ? Ce qui semble certain, à la lumière de l'histoire des nervosités sociales, est que ce combat s'achèvera et qu'il laissera la place à d'autres combats (avec d'autres promoteurs) qui seront tout autant en résonance avec la transformation inévitable de l'individualité, ses caractéristiques, ses exigences et ses promesses. Rien de moins, rien de plus.

Même si, depuis au moins un quart de siècle, la recherche psychiatrique s'appuie de plus en plus sur des enquêtes empiriques à grande échelle, elle doit forcément « réduire » son matériau et construire ses données — comme c'est d'ailleurs le cas pour toutes les autres disciplines scientifiques — en fonction de ses objectifs particuliers, qui sont en l'occurrence prioritairement médicaux : diagnostiquer et traiter. Les récits, les descriptions et les impressions bruts, profanes et douloureusement incarnés des personnes qui ont vécu l'expérience de la dépression comportent certes des biais (axiologiques, culturels, sociaux, etc.) : ils sont investis par d'autres dispositifs de mise en forme expérientiels et en appellent à d'autres explications puisées dans des contextes multiples et contradictoires. Les témoignages des personnes déprimées sont des récits pour ainsi dire livrés « de l'intérieur » d'une épreuve à la fois très intime et socialement instituée. Or ces témoignages singuliers qui viennent du « ventre de l'épreuve » permettent justement de mieux comprendre les résonances sociales concrètes des épreuves dépressives individuelles en fait de pratiques, de comportements, de cognitions, d'attitudes ou de sentiments effectivement touchés, affectés, déplacés, bousculés, transformés ou déréglés. Et ce, tantôt *au-delà,* tantôt *en deçà,* mais jamais *indépendamment* de l'impact des efforts techniques psychologiques et psychiatriques, largement socialisés, pour réduire l'épreuve dépressive aux termes restreints d'une « catégorie psychopathologique ». La mise en forme de l'épreuve dépressive comme syndrome psychiatrique est véhiculée quotidiennement par les médias, les campagnes de prévention et d'information, les expériences des proches, les contacts avec les multiples dispositifs médicaux, psychosociaux, etc. Plutôt qu'un biais externe, il s'agit d'une des dimensions constitutives de l'épreuve dépressive, de même que la psychiatrie, la psychologie et la médecine ne sont pas les « corps étrangers » des sociétés occidentales contemporaines : elles jouent des rôles complexes allant de la thérapeutique classique à la socialisation en passant par la résolution de problèmes sociaux très variés.

La notion d'épreuve, librement empruntée à Danilo Martuccelli, nous permettra d'analyser les expériences dépressives concrètes chez des individus ayant reçu un diagnostic de dépression majeure dans un va-et-vient continuel entre, d'une part, ce que les personnes déprimées vivent de manière individuelle et privée et, d'autre part, les significations collectives, publiques, partagées et codifiées par de nombreuses instances (sens commun, médias, disciplines scientifiques, institutions, etc.) sur lesquelles l'individu n'a que peu d'influence. On mettra l'accent sur une « lecture latitudinale des épreuves » en les analysant à partir d'un corpus de témoignages afin de mieux comprendre les tensions propres à une « épreuve type », en l'occurrence l'épreuve dépressive. Les épreuves sont des défis historiques, socialement produits, inégalement distribués, que les individus sont contraints d'affronter. L'épreuve dépressive est un défi sociétal pour l'individualité ordinaire dont on ne retient souvent que les éléments significatifs pour la grammaire psychopathologique. La dépression met à l'épreuve l'individualité tout en révélant ses principales caractéristiques, exigences et promesses auxquelles tous les individus sont d'une manière ou d'une autre exposés et confrontés. Elle est étroitement associée aux tensions propres à son époque, et tout particulièrement à celles du monde du travail et à celles du rapport « individuel » à ses propres capacités sociales. Elle est socialement produite en plus d'être conceptualisée par des disciplines spécifiques et captée par des institutions collectives qui tentent de la comprendre, de la définir et de la gérer. N'est-ce pas le cas de toutes les épreuves typiques dans les sociétés occidentales qui gèrent leurs problèmes, conflits, dysfonctionnements, tensions et enjeux surtout à coup de « science » (pédagogie, criminologie, travail social, psychologie, sociologie, médecine, etc.) et de « vérité », comme les travaux de Michel Foucault le suggèrent ?

Il y a de ce fait une sorte de contamination réciproque avec laquelle il faut vivre : 1) les personnes déprimées sont couramment en contact avec les savoirs médicaux dont la valeur et le prestige, au moins dans le cas de la dépression, sont largement surfaits (définition insatisfaisante de la pathologie, étiologie invérifiable, effets thérapeutiques des traitements disponibles mis en question, influence insidieuse du marketing pharmaceutique, etc.) ; et 2) les efforts nosologiques et thérapeutiques médicaux (psychiatriques, psychopharmacologiques, neuroscientifiques) s'appuient largement à leur tour sur des recherches empiriques de grande envergure qui réintroduisent régulièrement le social dans le psychiatrique de façon inédite. Le succès d'expressions telles que « problème de santé mentale » et « trouble mental », devenues presque indispensables pour nommer de nombreuses tensions, conflits, dysfonctionnements et phénomènes sociaux est l'un des effets concrets de ce va-et-vient entre disciplines scientifiques et phénomènes sociaux « problématiques ». Le mot *contamination* est alors, on l'aura compris, fort inadéquat pour désigner ce « va-et-vient » entre psychologique-individuel et social-collectif, car il s'agit plutôt d'une *hybridation constitutive*, en ce sens qu'il n'y pas vraiment de séparation ontologique entre expérience individuellement vécue, mise en forme socialement produite et gestion institutionnellement réfléchie de la dépression. Comme Foucault l'a maintes fois montré, il n'y a pas, d'une part, l'expérience brute supposée « libre et spontanée » et, d'autre part, les tentatives de gestion, de contrôle et de prise en charge « aliénantes et réfléchies ». Les individus s'alimentent comme jamais auparavant de savoirs psychologiques, psychiatriques et biomédicaux, largement disponibles sous plusieurs formats (de la brochure dans le cabinet du médecin de famille aux innombrables ressources sur Internet, en passant par les cahiers « santé » des quotidiens). La psychiatrie contemporaine, notamment depuis le virage « a-théorique et empirique » du DSM-III en 1980, s'alimente à son tour comme jamais auparavant de la « chair du social », auscultant ses flétrissements suspects, candidats à devenir des « disharmonies quantitatives » spécifiquement « cliniques » parce que réellement ou potentiellement « problématiques[3] ».

L'opacité foncière de la logique historique, ou longitudinale, de la distribution des hypothétiques « disharmonies quantitatives » que l'on associe à la nervosité sociale d'hier (névrose) et que l'on code aujourd'hui sans trop de conviction comme des vulnérabilités, des fragilités et des prédispositions génétiques, psychologiques et sociales, rend la lecture « latitudinale » de l'épreuve dépressive particulièrement féconde sur le plan heuristique. Les caractéristiques spécifiques de l'épreuve dépressive en font un cas de figure particulièrement propice pour étudier l'individualité contemporaine, car à la différence d'autres épreuves davantage associées aux modes d'individuation plus connus, classiques et instaurés sur le long terme, l'épreuve dépressive semble constituer une véritable « épreuve structurelle latitudinale ». Les grammaires de la dépression mordent avec autant de conviction dans le « corps social » que dans l'« esprit social » des individus singuliers, c'est-à-dire qu'elles s'attaquent à leur individualité sociale par l'entremise de leurs expériences concrètes singulières. Comme le dit Martuccelli, de même que l'« ensemble d'éléments structurant l'individuation ne se situe jamais au niveau de l'individu lui-même », l'ensemble des « failles » de l'individualité codées en l'occurrence comme troubles mentaux ne peut être compris sans faire appel aux dynamiques collec-

---

3. Comme le Foucault de *Naissance de la clinique* l'a montré, la généalogie de l'individu moderne et celle du regard clinique médical ne sont pas étrangères. Foucault, 1963.

tives qui unifient, organisent et structurent les expériences individuelles. On l'a dit, on ne souffre pas comme on veut, on ne dysfonctionne pas comme on veut, on ne déprime pas comme on veut.

La lecture latitudinale d'un ensemble d'épreuves dépressives individuelles diverses permet de saisir les *tensions typiques* qui les traversent, les *caractéristiques générales* qui les distinguent et les *dimensions collectives* qui les lient de manière spécifique en leur conférant une certaine unité, au-delà des caractéristiques spécifiques dues aux particularités sociodémographiques des individus (âge, sexe, revenu, etc.). À partir de plusieurs recherches menées entre 2005 et 2008, nous avons constitué un corpus de 60 récits de personnes habitant Montréal qui ont vécu dans leur corps, dans leur esprit et dans leur vie concrète les effets complexes de l'épreuve dépressive, y compris, bien entendu, la mise en œuvre de plusieurs stratégies de gestion, thérapeutique ou autre, censées leur permettre de traverser l'épreuve dépressive, d'y faire face, de la contrer, de la vivre, voire tout simplement de « tenir bon ». Même si notre échantillon n'aspire pas à la représentativité, nous avons pris soin de reproduire, autant que faire se peut, les caractéristiques sociodémographiques générales des populations touchées couramment par la dépression selon les paramètres que les recherches épidémiologiques considèrent comme les plus courants en termes d'âge (adultes de 20 à 60 ans), de sexe (deux fois plus de femmes que d'hommes) et de caractéristiques socioéconomiques[4]. Il s'agira dans les prochains chapitres de mieux saisir

4. Les analyses présentées dans les chapitres qui vont suivre s'appuient sur un corpus de 60 entretiens qualitatifs réalisés entre 2005 et 2008. Il s'agit de 40 femmes et 20 hommes âgés de 25 à 55 ans (environ un tiers âgés de 25 à 35 ans, un tiers de 35 à 45 ans et un tiers de 45 à 55 ans) qui ont reçu au moins un diagnostic formel de dépression majeure. Environ la moitié d'entre eux ont un diplôme universitaire, un quart ont un diplôme d'études collégiales, 20 % ont terminé leurs études secondaires et 5 % ne les ont pas terminées. Au moment de l'entretien, environ 70 % des interviewés occupaient un emploi à temps plein ou à temps partiel, 15 % étaient ou

l'épreuve dépressive *qualitativement dans sa généralité,* c'est-à-dire d'analyser les *résonances spécifiques et transversales* aux expériences individuelles telles qu'évoquées « de l'intérieur » de l'épreuve, plutôt que de mettre l'accent sur les particularités dues, par exemple, à l'appartenance à des groupes particuliers. Ces résonances réconcilient concrètement, pour ainsi dire, les clivages de sexe, d'âge et socioéconomiques[5] dans les termes mêmes imposés par la logique sociétale générale de l'épreuve dépressive et de ses tensions typiques. Elles constituent en même temps l'un des révélateurs négatifs de certaines caractéristiques générales de l'individualité dans une société d'individualisme de masse. Comme le signale Martuccelli :

> Insister sur l'existence d'un ensemble commun d'épreuves afin de décrire le mode d'individuation historique propre à une société n'est pas seulement une stratégie de recherche. C'est aussi un pari politique. Celui d'une sociologie qui coparticipe à la construction de représentations collectives et qui, face à la fragmentation croissante de la société en groupes religieux, ethniques, de classes, de genre, défend l'idée d'une forme possible de résonances d'expériences au-delà de tous ces clivages[6].

Dans cet esprit, dans les chapitres qui suivent, on s'attachera à illustrer le plus possible l'épreuve dépressive *qualitativement dans sa*

---

retournaient aux études et 15 % ne travaillaient pas ni n'étudiaient. Au cours de la dernière année, les revenus des ménages des interviewés, selon les critères de Statistique Canada, étaient distribués comme suit : supérieur : 42,86 % ; moyen supérieur : 23,81 % ; moyen inférieur : 11,90 % ; inférieur : 21,43 %. Enfin, environ 50 % des personnes interviewées avaient un conjoint au moment de l'entrevue.

5. L'épreuve dépressive analysée de manière comparative selon le sexe, l'âge et les facteurs socioéconomiques est l'objet d'articles spécifiques en cours. Dans cet ouvrage, nous voulons saisir la spécificité de l'épreuve dépressive dans sa généralité plutôt que ses figures particulières selon les groupes et clivages sociaux.

6. Martuccelli 2010, p. 159.

généralité par l'évocation systématique de courts extraits événementiels délestés des marqueurs sociodémographiques caractérisant chaque témoignage individuel, et ce sous plusieurs aspects : définitions mobilisées, explications déployées, dynamiques sociales transformées, moyens mis en œuvre pour affronter l'épreuve, etc.

L'épreuve dépressive se déploie forcément tantôt « en deçà », tantôt « au-delà », tantôt « à côté », mais inéluctablement « en fonction » de la mise en forme « technico-syndromique » institutionnalisée qui s'efforce, bien entendu sans succès, de la réduire à une seule des multiples consistances qui la composent : le mental pathologique. Ce sont cet « en deçà », cet « au-delà » et cet « à côté » qui seront réhabilités pour restituer l'épaisseur sociale de l'épreuve dépressive qu'on veut comprendre *qualitativement dans sa généralité.*

Inventaires et images de l'ombre

La distinction anthropologique entre le corps et l'esprit est épistémologiquement problématique, mais ce n'est pas pour rien qu'elle est classique. Ce dualisme tient bon depuis des siècles, en dépit des nombreuses, élégantes et parfois convaincantes contestations de sa pertinence logique, biologique et anthropologique[7]. La distinction substantielle corps-esprit continue de s'imposer systématiquement comme un outil nécessaire pour opérer un premier déblayage de la complexité des dimensions de l'individualité interpellées par l'épreuve dépressive. Ainsi, le corps du déprimé, à la fois machine sociale et organisme individuel, est souvent décrit comme *déréglé* parce que sujet à des défaillances du fonctionnement social (incapacité de travailler, de vaquer à ses occupations courantes, etc.), au manque d'énergie (fatigue, épuisement, ralentissement, etc.) et à des

7. Descombes 1995, 2004.

altérations des fonctions vitales (sommeil, appétit, etc.). L'esprit du déprimé, à la fois cognition et état d'âme, est lui aussi dit *déréglé* en ce qu'il affiche les signes d'une désaffection générale (apathie, manque d'intérêt, indolence, morosité, détachement, désintéressement, etc.), d'une tristesse prononcée (pleurs, découragement, etc.), de pensées négatives (sur l'avenir, sur la situation actuelle du déprimé, sur ses capacités, sur la pertinence de rester en vie, etc.) et d'une désorganisation de la pensée (manque de concentration, perte de contrôle, incapacité de prendre des décisions, etc.). Comme nous l'avons dit au premier chapitre, le recours à l'idée de dérèglement pour désigner ce qui ne va pas tient au fait que les nervosités sociales (névrose hier, dépression aujourd'hui) relèvent davantage de la « disharmonie quantitative » que de la « discontinuité qualitative » : elles révèlent des désajustements qui n'altèrent pas l'essence de ce qui est désajusté. On pourrait dire que le choix du terme *déréglé*, de préférence, par exemple, au mot *dénaturé*, permet de désigner des variations anormales (au sens de statistiquement inusuelles) des dimensions normales (courantes) de l'existence humaine indissociablement organique, psychologique et sociale.

On peut résumer schématiquement l'essentiel du drame de l'individu déprimé en deux expressions très générales : *ne pas pouvoir* (défaillance du fonctionnement, de l'action, de l'énergie vitale) et *ne pas pouvoir vouloir* (défaillance de la motivation, de l'envie, de l'intérêt). On ne peut pas et (ou) on ne peut pas vouloir, dans des proportions diverses et dans des registres d'intensité variable. Les personnes ayant éprouvé la dépression dans leur chair et dans leur âme ont recours à deux procédés pour saisir les traits essentiels d'une épreuve que l'on dit souvent insaisissable : les *inventaires* et les *images*. Pour les premiers, on constate que l'énumération des handicaps, les descriptions de « ce qui ne va pas » pour définir « ce qui est arrivé », voire ce qui nous est « tombé dessus », placent au premier plan la fatigue invalidante (« extrême », « incroyable », etc.), puis la perte d'intérêt et la tristesse continuelle (« accablant », « tout le temps », « beaucoup », etc.) et, enfin, le dérèglement vital de l'organisme (sommeil, appétit, etc.). L'essentiel du registre de l'expérience dépressive se situe, dans un premier temps, entre les deux pôles dominants de la « fatigue triste » et de la « tristesse accablante », dont l'effet commun dévastateur est la défaillance du fonctionnement social, voire, dans certains cas, l'impossibilité de toute activité.

• C'est une fatigue incroyable, vraiment pas de ressort. Pas d'énergie, pas d'intérêt. Pas de plaisir non plus. Prendre des décisions, c'est l'enfer, même des décisions niaiseuses. Tous les jours, c'est vraiment difficile. Être découragé, être triste tout le temps, avoir envie de pleurer.
• C'est une fatigue extrême, beaucoup de pleurs, beaucoup de chagrin, beaucoup de tristesse et beaucoup de nostalgie, mais beaucoup de symptômes physiques aussi. À quelques reprises, j'ai perdu beaucoup de poids, j'avais des troubles de sommeil. Aussi, juste avant que je consulte, j'avais les idées pas mal noires ; très, très noires. Et aussi, je manquais de coordination.
• C'est une fatigue extrême, un épuisement... je pleurais pour rien. Et puis, je ne comprenais plus rien, c'était comme si le monde me parlait en chinois, je ne retenais pas ce qu'on me disait. Je n'étais plus capable d'opérer, de fonctionner, aucune énergie, aucune concentration pour quoi que ce soit ; même écouter la télé, c'était pénible. Je ne comprenais rien, là, vraiment, c'était tout mêlé.
• Ce que j'ai vécu, c'est plutôt une kyrielle de symptômes comme l'insomnie, l'anxiété, la perte d'intérêt pour des activités que j'aime, une tristesse accablante, il peut survenir aussi des idées suicidaires, c'est sûr.
• C'est beaucoup les douleurs physiques. C'est un tout, l'angoisse, l'anxiété, l'insomnie, l'incapacité de se concentrer, l'incapacité de prendre une décision. L'incapacité d'agir. La perte d'énergie — pas du tout d'énergie. C'est ça, être dépressif.

Presque aussi souvent que les inventaires de « ce qui ne va plus », ce sont les *images*, les métaphores, les analogies (abîme, engrenage, entonnoir, sablier, etc.) qui permettent d'illustrer le théâtre de cette épreuve qui saisit le cœur de l'individualité. Cinq types d'images, seules ou combinées, sont les plus fréquentes : les images « descendantes » (on tombe, on glisse, on est aspiré, on coule) ; la transformation de sa propre « consistance » (masse informe, désagrégement, effacement, réduit en bouillie, alourdissement) ; l'usure ou la brisure d'un mécanisme (ressort, engrenage, pièce d'une machine) ; l'entité étrangère en soi (bête qui gruge, moteur de la dépression qui prend le contrôle, l'« autre » malade en soi) ; et, plus classiques mais beaucoup moins fréquentes, les images de l'âme traquée, voilée ou atteinte (noirceur, déchirure, désamour, mal-être profond).

- C'est comme un abîme dans lequel tu tombes, tu ne sais pas exactement ce que c'est et tu n'atteins jamais le fond. Tu ne sais jamais ce qui va se passer, mais c'est de pire en pire. C'est comme un engrenage que tu n'es pas capable de stopper toi-même.
- J'ai eu l'impression de tomber dans une autre dimension, dans un tunnel sans fond ; vraiment, à ce moment-là, c'est comme si le plancher m'était parti d'en dessous des pieds.
- C'est comme si tu es un peu fait en sable. Tranquillement, tu t'effaces dans l'entonnoir. Tu t'en vas, tu ne veux pas aller vers l'entonnoir, mais il y a quelque chose qui t'attire.
- Je me sentais étouffée, comme deux mains qui m'étouffaient.
- Tu as l'impression de marcher avec un boulet, tu te sens pesant.
- C'est une espèce de bête qui va se nourrir de toi, et qui va te faire passer la pire période de ta vie.
- C'est une machine qui est allée trop au bout, qui s'est usée. Ce n'est pas par hasard si les liquides ne passent plus dans notre cerveau. On les a usés, ce n'est pas compliqué.
- C'est un mal de vivre qui est tellement profond qu'on n'est même pas capable d'aller le chercher.
- Ton cerveau, c'est de la bouillie. Il n'y a rien. C'est une masse informe, tu ne contrôles pas ta vie. C'est le moteur de la dépression

même qui te guide. Il te guide vers le bas, mais c'est une ancre en fait, une ancre qui tombe à l'eau. Tu descends avec elle.

• Personnellement, étant assez *new age*, la dépression est une déchirure de l'âme.

• C'est la noirceur, c'est noir, c'est l'obscurité, c'est la solitude, l'enfermement. Toutes ces images de solitude, de tristesse, le manque d'amour de soi-même, aussi. C'est ça, la dépression.

Tout comme les inventaires des dysfonctionnements, handicaps et symptômes, les images et métaphores dépressives maintiennent et à la fois brouillent le partage corps-esprit. *Qui* est-ce qui bascule dans l'abîme, glisse dans le tunnel ou s'efface dans le sable ? *Qui* traîne le boulet ou tombe sous le plancher ? *Qui* est la masse informe ou le cerveau en bouillie ? L'esprit sans le corps ? Mêmes questions pour les inventaires dépressifs : *Qui* est extrêmement fatigué ? *Qui* est accablé de tristesse ? *Qui* n'arrive pas à dormir ? Le corps sans l'esprit ? La distinction corps-esprit se révèle aussi maladroite et inadéquate qu'incontournable lorsqu'il s'agit d'esquisser en première instance ce qui arrive aux personnes déprimées et même « où » cela arrive. En effet, le plus souvent, c'est le corps des déprimés qui *ne peut pas* et c'est l'esprit des déprimés qui *ne peut pas vouloir*, voire tout simplement « qui ne veut pas ». Mais, on le sait, en sociologie, ce qui compte est classiquement la dernière instance plutôt que la première. Creusons un peu plus ce partage anthropologique qui montre toujours son utilité lorsqu'il s'agit de décrire *ce qui* ne va pas, et *là où* cela ne va pas chez les personnes déprimées.

Le corps déréglé : ne pas pouvoir

> *Ce qui fait que j'éprouve un grand malheur, c'est que j'ai un corps. Si je n'avais pas de corps, quel malheur pourrais-je éprouver ?*
>
> LAO TSEU, Tao Tö King, XIII

La dépression s'adresse à l'individualité par le biais de deux injonctions générales qui sont le plus souvent complémentaires : ne pas pouvoir et ne pas pouvoir vouloir. Ces expressions sont certes approximatives, mais elles reflètent des problèmes concrets qu'éprouvent les personnes déprimées. De quelle manière le corps d'un déprimé est-il déréglé ? La difficulté majeure à laquelle il est confronté est la diminution, le ralentissement, le blocage, l'entrave, l'arrêt, l'impossibilité de l'action. Le blocage peut être soudain, foudroyant, spectaculaire et sans appel.

• Je n'étais plus fonctionnelle, je ne pouvais plus rien faire, c'était vraiment hallucinant. Et ce n'était pas du tout psychologique comme symptôme.
• Une journée, au travail, j'ai complètement craqué, je me suis complètement effondré au bureau.
• Une paralysie temporaire, pas très longue, mais durant trois jours, j'étais comme cloué à mon lit, je n'étais plus capable de bouger.
• Comme si j'étais tombée au combat.

Dans d'autres occasions, c'est l'idée d'un processus de longue haleine qui est privilégiée par les déprimés, illustrée parfois par l'usure progressive d'un ressort ou d'un élastique interne, qui finit par lâcher définitivement.

• Tu perds progressivement tes moyens.
• L'élastique est étiré, étiré, étiré. À un moment, s'il ne s'étire plus, il casse. C'est vraiment le sentiment que j'ai eu.
• Je n'arrivais plus du tout à travailler. J'avais l'impression que mon ressort était cassé.
• Ça commençait sérieusement à affecter mon fonctionnement normal, je n'étais plus capable d'assumer mes responsabilités, parce que je perdais carrément mes moyens, tous mes moyens de fonctionnement.

Le blocage du « fonctionnement » du corps, assimilé parfois à celui d'une machine, est souvent très important. Toute activité soutenue doit alors être suspendue. L'idée du corps matériel comme support mécanique d'un esprit qui ne réussit plus à lui imposer ses directives est souvent avancée. Le déprimé constate, fort étonné, qu'il « ne peut pas », tout simplement.

• Mon corps ne me répondait plus.
• Toute la machine ne fonctionnait plus.
• Je n'arrivais pas à fonctionner quand je me levais — ça, c'est quand je me levais.
• Quand tu es déprimé, tu ne fonctionnes pas.
• Tu ne peux plus fonctionner, tu es vraiment dans un état végétatif. Tu ne peux pas fonctionner du tout du tout.
• J'étais vraiment non fonctionnel. Je suis quelqu'un qui fait énormément de sport, et alors, je n'étais plus capable de rien faire. Zéro.
• Je n'étais pas capable, plus capable de conduire. Je n'étais pas capable de sortir de chez moi.
• Je ne suis plus capable de fonctionner.

Même si la panne du fonctionnement est totale, ou peut le devenir à un certain moment, mettant parfois la vie en péril, c'est l'arrêt du travail qui est le plus souvent mentionné et commenté en long et en large par les personnes déprimées. L'arrêt du travail est hautement symbolique parce que le travail est le lien essentiel au monde « actif » en tant que véritable locus de la performance sociale et de la productivité. La dépression oblige à interrompre ce lien parce qu'il devient physiquement intenable et parfois même psychiquement intolérable. Les liens complexes entre travail et dépression sont, on y reviendra, constamment évoqués et problématisés comme le théâtre privilégié de l'ambivalence du drame de l'épreuve dépressive.

• J'étais content d'aller travailler, et là, c'est devenu une sainte horreur — mais la cause, ce n'est pas la *job*, ce n'est pas le travail.

• Juste penser de travailler, ça te fait vomir ; à un moment donné, il faut que t'arrêtes.
• Je ne faisais plus d'efforts. Je faisais le minimum. Je travaillais, je détestais ça. Je rentrais chez moi. J'étais à bout.
• Je savais qu'il y avait un lien entre mon travail et la dépression, parce que je n'étais plus capable d'y être, physiquement — je n'étais plus capable d'être au travail.

Ne pas fonctionner et, dans une moindre mesure, voir diminuer ses performances habituelles, c'est en effet le premier drame du déprimé. Mais c'est aussi le drame de tout « dysfonctionnel », peu importe la source du blocage ou de la dégradation de la performance. Le terme *fonctionner* est présent partout et sous toutes les déclinaisons dans les récits des déprimés, car fonctionner c'est, en fin de compte, exister socialement et individuellement. Non pas penser ou sentir, l'essentiel est, avant tout, de fonctionner. Et c'est au travail plus que partout ailleurs que l'on donne la preuve quotidiennement de cette capacité de fonctionnement, c'est-à-dire d'une existence sociale et individuelle.

On existe certes « pour les autres », qui nous regardent, nous évaluent, nous jugent, mais c'est également *par* les autres que l'on existe pour soi-même, qui est aussi « les autres », autrement. Comment peut-on être « les autres autrement » dans une société d'individualisme de masse ? Dans sa « moyenne à soi », c'est-à-dire dans sa *singularité* (à soi) *sociale* (moyenne). Il ne faut pas oublier qu'on parle ici de « fonctionner-exister », non pas de déployer de grandes performances, de réussir sa vie, d'amorcer une grande carrière, d'être parmi les meilleurs ou de poursuivre des buts inatteignables. Il s'agit simplement de réussir à « tenir à sa place » comme on parvenait à le faire jusqu'à hier, avec des variations d'intensité courantes : des hauts et des bas. Il s'agit de pouvoir juste se fondre avec tous, et tous les jours, dans la routine courante en faisant preuve de sa moyenne à soi, de sa singularité sociale, de son individualité propre. Et ce, non seulement sous le regard de ceux et de celles qui sont habitués à nous voir « fonctionner » dans un certain registre de performance et avec une certaine intensité, mais aussi sous notre propre regard qui, dans l'intimité, évalue sans pitié le « rythme à soi » de notre existence. La moyenne à soi du déprimé est sérieusement compromise dans les termes massifs, essentiels et décisifs du fonctionnement, c'est-à-dire de l'existence. Peut-on le dire mieux que cette personne déprimée ?

> • Je ne serai plus capable de fonctionner selon les attentes autour de moi au travail, mais aussi selon mes attentes à moi. Les attentes qui te permettent d'être comme incognito. Dans le fond, celles qui permettent que les gens te disent « ça fonctionne pour toi ». Tu as besoin de tous ces éléments-là pour continuer à fonctionner, c'est ça que je veux dire. Dans ce sens, exister, c'est fonctionner, être en mesure de fonctionner comme les gens sont habitués à te voir fonctionner et comme toi tu penses que c'est fonctionner et être bien.

Si l'existence indissociablement individuelle et sociale est gravement menacée parce que le « corps-machine » ou la machine corporelle est entravé, bloqué, en panne, est-ce à cause de la mécanique ou du combustible ? La question de l'énergie en psychologie a une longue tradition de débats qui vont de l'organicisme classique à l'humanisme *new age*, en passant par la psychanalyse la plus orthodoxe[8]. Si tous s'entendent pour postuler l'existence d'une certaine « énergie » qui joue un rôle essentiel dans la vie psychique des humains, on ne s'accorde pas sur ce qu'elle est exactement, c'est-à-dire d'où elle vient, où elle loge et, surtout, de quoi elle est faite. Freud a sans doute visé juste, encore une fois, en affirmant : « Une certaine énergie entre en jeu dans la vie psychique, mais toutes les indications qui nous permettraient

8. Voir « L'aggiornamento de l'humanisme thérapeutique », dans Otero 2003.

de comparer cette énergie à d'autres font défaut[9]. » Comme dans le cas du partage corps-esprit, le postulat de l'existence d'une certaine forme d'énergie en jeu dans le psychisme se montre encore à la fois problématique et utile lorsqu'on doit aborder les difficultés majeures du « fonctionnement ». L'énergie altérée, diminuée, soudainement consommée, grugée par les dynamiques dépressives se traduit chez les personnes déprimées comme un état de fatigue insidieux, indéfinissable et insituable[10], tout comme les frontières entre le corps et l'esprit et leurs hypothétiques points et ponts de passage. Tous les cas de figure seuls ou combinés sont alors possibles : le corps est fatigué, le mental est fatigué, le cerveau est fatigué, le corps et l'esprit sont fatigués, etc.

• La fatigue mentale, c'est beaucoup plus néfaste qu'une fatigue physique. Une fatigue physique, tu te reposes, tu prends un bon bain chaud. La fatigue mentale, que tu sois tout seul ou avec beaucoup de monde, couché ou en train de faire n'importe quoi, est en train de te ronger graduellement. On aurait dit que j'avais le cerveau fatigué.
• J'étais fatiguée, sans énergie, une fatigue physique, je dirais même.
• C'est dur à expliquer mais c'est une fatigue dans la tête, très puissante. J'ai fait beaucoup de sport, ce n'est pas pareil, c'est un autre type de fatigue.
• Un épuisement total, physique et mental.
• En plus de souffrir dans notre tête, on souffre dans notre corps.

La différence entre les problèmes de fonctionnement et la panne de l'action, d'une part, et le manque d'énergie, la fatigue et l'épuisement, d'autre part, est loin d'être nette, mais elle est bien là dans les récits des personnes déprimées. Les métaphores et les images employées pour les décrire illustrent cette différence : le ressort cassé,

9. Freud 2001, p. 27.
10. Voir à ce sujet Marc Loriol 2000.

la corde usée, l'élastique rompu à côté du fait d'être vidé, à plat, à terre, amorphe. L'énergie est un terme que tout déprimé doit incorporer à son vocabulaire.

- Non, je n'ai pas l'énergie. C'est ça que je trouve bizarre « pas d'énergie ». Avant, c'était un mot que je n'avais pas dans mon vocabulaire.
- La dépression ? C'est vraiment être à terre, à terre complètement.
- C'est être complètement amorphe.
- Il n'y a plus d'énergie, il n'y a plus rien, c'est une chute.

Une autre différence entre les problèmes de fonctionnement (machine) et le manque d'énergie (combustible) est le contexte dans lequel on situe la difficulté. En général, c'est au travail qu'on ne fonctionne pas et c'est à la maison que le manque d'énergie se manifeste ou, du moins, s'illustre le mieux. Le décor du manque d'énergie est celui de l'intimité, comme si le spectacle pénible de sa propre invalidité fonctionnelle, de cette forme d'inexistence sociale et individuelle, exigeait le plus de discrétion et le moins de témoins possible.

- Ne pas avoir d'énergie, se traîner dans la maison.
- Ne même pas avoir l'énergie pour prendre une douche.
- Je n'ai même pas l'énergie de faire la vaisselle.
- Je n'étais capable de rien faire. Juste me lever pour aller à la salle de bain, c'était pénible.
- Je me levais, je déjeunais, je prenais ma douche et j'allais me recoucher. C'était difficile de se lever.
- On n'est pas capable de se faire un repas. Juste penser à se laver, c'est comme une corvée.

Le manque d'énergie est rarement un phénomène modéré ou accessoire, il est radical et dramatique. La métaphore « tout devient une montagne » est fréquente, de même que les qualificatifs qui signalent la sévérité inquiétante et sans appel de la difficulté éprouvée.

• Tout devient comme une montagne.
• J'étais vraiment sans aucune énergie.
• Il y avait un épuisement général.
• Tu es tellement épuisé que tu ne peux pas dormir.
• Cette fatigue extrême, tu te demandes jusqu'où ça va aller, tu te dis que tu as atteint le fond, que tu ne peux pas aller plus bas que ça.
• Un manque d'énergie total.
• Je n'étais plus capable de rien faire.

De manière générale, les deux grands dérèglements du corps déprimé sont d'ordre « mécanique » (atteinte du fonctionnement) et « énergétique » (épuisement) et ils se manifestent le plus souvent, respectivement, au travail et à la maison. Au travail, on fait preuve de dysfonctionnement surtout devant les autres et, chez soi, on fait preuve de manque d'énergie surtout devant soi. Toutefois, deux autres dérèglements moins (voire pas du tout) « spécifiques » à la dépression accompagnent le parcours éprouvant des personnes déprimées : les difficultés du sommeil et les variations de l'appétit. Pour ceux et celles qui n'en sont pas à leur première dépression, le dérèglement du sommeil devient un bon baromètre, et même le symptôme annonciateur de ce qui viendra. Parfois c'est l'insomnie qui prime, parfois c'est l'hypersomnie, ou les deux en alternance, ou encore, le dérèglement est irrégulier.

• Le sommeil est complètement déréglé.
• J'ai toujours beaucoup dormi, des douze heures ; là, je dormais quatre heures par nuit.
• Je dormais à peu près deux ou trois heures par nuit
• Tu te couches et là, tu attends que le sommeil vienne et finalement, tu ne dors pas bien. Tu fais des cauchemars, tu es en sueur.
• Beaucoup d'insomnies, s'éveiller au milieu de la nuit, avoir de la difficulté à se rendormir, se réveiller de bonne heure le matin.

- Je dormais dix-huit heures par jour.
- Je pouvais dormir vingt heures par jour.

Les dérèglements de l'appétit et la prise ou la perte de poids conséquente sont fréquemment mentionnés, mais rarement considérés comme des signes annonciateurs ou spécifiques d'une dépression. Tandis que les dérèglements du sommeil sont presque toujours présentés, tout simplement, comme un fait, voire un symptôme (on dort peu, on dort trop, le sommeil ne vient pas, etc.), les dérèglements de l'appétit sont souvent associés à des facteurs plutôt psychologiques (désintérêt, somatisation d'émotions, abandon de soi, etc.), ce qui remet en question leur rangement parmi les dérèglements du corps déprimé.

- Je n'avais plus le goût de manger.
- À quoi bon manger ?
- Je mange mes émotions.
- Je n'avais aucun appétit, aucune envie.

L'inclusion des dérèglements des conduites alimentaires en tant que composantes imaginées du dérèglement du corps déprimé est difficile à justifier. Si l'on s'attardait sur le rapport à la sexualité (énergie sexuelle, libido, etc.), cette difficulté serait encore plus marquée, sauf que la mention du dérèglement du désir, le plus souvent son inhibition, est presque absente des récits des personnes déprimées. Et ce, pour une raison très simple : il s'agit d'un enjeu mineur par rapport à toutes les autres difficultés physiques, psychologiques et fonctionnelles éprouvées par les individus déprimés. Il ne s'agit pas de gêne, de tabous ou de la difficulté à aborder cette dimension de l'intimité en entrevue, mais plutôt de sa moindre importance dans l'économie de l'individualité aux prises avec l'épreuve dépressive. L'absence remarquable de la sexualité comme enjeu significatif sur les plans étiologique et symptomatique dans l'univers des personnes déprimées est l'une des ruptures symboliques les plus importantes avec les névroses freudiennes.

Enfin, le corps des déprimés donne lieu, à l'occasion, d'autres plaintes : maux de dos, fièvre, pouls accéléré, maux de ventre, constipation, nausées, céphalées, rhumes, diarrhées, etc. Tout cela avant d'entreprendre des traitements psychopharmacologiques qui parfois induisent, on le verra dans le chapitre 7, de tels effets secondaires. Ces difficultés et symptômes sont en quelque sorte « suspects », car ils mettent en jeu d'autres frontières : celles qui distinguent les catégories psychopathologiques entre elles. En effet, maux de ventre, palpitations, diarrhées, etc., incarnent la possible contamination « corporelle » des univers dépressifs et anxieux et la porosité de leurs frontières à l'intérieur de la nervosité sociale actuelle. L'analyse du rapport aux antidépresseurs et de leurs effets complexes sur l'individualité nous permettra d'aborder, dans le chapitre 7, la réponse thérapeutique et l'instabilité ontologique de la « cible » visée par des stratégies d'intervention qui se veulent obstinément « spécifiques ».

Le corps déprimé est ainsi celui du « ne pas pouvoir » : ne pas pouvoir fonctionner au travail sous le regard des autres et de soi-même ; ne pas pouvoir fonctionner minimalement souvent sans témoins gênants dans l'intimité ; ne pas pouvoir gérer les ressorts essentiels de son organisme ; ne pas pouvoir trouver le souffle vital pour exister socialement et individuellement. Le corps du déprimé est à la fois une machine sociale gravement défaillante et un organisme individuel sévèrement altéré dans ses fonctions vitales. Corps-machine et corps-organisme déréglés montrent à quel point la « moyenne à soi » du déprimé est compromise en termes massifs, essentiels et décisifs de fonctionnement et de vitalité, c'est-à-dire d'existence sociale, individuelle et organique. Mais qu'en est-il de l'« esprit déprimé » ?

L'esprit déréglé : ne pas pouvoir vouloir

Una triste expresión, que no es tristeza, sino algo más y menos : el vacío del mundo en la oquedad de su cabeza[11].

ANTONIO MACHADO, *Del pasado efímero*

L'univers de l'esprit déréglé du déprimé relève en principe du domaine général du « ne pas pouvoir vouloir » plutôt que de celui du « ne pas vouloir ». Mais comment le savoir avec certitude ? Les personnes déprimées voudraient « pouvoir vouloir », mais elles « ne peuvent pas », « n'y arrivent pas », « ne réussissent pas ». Les composantes de l'univers de l'esprit déréglé du déprimé sont, en ordre d'importance, la désaffection (déconnexion, apathie, désintérêt, inertie, etc.), la tristesse (pleurs, nostalgie, mélancolie), le pessimisme (pensées négatives, avenir sans issue), l'autodévalorisation (mauvaise estime de soi, sous-estimation de ses capacités personnelles), la perte de contrôle de ses pensées et de son autonomie (manque d'initiative, confusion, manque de concentration) et, enfin, l'autodestruction (pensées suicidaires, abandon de sa personne). La désaffection et la tristesse sont sans aucun doute les deux traits principaux du dérèglement de l'esprit déprimé ; encore faut-il les définir de manière satisfaisante. De quoi parle-t-on exactement lorsqu'on dit désaffection ou tristesse ? Ces termes conviennent-ils ? À quoi correspondent-ils exactement ? Les personnes déprimées mobilisent des champs sémantiques larges, complexes, imprécis et parfois contradictoires pour investir ces termes, et les hybridations (désintéressement triste, tristesse apathique, etc.) ne sont pas rares. Goethe, cité par Freud pour illustrer les paradoxes existentiels du bonheur et du malheur, nous dit que tout peut se supporter dans la vie sauf une succession de beaux jours ; que

11. « Une triste expression qui n'est pas tristesse, mais quelque chose de plus et de moins : le vide du monde dans le creux de sa tête. »

dire alors d'une succession de jours ternes, fades, inintéressants qu'on doit subir plutôt que de les vivre.

- Tous les jours étaient pareils.
- Je subissais ma vie plutôt que je la vivais.
- J'en étais rendue à un point où tout était « plate ».
- La vie n'est plus quelque chose d'agréable.

Toutefois, lorsqu'on tente de s'expliquer les déterminants de l'insupportable succession de jours sans relief, ce n'est pas le métaphorique climat extérieur de l'existence qui est signalé, mais le plus consistant climat intérieur des humeurs. C'est l'« esprit » (volonté, motivation, désir, tonus, intérêt, etc.) qui est responsable, en principe, du « climat extérieur », et non l'inverse. On ne veut rien, on n'a envie de rien, on ne désire rien, on n'a goût à rien, on ne s'intéresse à rien et on n'a pas la volonté de faire quoi que ce soit. Et on ne peut rien faire pour changer les choses.

- Désintérêt total de tout.
- Tu n'as le goût de rien.
- Tu n'as aucun intérêt dans la vie, aucune stimulation.
- Je n'avais plus d'intérêt à rien.
- Tu n'as plus envie de rien.
- Un grand manque de désir, de vouloir quelque chose. Je ne voulais plus rien faire.
- Je n'avais même peut-être pas la volonté.
- Je ne sais pas ce qui se passe, je n'ai plus de motivation.

Comme dans le cas du manque d'énergie du corps déprimé, la désaffection de l'esprit se manifeste de préférence dans le théâtre intime et très souvent solitaire du chez-soi. On est couché dans son lit, allongé sur le divan, écrasé devant la télévision, à ne rien faire, ou presque.

- J'étais toujours couchée sur le divan.
- Je me levais et je me traînais. Pourquoi me lever ? Je n'avais rien à faire.
- Je me suis couchée sur le sofa.
- Tout ce que je faisais, c'était de me bercer et de regarder les revues insignifiantes.
- On reste couché pendant des heures et des heures. On a beaucoup de difficulté à sortir de la maison.
- Je peux passer huit, dix heures devant la télévision.
- On a le goût souvent d'être couché à ne rien faire.

Comme dans le cas du manque d'énergie encore une fois, il n'y a pas vraiment de demi-mesures lorsque ce puissant « goût de ne rien faire » s'installe commodément dans l'esprit du déprimé. Le débranchement, la déconnexion, l'apathie est très souvent sévère, profonde, inquiétante. On fonctionne « au radar », on vit dans « sa bulle », on est « dans la brume ».

- Je m'enfermais chez moi, tout seul, et je vivais dans ma bulle.
- Tu n'es plus connecté avec les autres, tu es dans ta petite bulle.
- Je fonctionnais complètement au radar.
- J'avais l'impression d'être dans une sorte de brume.
- J'avais vraiment le goût de tout lâcher.

Certaines images frappantes sont convoquées pour illustrer la déconnexion du déprimé de toute vie « active » : l'assisté social qui n'a rien à attendre de la vie, la personne âgée en institution, le zombie, même le « légume ». Il n'y a rien à faire, on ne fait rien, on ne veut rien faire et on ne sait plus pour quelles étranges raisons on est « gardé en vie » dans ces conditions pénibles, improductives et sans issue apparente.

- C'est comme si j'étais un peu sur le « BS », ou une personne âgée dans un centre d'accueil.

• J'étais à la maison, je ne faisais plus rien, on aurait dit un zombie. C'était comme le néant.
• Tu peux donner l'image d'un zombie, de quelqu'un qui n'est pas vraiment en vie, juste un corps, là, gardé en vie pour des raisons nébuleuses.
• Complètement légume.
• Tu es dans un autre monde. Tu es devenu vraiment végétatif.
• Je ne faisais rien, je ne travaillais pas, je n'allais pas à l'école, rien ne se passait dans ma vie.

La déconnexion du monde, l'enfermement en soi-même et, littéralement, dans sa propre demeure mènent dans certains cas à la négligence, à l'abandon de soi, voire à se laisser mourir lentement.

• L'hygiène personnelle ? Il n'y en a plus.
• Je ne faisais pas le ménage. C'est spécial, de vivre ça.
• Te laver, ça ne t'intéresse plus. Te raser, ça ne t'intéresse plus.
• C'était le bordel partout dans la maison, je ne me lavais plus, j'étais tout seul, je m'en foutais.
• Tu ne penses même pas à manger, à te laver, à t'habiller, à rien de tout ça.
• Je n'y suis pas. Je laisse un rond allumé avec de l'eau qui bout, j'oublie la casserole sur le feu.
• Tu te sens inutile, tu te demandes pourquoi tu vis. Tu veux te laisser mourir, carrément.

« Ne pas pouvoir vouloir », ou parfois « ne pas vouloir », ne suppose pas, n'exige pas et ne signifie pas « être triste ». Il s'agit du registre de ce qu'on éprouve, plutôt que de ce qu'on ressent, même si les limites ne sont pas toujours claires et nettes. Si la dépression contemporaine ne ressemble pas à l'ancienne passion triste, un grand nombre de déprimés pleurent beaucoup, souvent et de manière incontrôlable. Pourquoi pleurent-ils, et pourquoi pleurent-ils autant ?

- Tu te lèves en pleurant.
- Je pleurais facilement.
- Je pleurais, je pleurais, je pleurais.
- Je pleure souvent.
- Je pleure tout le temps.
- Je pleure pour rien.
- Des crises de larmes interminables.

Qu'est-ce que des expressions comme « tout passe par les pleurs », « pleurer pour rien », des « pleurs incontrôlables », des « crises de larmes interminables » peuvent bien vouloir dire ? La tristesse et les pleurs sont-ils nécessairement liés ? Les personnes déprimées ont la conviction, voire la certitude, que les pleurs qui les assaillent n'ont pas grand-chose à voir avec les émotions ordinaires et qu'ils sont encore moins justifiés par des raisons ou des événements identifiables. Étrangement, les dérèglements des conduites alimentaires sont associés de manière plus claire à des déterminants psychologiques que les larmes et les sanglots. Comme si c'était le corps plutôt que l'esprit qui était déréglé : on ne peut pas ne pas pleurer et on ne peut pas arrêter de pleurer. C'est comme cela, c'est un fait.

- Je pouvais passer deux, trois jours à pleurer et j'étais incapable d'arrêter.
- Le pire, c'est que tu n'arrêtes pas de pleurer.
- Ce n'est pas normal, ça, de pleurer toujours, tout le temps, à tous les jours.
- Dans mon cas, ça a été ces pleurs incontrôlables, je n'ai pas cessé de pleurer. La moindre petite émotion, la moindre petite chose, tout me passe par la larme, les pleurs.
- Je ne dis pas que je ne pleure jamais, mais pleurer comme ça, être à terre, être fatigué, épuisé et ne pas voir la lumière au bout du tunnel... c'était vraiment comme ça que je me sentais.
- Toute passe par mes pleurs.

On peut pleurer d'impuissance, d'insécurité, d'incertitude, d'énervement, de rage, de stress, ou même à cause d'une succession goethéenne de beaux jours, mais alors, pourquoi pleurent-elles au juste, les personnes déprimées ? La plupart d'entre elles n'arrivent pas à l'expliquer au-delà de signaler une compulsion à le faire, un état d'énervement, d'hypersensibilité émotive, un malaise profond, indéfinissable et sournois. Est-ce cela l'« humeur triste » ou l'« humeur dépressive » dont parlent les psychiatres ? S'agit-il vraiment d'une émotion sans objet précis, mais plus marquée, saisissante et compulsive que la simple « tristesse » compréhensible pour des raisons plus ou moins repérables sans être pour autant « autre chose » ? Ou bien s'agit-il d'un état d'âme spécifique qui, sans être forcément une émotion, est qualitativement différent de la tristesse ? Sensation prégnante, envahissante et soutenue et du même registre que le fait de « ne pas avoir le moral » ou bien sensibilité « dépressive » spécifique ? Seule certitude : l'omniprésence de ces pleurs « pour rien », ou pour « presque rien ».

- Tu ne sais pas nécessairement pourquoi tu pleures parce qu'il y en a trop d'accumulé, tu ne sais plus.
- Quand je pleurais, c'était de l'énervement, c'était le stress, ce n'était pas parce que j'étais triste.
- Je ne savais pas pourquoi je pleurais, il fallait juste que je pleure. Et quand je pleurais, ça n'allait pas mieux, alors je pleurais toujours plus.
- Je me mettais à pleurer, je n'étais pas capable de dire pourquoi, mais je ressentais vraiment un malaise profond.
- Quand tu es en dépression…, tu as juste envie de brailler et d'être chez toi, de t'écraser.

Pour certains, le mot *tristesse* peut encore être utile pour établir un point de repère, ne serait-ce qu'approximatif, par rapport à des expériences connues afin de mieux dégager ce qu'on éprouve de différent lorsqu'on pleure. C'est « autour de la tristesse », mais une tristesse sévère, profonde, lourde ou persistante. Une tristesse aux effets clairement handicapants, invalidants, paralysants. C'est « plus ou moins » dans le registre de la tristesse, sans y appartenir exactement.

- Pas la tristesse, il faut que ce soit plus bas que ça. Parce que la tristesse, tout le monde en vit. Quand je suis triste, ce n'est pas grand-chose pour moi. Ce n'est pas grave.
- C'était comme une tristesse, une lourdeur.
- Le spleen, la mélancolie, c'est assez proche. Mais la dépression, je dirais que c'est encore plus profond.
- J'étais tout le temps, tout le temps, tout le temps déprimée. Je me sentais triste, peu importe s'il y avait quelque chose de beau dans ma vie ou quelque chose de mauvais. J'étais triste, ça ne fonctionnait pas, je pleurais chaque soir.
- La tristesse s'installe, une tristesse qui me met dans un état quasiment végétatif, où je passe mes journées toujours couché. C'est tellement profond, ça me suce toute mon énergie. Comme si la tristesse se nourrissait de mon énergie vitale. Il y a de la tristesse en subconscient.

Si on quitte le terrain glissant des états d'âme, si c'est bien d'états d'âme qu'il s'agit, pour aller vers le registre plus cartésien des idées, on constate qu'il existe bel et bien un univers cognitif propre aux personnes déprimées. Il est caractérisé par la présence, la récurrence et l'entretien plutôt involontaire des « pensées négatives », voire de ce « biais cognitif » qui consiste à ne voir que le « côté noir » de toute chose. Tout comme les pleurs sont « compulsifs », on n'y peut rien et on n'y est pour rien, la persistance des pensées négatives-noires est décrite comme « involontaire ». L'esprit en est saisi, envahi, voilé.

- Je voyais tout en noir, je ne voyais rien de beau.
- Mon discours : la vie c'est de la merde, il n'y a rien de positif. J'entretenais un discours vraiment dépressif.
- Tu vois tout en noir. Toutes les choses changent de teinte. C'est

comme si tu portais une autre paire de lunettes. Ça ne se contrôle même pas.

• Tu vois de plus en plus les choses négatives. Et plus tu vois les choses négatives, moins tu es capable de faire des efforts pour changer les choses qui dérangent.

• Je n'arrivais pas à voir les bons côtés. Je voyais tout le temps le côté noir de tout.

• Je ne voyais pas de positif. Je ne voyais pas de lumière.

• On voit la vie d'une façon plus noire, plus sombre.

• Tu te formes une bulle négative autour de toi. Là tu rentres vraiment dans un monde négatif. Tout est négatif.

• Les idées noires, c'est noir, noir, noir, noir. Tout est noir, tout est pourri, négatif.

Si tout est noir, et cela semble clair, il est clair également que, pour le déprimé, il n'y a pas d'issue possible, que sa vie est en pratique terminée. Il n'y a rien à faire et il n'y a pas d'avenir possible. On ne peut que subir le présent accablant ou tout au plus ressasser le passé. L'avenir n'est assurément pas le temps de l'esprit déprimé[12].

• Tu penses que ta vie est finie.

• C'était comme si ma vie était finie. Comme je n'avais plus rien en avant de moi, je ressassais toujours les souvenirs, le passé.

• J'en étais rendue à ce point-là, je ne voyais *aucun* avenir devant moi.

• Tu ne vois plus d'issue nulle part.

• Je ne croyais pas vraiment à une issue.

• En dépression, je me sentais comme une personne de 70 ans qui voit son passé, qui n'a plus rien en avant d'elle. Qui voit seulement son passé.

---

12. Voir, à ce sujet, le travail de Nicolas Moreau (2008) sur le rapport au temps chez les personnes dépressives.

Si on est convaincu qu'il n'y a pas d'issue ou d'avenir, l'enjeu alors n'est plus celui de la désaffection, ni de l'impuissance, ni de la déconnexion du « monde actif », mais le fait brutal de demeurer en vie. À quoi bon continuer à vivre dans ces conditions pénibles ? Parmi les idées noires, les pensées suicidaires sont bien entendu les plus sombres. Parfois, elles sont vagues, générales, imprécises ; on veut tout simplement mourir. Parfois, on songe à des scénarios précis et on visualise sa propre mort. « Avoir des idées suicidaires » et « vouloir mourir » est-ce du même registre ? Y a-t-il une distinction claire entre « biais cognitif » et « état d'âme » ? La plupart du temps, c'est l'allusion à des idées noires suicidaires qui saisissent, occupent, obsèdent l'esprit.

- J'avais des idées noires, j'ai commencé à avoir des idées suicidaires.
- J'ai des idées suicidaires très, très obsédantes.
- Des idées morbides, de suicide. Je ne me voyais plus vivre.
- J'avais même des idées noires ; ma vie, elle ne valait plus rien.
- Toutes mes pensées étaient très noires, très sombres. Je pensais au suicide.
- C'était très fréquent, les pensées suicidaires. Ça a passé proche, souvent. Il n'y avait plus grand-chose pour me retenir.
- Les idées de suicide, c'est toujours présent — je vois le train, ça tourne en vide, et j'ai envie de me jeter entre les roues.

L'allusion au fait de vouloir mourir (ou de ne plus vouloir vivre) plutôt qu'à la seule présence d'idées suicidaires est moins fréquente.

- Je voulais mourir, même qu'à cette époque, ç'a passé très près.
- Je ne voulais plus vivre du tout. Je n'avais plus envie de vivre.
- Tout ce que je voulais, c'était mourir. Dormir et mourir, c'est tout ce que je voulais. Je ne voulais plus vivre du tout du tout.

La dévalorisation morale, psychologique et sociale de soi est une caractéristique qui se présente sous plusieurs formes et dans de nombreux contextes chez les personnes déprimées. Relève-t-elle du registre du cognitif ou bien du registre des états d'âme (émotion, sentiments, sensibilité, etc.) ? Se sentir inférieur, se savoir incapable de relever le moindre défi, se considérer comme moralement faible ou affaibli et, parfois, se voir comme quelqu'un de carrément indigne apparaît comme : 1) un sentiment qu'on subit péniblement, 2) une tendance cognitive persistante à se diminuer sur tous les plans, et 3) une lecture qu'on fait simultanément de soi-même et de sa circonstance au moment précis où l'on éprouve effectivement son impuissance dans toutes les dimensions de l'existence. Le fait même de « tomber en dépression » est déjà perçu comme un signe de faiblesse morale, comme une preuve tangible de sa vulnérabilité psychologique, comme une faille honteuse dans les remparts de l'individualité qui témoigne, en définitive, de son incapacité sociale. On est en effet souvent convaincu que seuls les « faibles » peuvent être déprimés.

- Quand j'ai pensé que j'étais en dépression, pour moi j'étais faible, il n'y a que les faibles qui sont déprimés.
- Ça a été très dur à accepter, le diagnostic de dépression.
- C'était pour moi un signe de faiblesse, comme si j'étais « poche ».
- Je voyais que c'était vraiment un signe de faiblesse, d'échec, un signe que je ne valais pas grand-chose.
- Tu perds confiance en toi, ton estime de soi s'en va dans tes talons, ce n'est pas compliqué, tu te trouves bonne à rien. C'est à peu près ça, le topo de la dépression.

En dépression, on est également souvent convaincu du fait que rien ne sera plus pareil et qu'on sortira diminué plutôt que grandi de l'épreuve dépressive. Celui ou celle sur qui la dépression « est tombée » est ramené à une nouvelle réalité de soi, à une nouvelle « moyenne à soi » amoindrie et dévaluée de ses capacités et de ses performances.

- Je doute de ma personne, je doute de moi-même.
- Je n'avais vraiment pas une bonne estime de moi.
- Un désenchantement total de ma personne.
- Je suis nulle, je suis nulle, je suis nulle !

Si c'est l'avenir qu'il s'agit d'envisager, ce sera pour revoir ses attentes et ambitions sociales à la baisse, car on réalise que certaines performances sont désormais hors de portée et que certaines tensions sociales sont devenues insupportables. Les chances sociales des personnes déprimées se rétrécissent brusquement et de manière inattendue. C'est la définition même du handicap social.

- Tu ne joueras plus dans les ligues majeures, tu vas t'en aller dans les ligues mineures. Et même encore, tu vas être bon à faire quoi, finalement ?
- Le fait de ne pas y arriver, de ne pas y arriver encore, ça me rendait malade ; je me comparais avec d'autres, et là, j'étais insatisfait. C'est peut-être les ambitions démesurées qui sont le problème.
- Je n'avais pas une estime élevée de ma personne, je ne croyais pas que je pouvais réussir à faire quelque chose de constructif ou de plus positif dans ma vie.
- Quand tu fais une dépression, tu as l'impression que tu ne vaux rien, que tu n'es capable de rien faire.

On a vu que les personnes déprimées n'arrivent pas à stopper leurs pleurs ni l'avalanche de pensées négatives qui les envahit. Mais une autre caractéristique du dérèglement de l'esprit est l'impossibilité de s'en servir correctement, et même de le contrôler dans ses opérations les plus élémentaires. Les problèmes de concentration sont assez courants dans les récits des personnes déprimées.

- J'ai de la misère à me concentrer.
- Tu n'es pas capable de te concentrer.

- Incapable de me concentrer.
- Concentration zéro.

Le manque de concentration évolue parfois vers un tableau plus complexe et global d'impuissance cognitive. On parle alors de confusion, de perte de repères, d'instabilité de la pensée, de diminution de la mémoire, d'incapacité de communication.

- Je n'étais plus capable de lire. Quand je regardais la télévision, j'étais toute mêlée. Si je regardais un film, je ne savais plus qui était qui, qui était le bon, qui était le méchant. Je mélangeais les personnages.
- Je ne pouvais pas lire les articles, c'était trop compliqué. Lire un article, le comprendre et le retenir surtout, ça ne fonctionnait pas du tout du tout.
- J'étais très instable au niveau de la pensée.
- J'aurais très difficilement pu communiquer comme maintenant ; ça aurait été infaisable.
- C'est impossible de penser correctement. Vraiment, on perd tous ses repères.

L'incapacité de prendre des décisions, des initiatives même banales, est souvent signalée comme l'une des caractéristiques distinctives de la dépression : c'est le commencement même de l'action qui est entravé. Toutefois, à la différence du corps dysfonctionnel, bloqué, fatigué, impuissant ou sans énergie, la difficulté éprouvée dans ce cas de figure est moins d'ordre énergétique ou mécanique que d'ordre cognitif. Elle est illustrée pas l'image du cerveau embrouillé ou de l'esprit hésitant.

- J'ai de la misère à prendre de simples décisions.
- Une incapacité de prendre des décisions, même les plus anodines.
- Le cerveau est tout embrouillé, incapable de prendre une décision facile.

• « Est-ce que je vais ou non acheter maintenant une pinte de lait ? » Ça devient « quand est-ce que serait le meilleur moment d'y aller ? » Mettre des chaussures et dire : « Là, c'est maintenant que je vais au dépanneur. » Puis finalement, dire : « Non, finalement. ce n'est pas un bon moment. »

Enfin, dans certains cas, les personnes déprimées éprouvent un manque de contrôle flagrant de leur esprit ou de leur « cerveau », au point de compromettre toute autonomie.

• C'est insécurisant, parce que tu n'as pas de contrôle là-dessus. Le manque de contrôle, je pense que c'est ce qui fait le plus peur au monde. Parce que ça fait peur, c'est de l'inconnu.
• La santé, c'est quand on est maître de soi-même, que personne ne contrôle ton cerveau. La liberté, c'est ça.
• Tout bouge, tu as l'impression de ne rien contrôler, tu ne sais pas ce que tu fais là. Tu perds tes moyens.
• C'était comme si tout le monde me dictait un peu quoi faire ; la dépression, c'est ça, c'est comme un sentiment d'impuissance.

L'esprit déprimé, à la fois état d'âme et cognition déréglés, résiste à l'assimilation aux registres galvaudés de la souffrance et de la tristesse tous azimuts. Il demande à être mis en rapport avec les enjeux cruciaux de l'individualité contemporaine : connexion alerte et permanente au monde, valorisation de qualités intrinsèquement individuelles (confiance en soi, estime de soi, autonomie, etc.), valorisation de ses propres capacités à changer les choses (prise d'initiatives, prise de décisions, engagement de combats quotidiens), disposition tournée vers l'avenir (formulation de projets, pensées positives), autonomie (autosuffisance, prise en charge de soi-même). Toutes ces dimensions cardinales de l'individualité, largement instituées à l'échelle du social, font cruellement défaut chez le déprimé, qui porte péniblement et incarne emblématiquement son ombre sociale.

La contamination nerveuse : les symptômes a-théoriques

Tous les témoignages recueillis proviennent de personnes ayant reçu un seul diagnostic formel et catégorique de dépression majeure. Or, comme on l'a vu au chapitre 2, l'architecture nosographique des troubles de humeur est non seulement épistémologiquement improbable (concepts mobilisés imprécis, réalités auxquelles ils renvoient ambiguës, etc.), mais est aussi empiriquement instable (ouverte aux variations de la normativité sociale). L'improbabilité épistémologique et l'instabilité empirique sont des caractéristiques constitutives de l'univers des nervosités sociales qui se manifestent aujourd'hui par le brouillage des frontières théoriques et empiriques entre deux classes de troubles mentaux dont la prévalence, on l'a vu, est impressionnante dans les sociétés occidentales contemporaines : les troubles dépressifs et les troubles anxieux. De ce fait, un mélange de genres nosologiques semble émerger comme des impuretés symptomatiques à la marge du syndrome diagnostiqué.

Peut-on distinguer clairement l'univers des troubles de l'humeur et celui des troubles anxieux ? Que penser des contaminations cliniques et thérapeutiques entre ces deux univers dont témoignent les récits des personnes déprimées ? N'utilise-t-on pas de plus en plus des antidépresseurs pour traiter l'anxiété ? Il n'est pas inhabituel de relever, dans les récits de ces personnes dont le seul diagnostic formel au moment de l'entrevue est celui de dépression majeure, des allusions à des symptômes tels que maux de ventre, angoisse, anxiété, problèmes de concentration, nervosité générale, tremblements, attaques de panique, etc. Est-ce l'effet de la banalisation de l'usage de certains termes psychiatriques (anxiété, angoisse, panique, etc.) pour qualifier le caractère inconfortable, inquiétant ou désagréable de certaines situations de la vie courante qui est à l'origine des malentendus ? Parfois, les allusions à l'univers des troubles anxieux prennent la forme de formulations précise telles que « je faisais de l'anxiété et de l'angoisse », « j'étais en état de détresse avancée avec beaucoup d'anxiété » ou « physiquement, j'avais des crises d'angoisse ». Est-on encore dans l'embrouillement créé par l'utilisation tous azimuts des appellations psychiatriques « non contrôlées » ou assiste-t-on à une mutation de l'économie interne de la nervosité sociale ? Dans certains cas, les récits des interviewés nous laissent l'impression que la confusion de symptômes peut être aussi majeure que la dépression diagnostiquée.

• Ma dépression ? C'est paniquer. C'est avoir mal au cœur. C'est vouloir se péter la tête sur les murs.
• J'étais toujours prise par mon angoisse. C'est ça, être dépressif. C'est ne pas être capable d'oublier les problèmes, ne pas être capable de mettre les choses de côté et de passer à autre chose. C'est d'avoir toujours ces idées-là qui te tournent dans la tête.
• C'est comme si, au niveau du ventre, il y a une fébrilité, il y a quelque chose, une nervosité. Tout le temps nerveux, anxieux, tout le temps.
• À la première phase de déprime aiguë, je n'avais pas eu d'angoisse, rien. C'est en revenant de mon travail que j'ai dit : « Voyons, qu'est-ce que j'ai, d'où ça sort, ça n'a pas de sens, c'est stressant, c'est quoi, ce sentiment-là ? » Tu te demandes ce que tu as : « Je suis en train de devenir fou ? Je suis déprimé ? Je suis angoissé ? »
• Ça commence lentement, l'insomnie, l'angoisse, l'anxiété. C'est des choses qui se mettent en place.
• Angoissée, tout le temps, tout le temps, tout le temps. Puis tu te couches, et tu es encore angoissée.
• Je faisais une crise de panique juste d'aller au dépanneur. Ça allait encore plus mal, et le médecin qui me suivait à ce moment-là a constaté très facilement que j'étais encore en train de retomber dans la dépression.

Lorsque la question est posée de manière explicite aux personnes déprimées, les limites entre la dépression et l'anxiété sont réfléchies et problématisées de manière très diverse en fonction de chaque expérience : distinction claire entre les deux, impossibilité de les dissocier clairement, transformation de l'une en l'autre, surajout de l'une à l'autre, continuum de difficultés dont la sévérité fait le partage (difficultés sévères et continuelles de la dépression; difficultés moins sévères et ponctuelles de l'anxiété), anxiété comme signe précurseur de la dépression, dépression comme trouble aggravant de l'anxiété, etc.

• Tu fais une dépression, mais sous forme de crises de panique. Mon état dépressif s'est comme transformé. J'avais de grosses attaques. J'ai eu des angoisses qui me prenaient comme un éclair : en une seconde, je pouvais me ramasser assis à terre dans un coin à pleurer, à trembler doucement. Mais ça ne veut pas dire que tous les gens qui font des dépressions vont faire des troubles de panique. Ou que les gens qui ont un trouble de panique vont faire des dépressions. C'est difficile de séparer anxiété et dépression, parce que ça se manifeste vraiment ensemble.
• Je faisais un peu d'agoraphobie et d'anxiété sociale. Parfois, aller faire les courses, c'était difficile. Ce n'est pas rationnel, mais c'est là. Et en période de dépression, c'est pire. Mais c'est complètement différent de la dépression.
• Dans mon cas, ce serait difficile de faire une différence parce que je ne pense pas que l'anxiété aurait été aussi forte si ça n'avait pas été de la dépression ; et inversement. Mais c'était quand même des choses précises, si on peut dire. Par exemple, si j'ai un exposé oral, je vais ressentir de l'anxiété par rapport à ça : est-ce que je vais être bonne ou pas ? La dépression va être plutôt de me dire qu'il n'y a rien à faire, que je vais toujours être mauvaise, que ça ne vaut même pas la peine. Autant aller dans mon lit, et qu'on oublie ça.
• Je sortais du travail et je me disais : « Comment ça se fait que moi, ça ne marche pas ? Comment ça se fait qu'il y a des gens qui sont capables d'être soignés et que moi, je fais encore autant d'angoisse ? » Parce qu'à l'époque je n'appelais pas ça de la dépression. Pour moi, c'était de l'angoisse.

• J'avais de très gros problèmes d'angoisse, mais je ne pensais pas vraiment que je faisais une dépression majeure.

Si les limites entre la dépression et l'anxiété ne semblent parfois pas très claires, à cela s'ajoute l'indéfinition de plus en plus grande entre les limites, d'une part, de la dépression et de l'anxiété proprement définies comme pathologiques et, d'autre part, les états d'âme et les désagréments physiques propres aux difficultés courantes de la vie.

• C'est dur à expliquer, c'est comme un étirement, c'est l'angoisse de vivre, le mal de vivre. C'est comme un spasme, dans le fond. Tu ne le sens pas quand tu es couchée. Quand tu te réveilles, c'est toujours là. Quand tu es en dépression, une petite affaire à régler ça va t'apparaître comme une montagne ! C'est toujours la peur de ne pas être capable. C'est la vie, vraiment ; ce n'est pas parfait ! Si ce n'était pas ça, j'aurais d'autres problèmes, j'imagine. Tout le monde a des problèmes.
• Je sais que je ne serai jamais une personne qui n'a pas d'anxiété. Ça me paraît impossible. Mais en même temps, où est-elle, la limite de la normalité ? N'est-ce pas tout le monde, qui a de l'anxiété ?
• Je dirais qu'avant que je consulte, que je me dise que c'était une situation qui n'était pas normale, ça devait faire déjà trois ou quatre ans que les premiers signes de la dépression se manifestaient.
• J'aurai toujours un degré d'anxiété plus élevé que la moyenne. Mais de là à dire que c'est pathologique ou pas, on ne sait pas. Ça, c'est très dépendant d'après moi de comment c'est vu dans la société.

Une autre source d'ambiguïté découle de la relation de cause à effet toujours problématique entre les symptômes psychologiques, les tensions de la vie courante et les difficultés concrètes de fonctionnement. L'estime de soi, l'énergie et le sommeil, par exemple, très fréquemment touchés par la dépression, sont à leur tour, semble-t-il, sources d'angoisse, d'anxiété et de stress, ce qui semble naturel. Dans ce territoire qu'on pourrait appeler sous-syndromique, toutes les combinaisons semblent permises.

> • Quand je n'ai pas d'estime de ma personne, j'ai tendance à être plus stressé, à angoisser davantage.
> • Le premier signe de la dépression, c'est certainement l'insomnie. L'angoisse et l'anxiété viennent ensuite. J'ai le sentiment que l'angoisse et l'anxiété sont presque nées de l'insomnie.
> • Une grande partie de l'angoisse vient du fait que tu n'es pas capable de faire les choses et que tu as peur de ne pas être capable de les faire.
> • C'était comme si mon cœur battait à 100 à l'heure tout le temps, à cause de l'anxiété. Ça m'empêchait de dormir la nuit. Et aussi, parfois, j'avais peur de m'endormir parce que je faisais des cauchemars. C'était vraiment un cercle vicieux.

Il n'existe peut-être nulle part d'incarnation concrète d'un syndrome dépressif ou anxieux pur, tel que le définit la nosographie psychiatrique, d'autant plus que les deux consistances qui les composent, « mental pathologique » et « social problématique », sont instables et, de ce fait, assujetties à des redéfinitions permanentes. Les symptômes gênants en marge de la constellation syndromique diagnostiquée sont peut-être les seuls à correspondre à la posture « a-théorique » du DSM-IV, se manifestant parfois là où ils ne devraient pas être présents. Avons-nous affaire à un début de transformation de l'économie interne de la nervosité sociale dont l'ouverture thérapeutique de plus en plus grande à l'utilisation d'antidépresseurs pour soigner les troubles anxieux est un symptôme ? Faudrait-il commencer à distinguer trois grandes composantes de la nervosité sociale à savoir : dépression, anxiété et anxiodépression ? La question dépasse les limites de cet ouvrage, qui se centre sur une seule de ces composantes : l'épreuve dépressive.

CHAPITRE 5

Seul avec soi, seul au travail

> *Ils sont tous à notre disposition, oui, tous prêts à nous aider, mais ils ne peuvent rien contre ce qui est en train de nous arriver en plein visage — parce que ça va arriver, ça doit arriver, et ce matin lumineux semble parfait pour que ça arrive.*
>
> SANDRO VERONESI, *Chaos calme*

> *La subjectivité c'est cinétiquement l'effort-que-je-suis. Les limites de mon effort sont les limites de mon « tenir », les limites du tenir tête, du soutenir, du tenir ferme, de l'abstenir, de l'entretenir. Là où l'effort se termine, notre aptitude à nous tenir débout de nous-mêmes parvient à sa limite, là commence « ce qui gît autrement ».*
>
> PETER SLOTERDIJK, *La Mobilisation infinie*

L'essentiel de la dépression en tant qu'épreuve sociale s'exprime par deux entraves majeures qui affectent à la racine l'exercice de l'individualité : ne pas pouvoir et ne pas pouvoir vouloir. La manière institutionnalisée de s'y attaquer est le recours à une molécule chimique, l'antidépresseur. Dans le meilleur des cas, elle débloque l'action et rétablit la motivation. Dans le pire, elle les dérègle autrement, stimulant la spirale redoutable de la chronicisation et de la dépendance.

Mais comment expliquer aux autres, non déprimés, et s'expliquer à soi-même l'arrivée soudaine de la dépression dans la trajectoire d'une vie jusqu'alors sans histoire ? Y a-t-il des explications générales de l'épreuve dépressive comme il semble exister des « descriptions générales » et des « thérapeutiques de choix » ? Non pas pourquoi la dépression apparaît en tant que pathologie prétendument précise — même le DSM-IV affirme explicitement que son étiologie demeure à ce jour inconnue —, mais plutôt comment se l'expliquer dans sa vie à soi ? Quels sont les facteurs, les dimensions, les circonstances qui sont mis en rapport avec la manifestation, le déclenchement de la pénible épreuve dépressive ? De même qu'on ne déprime pas, qu'on ne dysfonctionne pas et qu'on ne se soigne pas comme on le veut, les explications de la dépression ne sont pas arbitraires, infinies et singulières. L'épreuve dépressive est un défi historique, pour reprendre les termes de Martuccelli, à la fois pour l'histoire individuelle (elle mord dans la trajectoire individuelle en forçant la remise en question d'un état de chose jusque-là tenu pour acquis) et pour l'histoire collective (elle mord, à pleines dents, dans la chair du social en altérant, en même temps qu'elle les révèle, les paramètres généraux de l'individualité). Autrement dit, la « moyenne sociale à soi » est mise à l'épreuve.

Cinq grands thèmes émergent clairement lorsque les personnes déprimées tentent d'expliquer les causes, les circonstances et les contextes de l'épreuve dépressive, mais l'un d'eux se détache des autres de manière remarquable : le rapport au travail. Ensuite viennent les explications d'ordre social plus générales (nouvelles tensions, dynamiques et exigences à l'échelle de la société) et les allusions à l'héritage familial, notamment à la charge génétique prédisposant certains individus. Étonnamment, on fait peu référence à des processus psychologiques et psychobiologiques au moment de s'expliquer la dépression à soi-même et de l'expliquer aux autres.

Le salut social par le travail

On le sait, il est souvent difficile de distinguer le contexte général dans lequel un phénomène se manifeste des causes précises auxquelles on attribue son apparition. Est-il possible de faire une telle distinction dans un domaine comme celui de la santé mentale, où le biologique, le psychique et le social sont enchevêtrés jusqu'à l'effacement de leurs limites ontologiques ? Les auteurs du DSM-IV ne nous préviennent-ils pas que l'étiologie de la plupart des troubles mentaux demeure inconnue ? Disons que, dans ce contexte de manque de données probantes et d'incertitude étiologique, les explications avancées par les personnes qui passent par cette épreuve fournissent des pistes aussi intéressantes que les explications qui renvoient à des causes « opaques » codées par des discours scientifiques spécialisés et prestigieux qui échappent à la compréhension des non-spécialistes. Les théories génétiques, neurochimiques, psychanalytiques, psychologiques n'ont pu être vérifiées jusqu'à maintenant et souvent se contredisent. Les arguments neurochimiques et génétiques, tout comme les arguments psychodynamiques d'autrefois, ont aujourd'hui le prestige et la légitimité pour expliquer non seulement la dépression, mais également de nombreuses manières d'être et d'agir psychologiquement et socialement conformes ou non conformes. Étonnamment, comme on le verra dans le chapitre 7, si l'importance du discours des neurosciences est claire et nette dans les récits lorsqu'il s'agit d'expliquer les effets thérapeutiques des antidépresseurs sur la dépression, ce discours semble s'imposer plus difficilement au moment d'expliquer les causes de la dépression.

Dans la très grande majorité des cas, c'est le monde du travail, avec ses énormes enjeux matériels et symboliques pour la vie courante et l'avenir des individus, qui est clairement associé à l'épreuve dépressive. On peut difficilement expliquer aux autres et s'expliquer à soi-même les tenants et aboutissants de l'épreuve dépressive sans se référer d'une manière ou d'une autre à l'univers du travail, mesure par excellence de la valorisation, voire de l'existence sociale d'un individu, et barème institué de la comparaison sociale avec autrui. Hors de l'univers du travail, point de salut social : le purgatoire dépressif où brûle l'individualité contemporaine en témoigne religieusement. Que ce soient les effets d'un processus latent d'usure à long terme (travail sans relief, peu valorisant, effort physique et mental soutenu pendant des années, etc.), une conjoncture particulièrement éprouvante (changement de l'organisation du travail, promotion ou rétrogradation, changement des responsabilités et des tâches, augmentation de la charge de travail) ou encore un concours de circonstances difficiles (coïncidence des problèmes au travail avec certains événements pénibles d'ordre personnel, de santé, etc.), l'activité de travail, le rapport au travail ou le monde du travail semblent centraux tantôt pour expliquer, tantôt pour contextualiser l'épreuve dépressive.

Le cas le plus simple est la surcharge de travail pendant une période prolongée ou l'augmentation de la cadence (« je n'arrête jamais », « je travaillais beaucoup », etc.), qui se solde par une panne de l'action parfois soudaine, nette et sèche. Le type de travail n'est pas remis en question en tant que tel, mais il n'est pas non plus mis en valeur : c'est tout juste du travail, mais trop de travail. Dans ces cas, on est plus proche de la simple usure, de la fatigue physique et mentale, que de la tension, voire d'un « stress » dû à des événements inattendus, déplaisants, dévalorisants, ou encore à des périodes de changement particulières. Des problèmes de santé parallèles ou préexistants à une charge de travail constante mais usante ou encore à son augmentation peuvent à l'occasion précipiter ou aggraver la chute dépressive.

- Un matin, je me suis dit « ça fonctionne pas ! », parce que je ne voulais pas me lever. Du jour au lendemain. J'avais une surcharge de travail, j'avais six préparations de cours à faire et je me promenais d'un local à l'autre… mais je faisais ça depuis quinze ans. C'est peut-être l'accumulation, mais là, ç'a sauté.
- Je travaillais beaucoup, j'étais très sollicitée, je n'arrêtais jamais. À un

moment donné, quelqu'un est venu me porter un document pour que je le signe — et je n'étais pas capable de le lire. Je n'étais pas capable de décoder ce qui était écrit, comme si toutes les lettres étaient mélangées, comme si mon cerveau n'était plus capable d'analyser ce qu'il voyait. Je suis allée voir mon médecin, et elle m'a dit qu'elle pensait que j'étais en dépression.

• Je travaille beaucoup, je n'arrête jamais. La première année, je me disais tout le temps que je vivais sur ma réserve. À un moment, j'en avais plus, de réserve. Je suis vraiment travaillante, je n'arrête pas d'habitude et là... tout s'est arrêté.

• Ça a été très long. C'est un processus qui a duré plus que six mois. J'ai fini l'année scolaire, je me suis dit que les vacances étaient les bienvenues, que j'allais me reposer. Puis, l'année scolaire recommence, j'ai la grippe pendant trois jours, je reste couchée et je ne fais pas de fièvre, mais je ne vais vraiment pas bien. Et alors, j'invente des histoires pour ne pas avoir à enseigner trop. Je me querelle avec mes élèves, c'est terrible, je me vois aller, je sais que je ne vais pas bien. Mais de là à faire le pas d'aller voir le médecin et me dire je fais une dépression...

• Je pense que ça se préparait depuis un bout de temps, parce qu'il m'arrivait d'avoir des symptômes la nuit ou en me levant le matin. Mais cette période-là, j'ai travaillé comme une folle pendant cinq mois, j'ai peut-être eu cinq jours de congé.

Les dimensions qualitatives du travail sont souvent identifiées comme des « stresseurs » qui sont un déclencheur, voire la cause de l'épreuve dépressive. Le type et l'organisation du travail, plutôt que son intensité, peuvent être une source claire et distincte de stress associé au déclenchement de l'épisode dépressif. Parfois, une certaine logique dans l'organisation du travail (ou des études) incite à se comporter d'une manière déterminée, fait négliger la reconnaissance des employés, pousse à la compétition et à la manipulation des autres, ce qui se traduit par de la frustration, des conflits interpersonnels et des abus de toutes sortes.

• Je dirais que 90 % du problème vient du travail. On ne savait pas trop où on s'en allait, ça manquait beaucoup d'organisation, j'essayais d'apporter des suggestions, ça a été plus ou moins bien reçu… Pas le temps de s'arrêter. Pas le temps de discuter. Pas le temps de voir si on pourrait mieux faire les choses parce qu'on était toujours en période de production, de stress, de *rush*. C'est l'attitude, c'est une grosse boîte et il y a un moule dans lequel il faut se fondre. J'ai essayé pendant deux ans de me conformer à ce qu'on demandait. Et à un moment donné, j'ai craqué.
• C'est trop dégueulasse, le monde du travail. Je n'en peux plus. Des emplois de réceptionniste, je n'aimais pas ça non plus. C'était 300 appels par jour, c'était stressant. Et le harcèlement psychologique : quand ils t'aiment, ils sont gentils. Mais quand ils ne t'aiment pas, ils s'organisent pour que tu démissionnes. J'étais écœurée du monde du travail.
• J'avais eu une période de travail intense et j'avais donné 100 %. Ils ne reconnaissaient pas ce que j'avais donné. Ils m'enlevaient des choses. Et puis la patronne m'avait prise en grippe. Je n'étais plus capable. Une fois, j'ai passé la journée à pleurer et je n'ai pas dormi de la nuit. Le lendemain matin, mon mari m'a amenée voir son médecin.
• J'ai centré ma vie sur des choses qui n'étaient pas nécessairement ce que j'aimais. C'était une question de me prouver à moi-même que j'avais fait les bons choix, ce qui ne me rendait pas du tout heureuse, mais j'étais prise là-dedans. Il y avait un aspect de compétition qui était particulièrement destructeur dans mon cas. C'est vraiment un engrenage duquel je n'étais pas capable de sortir. Et ça s'empire toujours. Pour moi, c'était ça, le déclencheur.
• L'événement déclencheur ? Le stress au travail. J'ai donné ma démission trois fois, probablement trois fois en période de dépression. La direction mettait une grosse pression pour que je « livre la marchandise ».

La routine, le désintérêt, le manque criant de qualité de l'activité professionnelle, le fait qu'on « a fait le tour » de son métier et, enfin, l'insatisfaction qui en découle sont souvent signalés clairement comme des explications de l'apparition des symptômes dépressifs.

• Je pense que c'est consécutif à tout ce que j'ai vécu au travail. Je me suis retrouvée dans un poste que je ne trouvais absolument pas satisfaisant, absolument pas motivant. Je pense vraiment que ce sont mes conditions de travail qui ont provoqué la dépression plus sérieusement. La cause, c'est le travail. Je le sais.
• La dépression, je pense ça se préparait depuis longtemps. Parce que mon travail ne me satisfaisait pas, je me sentais frustré, insatisfait. J'avais un emploi où l'image de soi… l'interaction avec les gens est très intense. Il faut répondre à certains standards de performance et d'interactions, et je ne me sentais souvent pas prêt. C'était une source de stress assez permanente.
• Ma dépression est venue en partie à cause de mon travail. Ça durait depuis des années. J'ai détesté mon travail, j'ai détesté les gens avec qui je travaillais. Il n'y a rien que j'aimais là-bas. J'ai détesté ça. C'était infernal. Ils m'ont vraiment rendue malade. Ça, en tout cas, c'est vraiment le travail. Je me voyais vieillir, je me voyais faire un travail que je n'aimais pas.
• Je voyais ce qui s'en venait, je savais que je n'aimais plus ce que je faisais. J'allais travailler à reculons, c'était devenu comme une montagne. J'allais travailler le matin, je m'arrangeais pour arriver en retard, je me trouvais à négliger des aspects de mon travail, je commençais à négliger mon aspect extérieur, ce que j'avais jamais fait. Et je n'allais vraiment pas bien, je me sentais déconnectée de la réalité. Mon corps, ou mon subconscient — on l'appellera ce qu'on voudra —, a décidé de sortir plein de choses accumulées au fil des ans.

La sensation de ne pas être à la hauteur, souvent associée à la représentation classique de la dépression en sociologie, revêt plusieurs formes : l'impression de ne pas être à la hauteur par rapport aux exigences du travail ou des études, de ne pas être à la hauteur par rapport à ses propres ambitions ou encore de ne pas être à la hauteur des compétences exigées dans un contexte contractuel précaire. Dans tous les cas, la confiance en soi est ébranlée, le doute s'installe et les individus sont forcés à réévaluer à la baisse leur image de soi, leurs compétences et leurs aspirations.

- J'étais scénographe dans une boîte… Une demande de scénario qui a été refusée, ça m'a cassé les deux jambes. Peut-être que je ne suis pas bonne, finalement. Pourquoi on ne me fait pas confiance, pourquoi je n'ai pas eu l'entrevue ? Au bout de deux ans, tu te dis : « Je suis peut-être la grosse pas bonne. » C'était la désillusion, je pensais que je ne valais plus rien. Peut-être que j'avais un ego large comme ça, qui était en train de dégonfler.
- J'ai eu trente ans cette année-là, j'ai commencé à faire des bilans. Plus jeune, je m'étais imaginé réussir. Et là, je me retrouvais toujours monteur pour la télévision ; ça ne faisait plus de sens. Ce sens-là, avant ma dépression, je le trouvais ou je le cherchais dans le travail, justement, dans l'accomplissement professionnel, comme beaucoup de jeunes de mon âge. Le fait de ne pas arriver où je voulais, c'est ça qui m'a rendu malheureux ultimement. Ça s'est effondré à un moment donné.
- J'ai surestimé mes forces. Parce que je me suis toujours pensée forte, *wonder woman.*
- À ce moment-là, j'étais en première année d'université et le rythme en faculté était tellement soutenu que ça m'arrivait souvent de pleurer, mais je ne savais pas pourquoi. Je continuais ma routine, j'avais tellement d'obligations, j'étais tellement occupée que je ne me suis pas relâchée à ce moment-là. Et finalement, un an et demi plus tard, quand je suis passée dans une autre université où la structure était beaucoup plus souple, là j'ai commencé vraiment à sortir tout ce qui n'allait pas bien.
- J'ai toujours pris la responsabilité de tout. En culpabilisant : si je n'y

arrivais pas, c'est que c'est moi qui étais fautive. La peur de ne pas y arriver, le sentiment perpétuel de culpabilité à la moindre erreur… Parce qu'autrefois j'étais simplement superviseur, je vivais bien avec le stress généré par ce genre de travail. Mais quand je suis arrivée ici, j'ai changé de poste, et de salaire aussi. Et là, je me suis mise à faire de l'angoisse, à me dire : « Je ne peux pas y arriver, je n'y arriverai pas. Quelle idée ils ont eue de m'engager, dans le fond, je suis nulle, je ne suis pas bonne. » Plus ça allait, plus je faisais de l'insomnie. J'avais des problèmes de concentration, je n'avais plus aucun plaisir dans la vie, je ne pensais qu'à ça. Les chiffres tournaient dans ma tête constamment…, je calculais sans arrêt. En allant travailler, je me disais : « Si je peux juste me faire frapper, je ne serai pas obligée de rentrer au travail. » C'était assez lourd.

Si les problèmes, conflits et insatisfactions au travail sont sans aucun doute éprouvants, que dire alors de la perte, parfois brutale et inattendue, de l'emploi ? L'usage courant de l'euphémisme « abolition de poste », entre autres, tente d'atténuer l'impact symbolique sur le moral de la personne concernée. Mais un congédiement peut, dans certains cas, « démolir » l'individu ou contribuer à le faire si d'autres difficultés (relationnelles, de santé, etc.) préparent déjà, de manière souterraine, l'épreuve dépressive, ou encore si le hasard les synchronisent.

• Il y a trois ans, mon poste a été aboli. Du jour au lendemain, je me suis retrouvé sans emploi. On m'a annoncé, à trois heures et quart : « Ton poste est aboli et c'est effectif à partir de maintenant, merci, bonjour. » Ça a été le choc de ma vie. La perte d'un emploi, ce n'est pas rien, c'est un deuil ; un deuil que je n'ai pas vécu parce que je ne me permettais pas de vivre, parce que, pour moi, c'était important de justement travailler fort, me chercher un emploi, d'organiser la maison, de prendre soin des enfants. Ç'a affecté ma confiance en moi, mon estime de moi, et j'avais vraiment, mais vraiment, l'impression que tout ce que je faisais ou touchais, c'était pas correct. Que j'étais à côté des mandats, à côté des objectifs, que ce n'était pas bon.

• Les symptômes étaient là depuis très longtemps. Ils étaient un peu larvés, ils se manifestaient par de la tristesse, par de l'anxiété, par une difficulté émotive à affronter certaines situations. Et à un moment donné, je perds mon emploi, j'ai une peine d'amour, et tout s'écroule.

• J'étais content de trouver un bon emploi avec une sécurité salariale, dans une bonne grosse compagnie québécoise. On y est bien traités, je touchais le plus gros salaire que j'aie jamais eu, c'était agréable. Je travaillais douze à quatorze heures par jour parce qu'on avait un gros projet. Ma femme a perdu son emploi, mais le projet a continué. Une fois que ç'a été fini, j'ai aussi perdu mon emploi. C'est là que tout s'est mis à débouler.

• J'installais des bureaux modulaires, c'était dans les 120 heures par semaine, facile. Je dormais trois ou quatre heures par jour, c'était très difficile sur le corps. Je voulais faire ça jusqu'à l'âge de trente-cinq ans, puis prendre ma retraite, parce que c'était très payant, et ça, dès le départ, c'était l'entente avec ma conjointe. Malheureusement, après quatre ou cinq ans, elle trouvait le temps long ; ça ne fonctionnait plus. Du jour au lendemain, elle a décidé qu'elle partait, il n'y a eu aucune discussion, rien du tout. Ç'a donné un coup d'arrêt ; du jour au lendemain, plus d'emploi, plus rien.

Si le rapport au travail (surcharge de travail, travail sans qualité, manque de travail, problèmes de performance, manque de reconnaissance, tensions dues à l'organisation du travail, conflits au travail, etc.) a une telle importance au moment d'expliquer et de s'expliquer les raisons qui ont conduit à la dépression, la prévalence deux fois plus élevée de la dépression chez les femmes devient moins énigmatique. N'est-il pas vrai que les femmes occupent en général des emplois moins intéressants, moins bien payés, avec moins de pouvoir et de moindres responsabilités, et continuent à s'occuper plus que les hommes des tâches domestiques, du soin des enfants et des parents âgés ? Une combinaison explosive demeure la convergence de problèmes liés au travail (congédiement, surcharge, tension, conflits, insatisfaction, etc.) et de problèmes familiaux liés à l'énergie consacrée aux soins des enfants, notamment en bas âge, ou aux parents âgés qui ont des problèmes de santé. On sait que les individus qui portent le noble titre d'« aidants naturels » sont très fréquemment des femmes. On sait aussi, mais on le dit moins souvent, que l'« aide naturelle » est un vrai travail, même s'il n'est pas rémunéré, qui s'ajoute à la charge d'un salarié. Il n'est pas étonnant que les recherches confirment systématiquement la « règle » épidémiologique de deux femmes pour chaque homme déprimé dans les sociétés occidentales contemporaines. L'épreuve dépressive est sans doute l'un des révélateurs non seulement des inégalités dans la conciliation travail-famille, mais aussi du partage inéquitable du « double travail » (à l'extérieur et à la maison) entre les hommes et les femmes.

• J'étais pigiste. J'avais deux enfants qui étaient malades dans ce temps-là. Pendant quatre, cinq, six ans, on n'a pas dormi. Ma copine est tombée en genre de crise hypocondriaque. Puis moi, bien après, ç'a sorti comme ça. La pression est sortie de cette manière-là.
• L'élément déclencheur, ç'a été la maladie de mon père. Moi, je suis en affaires, je fais l'acquisition de ce qu'on appelle un bloc d'affaires, j'augmente ma clientèle de 170 personnes du jour au lendemain. C'est la vie de tous les jours, ma vie professionnelle et ma vie personnelle, familiale, qui se conjuguent. Ça se passe le matin, surtout, quand je me réveille, j'ai une espèce de sentiment d'étouffement, de panique.
• Je ne sais pas si le grand déclencheur a été une chose en particulier. Mais les enfants, pour moi… Ça a été lourd avoir des enfants, j'ai trouvé ça très lourd, ça me demandait beaucoup d'énergie. Je me trouvais presque comme un robot : tu te lèves, tu fais les lunchs, tu vas travailler, tu prépares le souper, jour après jour. Au bureau, j'avais de la misère à me concentrer, ce qui était nouveau. J'avais de la difficulté, je n'avais pas de *fun*. J'arrivais plus tard et j'essayais de partir plus tôt.

Si l'on évoque souvent le changement d'emploi, de logement, de quartier comme source de stress, les difficultés qui peuvent découler de la transition des études au travail, au « vrai » commencement de la « vie active » dans un « vrai travail », constituent un changement majeur qui incarne l'un des rituels modernes du passage à la vie adulte. Parfois, de manière générale, il s'agit de cette période charnière où l'on ressent, ou encore l'on se fait dire, que le moment est venu « de faire quelque chose de sa vie ». Ces difficultés qui appartiennent à une conjoncture particulière de la vie, à un rite de passage, peuvent prendre des formes diverses qui sont présentées soit comme le déclencheur de l'épreuve à venir, soit comme un élément qui accélère un processus qui se préparait depuis longtemps.

• Le dernier épisode dépressif, c'était il y a trois ans, quand j'ai fini mon bac et que j'ai commencé à travailler. Il s'est passé plein de choses, le fait de commencer à travailler, tout ça… Je me retrouvais encore dans une autre transition. J'ai vraiment déboulé assez vite — j'ai de la difficulté avec les périodes de transition. Ça va éveiller quelque chose en moi, mais quelque chose qui était déjà là. Ça me donne un genre de porte de sortie, une excuse, si on peut dire.
• On dirait que c'était une accumulation depuis plusieurs années. J'étais un peu stressé, désillusionné par rapport à la transition travail-études, ça jouait beaucoup. Tout ce qui s'était passé dans les dix dernières années, ça a vraiment été une accumulation. J'avais des dettes d'études, je n'avais pas de travail, je n'étais vraiment pas motivé avec ma personne, j'étais à la recherche d'un appartement, ça ne fonctionnait pas trop. Tout ça accumulé, ça m'a amené dans un état de stress majeur et j'ai vraiment pensé à des idées plus profondes de suicide.
• Ça ne m'est pas arrivé subitement comme ça. C'est un processus très long et très lent. C'est là depuis tellement longtemps que ça fait partie de ta vie. Je vais avoir trente-cinq ans dans un mois, et c'est arrivé peut-être à la fin de la vingtaine. Ça doit correspondre à un moment où tu te dis : « Il faut que je fasse quelque chose de ma vie. »

• Je débutais dans un emploi dans un collège public et j'ai commencé à sentir des symptômes de stress. C'était au tout début. Difficile de dire si c'était vraiment l'emploi comme tel qui causait ça. Il y avait eu plusieurs changements juste avant. Il y avait eu un déménagement, une rupture amoureuse, un congédiement, et puis, enfin, le début d'un emploi stressant. J'étais comme une éponge, j'absorbais tout. Cet emploi-là, je l'ai quitté, j'ai donné ma démission parce que l'échelle de stress était très élevée.

Dans d'autres cas, c'est le concours inhabituel de circonstances malheureuses échelonnées, rapprochées ou concordantes qui fait irruption dans la trajectoire de vie des individus et les confronte impitoyablement à leurs limites. Quand ça va mal…

• Je pense qu'il y a une accumulation, j'avais décidé de quitter mon conjoint, j'étais tombée malade, j'avais entrepris une maîtrise. En plus du travail… J'imagine que j'avais aussi une fatigue. Et puis, dans la même période, j'étais très proche d'une collègue, qui a eu un cancer et qui est morte en six mois. Il s'est passé plein de choses en même temps qui ont fait que ça a fini par sauter, je pense.
• Je dirais que c'est un ensemble de choses. J'avais vécu deux relations avant ça où il y avait de la violence psychologique. Mes troubles d'insomnie, aussi, et mon père hospitalisé juste au moment où je suis tombée en dépression. Et en plus, au travail, ça n'allait pas bien. J'étais dans un milieu où on me demandait de faire des choses qui allaient complètement contre ma morale personnelle.
• J'avais vécu trois bons événements, si tu veux, j'ai vécu une séparation, mon père est décédé deux mois plus tard et mon employeur me réclamait 5 000 $. C'est ce qui a déclenché la dépression.
• Sur cinq ans, il y a eu mon divorce, et j'ai connu une faillite personnelle. En soi, des éléments qu'on dirait assez banals. Mais comment, moi, je les ai vécus, c'est une autre histoire. Aussi, ma mère est tombée très malade, elle a eu la maladie d'Alzheimer ; ça, je l'ai très mal vécu.

La société dépressogène

On a souvent signalé la difficulté, dans les sociétés d'individualisme de masse, à parvenir à une articulation convaincante des problèmes, conflits, tensions et histoires personnelles avec les processus sociétaux et historiques plus larges. Cette articulation pourrait permettre de réfléchir et de mettre sur pied des solutions collectives à des problèmes collectifs. Ce besoin semble d'autant plus patent dans le cas de figure de l'épreuve dépressive dont la haute prévalence met en évidence les dimensions sociales fortes qui amènent des individus très différents à vivre des expériences très similaires. On a vu que les liens entre certaines des exigences du monde du travail et les symptômes dépressifs mettent en cause la conception purement médicale des troubles qui caractérisent la nervosité sociale contemporaine, tels que la dépression ou l'anxiété. Lorsqu'on formule les tensions insupportables du travail depuis le ventre de l'épreuve, n'est-ce pas un début de réflexion sociale qui va au-delà de ce qu'on éprouve de manière singulière ?

Toutefois, il est peu fréquent que les individus déprimés établissent explicitement des liens précis entre la diffusion extraordinaire de la dépression et les caractéristiques générales des sociétés contemporaines. Dans certains cas, l'argumentaire « social » invoqué pour expliquer le phénomène de la dépression rappelle les explications antipsychiatriques classiques qui désignaient des processus sociaux et des institutions comme les responsables de la multiplication de certaines pathologies mentales[1]. À une exception près, qui est capitale : on ne prête à la famille aucun rôle significatif dans la genèse de la dépression contemporaine, comme c'était le cas pour la schizophrénie, notamment en raison du rôle de la mère selon l'antipsychiatrie des

1. Comme l'explication de David Cooper (1970), par exemple, de ce que l'on croyait être une extraordinaire diffusion de la schizophrénie dans les années 1960 en Occident.

années 1960 et 1970. L'individu déprimé et la société « dépressogène » qui est censée le produire sont connectés et confrontés sans médiation institutionnelle apparente autre que la sphère du travail (extérieure et domestique-familiale), pour le meilleur et pour le pire. La société « recrache » ce qu'elle ne peut avaler et l'individu « se débranche » par syndrome interposé de ce qu'il ne peut plus supporter.

- On est surproductif pour rien. Tout ça fait qu'on est une « gang » de surmenés, je pense. On se vide de notre essence en tant qu'humains. Je pense que la dépression, c'est une réponse saine à une société malsaine. Si on vivait plus en harmonie avec la nature, peut-être pas nécessairement complètement zen et complètement « grano », écolo, mais un peu plus près de la nature, et un peu plus loin du concept capitaliste… Il y aurait moins de dépression dans la société, moins d'anxiété, moins d'insomnie, moins de schizophrénie.
- Je pense que la dépression, c'est un mal occidental, que tomber en dépression, c'est un rejet fort de la société. C'est comme dire « je ne participe plus à vos affaires de merde », c'est vraiment se mettre en retrait. Je pense que de tomber malade comme ça, de se mettre en retrait, de réfléchir, ça permet, quand on a la chance d'en réchapper, de revenir différemment, peut-être d'envisager autre chose que d'être un pion et de se laisser mener comme ça. Je savais que si je continuais comme ça, je frapperais un mur pire encore. En fait je trouve ça plutôt sage, d'être tombé en dépression.
- C'est une maladie, mais qui est plus présente dans nos sociétés, en Occident, je pense. On ne voit pas trop ça dans le tiers-monde. C'est pour ça que c'est difficile de qualifier ça de maladie.
- D'abord, pour les gens, c'est moins un tabou, donc ils s'expriment plus. Ils disent qu'ils ont quelque chose, qu'ils ont un problème. Et ensuite, peut-être qu'il y a des facteurs d'environnement. Aujourd'hui, le stress, la pression au travail, et aussi toutes ces opportunités : tu peux faire tellement de choses, il y a des stimuli qui arrivent de partout, dans la publicité à la télévision tu vois quelque chose et tu te

dis : « Je pourrais faire ça, moi aussi. » Tu gères plusieurs choses qui ont l'air banales, mais c'est des stimuli de plus que ton cerveau doit apprendre à traiter ; peut-être que ça engendre un surmenage chez certaines personnes, je ne sais pas.

D'autres lectures sociales du phénomène de la dépression rappellent la perspective du Nouvel Âge qui, hier comme aujourd'hui, semble toujours s'approcher sans jamais arriver[2]. Les thèmes de l'émergence d'une nouvelle conscience de soi, d'une nouvelle « manière d'être » ou de la possibilité inattendue d'acquérir une meilleure connaissance de soi rappellent certains aspects des contestations humanistes, existentialistes et nouvel âge des années 1960 et 1970. Si l'on admet en général que c'est la société qu'il faut changer, ce n'est pas par la société qu'il convient de commencer, mais par soi-même.

• La dépression, c'est le début de nouvelles façons de me percevoir. Je pense que dans dix ans, ça va être quelque chose qui va me sembler juste le point de départ d'une nouvelle vie, d'une nouvelle perception de ce que devrait être ma vie. Je reste consciente que cette maladie-là, elle a été causée par des choses qui sont encore à l'intérieur de moi. J'ai la plus belle maladie qui peut exister sur la terre, moi. Ça t'oblige à te connaître. Ça t'oblige à reconnaître tes limites, à penser à toi d'abord. Parce qu'il n'y a personne qui peut m'aider, à part moi. Jusqu'à un certain point, c'est une bénédiction dans le sens où ça m'a permis de m'arrêter à temps parce que Dieu sait jusqu'où mon esprit, ma tête et mon corps auraient pu se rendre si je n'avais pas eu ce diagnostic.
• Je pense que la dépression fait qu'on s'enlève de la pression en entrant dans un mode de non-fonctionnement. C'est vraiment un temps d'arrêt pour chaque personne, pour se regarder et faire le point

2. Voir « L'aggiornamento de l'humanisme thérapeutique », dans Otero 2003.

au niveau personnel, pour vivre vraiment des choses qu'on ne s'est jamais permis de vivre. Souvent, c'est difficile, c'est douloureux. Mais c'est tellement bon une fois que c'est passé : on voit la vie d'une autre façon et on n'a plus à retourner là une fois que c'est réglé.
• Je trouve que le problème de la société, c'est qu'on dirait que quelqu'un qui se remet en question doit prendre immédiatement des antidépresseurs. C'est pas correct de se remettre en question ?

Si la société contemporaine d'individualisme de masse semble être essentiellement et directement une société du travail, comment faire pour exister en tant qu'individu en dehors de cet univers hautement valorisé qui seul donne droit à l'existence sociale ? Est-ce possible ? Faut-il penser à de nouvelles utopies ? Y a-t-il un en dehors du monde du travail ? Un lieu où il est possible de « ne pas fonctionner » ?

• Il n'y a pas de place pour ne pas fonctionner. Le milieu du travail et la société ne sont vraiment pas faits pour qu'on n'aille pas bien. C'est un tabou, aussi.
• Le travail, dans notre société, on dirait que c'est notre identité : tu n'as plus de travail, tu n'as plus d'identité. C'est la maudite question : « Et toi, qu'est-ce que tu fais dans la vie ? » On ne te demande même pas ton nom. Donc, quand tu n'as pas de travail... Pour moi, ce qui est important, est-ce que c'est de travailler ? Pas du tout. Je le vois qu'il y a quelque chose qui ne va pas. Mais comment tu fais, pour guérir des valeurs ? La vie, c'est autre chose qu'un travail.
• Dans notre société, on valorise beaucoup la profession. C'est terrible. Ça en devient presque du lavage de cerveau. Quand tu n'as plus de travail, tu te sens n'être rien. Et ça peut même aller jusqu'à des pensées suicidaires. Tu te dis : « Je n'ai pas de travail, je suis mieux de ne plus être là, de ne plus exister. » Un instant ! C'est la société de pression, de performance. C'est cette pression sociale.
• Dans le fond, la vie, aujourd'hui, c'est du travail.
• On vit dans une société où les employeurs sont très exigeants, où la

société est très exigeante. La société, c'est uniquement la performance ; je trouve qu'on vit dans une société qui n'a pas de compassion. Moi, ça fait trente ans que je suis sur le marché du travail, et je n'ai jamais vu ça.

La crise morale, le piège de la consommation compulsive, le déclin général de la société, les effets corrosifs du stress, la perte globale de repères et la nostalgie des bonnes vieilles valeurs perdues sont également évoquées. « Tout fout le camp. »

- On s'en va à la dérive. Je trouve que, de plus en plus, les valeurs foutent le camp. Quand tu regardes la télé, c'est décourageant.
- Je me considérais plutôt comme une personne mélancolique, nostalgique, pas déprimée. Pour moi, c'était du réalisme, parce que je voyais bien qu'autour de nous, dans la société, c'est noir, ça ne va pas bien.
- La dépression, c'est de plus en plus fréquent, c'est la maladie du siècle. Pourquoi, tu penses ? Le stress. Courir après tout, avoir toujours plus d'argent.
- Les gens ne sont pas prêts à mener ces vies et ils se sentent coincés parce qu'ils ont acheté une maison et qu'il faut payer l'hypothèque et les deux autos, parce qu'ils vivent en banlieue. Je pense que ce sentiment d'être coincé, ce n'est pas très bon pour la santé mentale.
- C'est la société qui est dans le monde dépressif. C'est ça l'impact. C'est que ça va trop vite, qu'il y a trop de stress et pas assez de nature. L'humain n'est pas fait pour vivre dans l'asphalte, le béton.

L'énigme de la vulnérabilité : gènes, psychisme, cerveau

Malgré la société d'individualisme de masse, les personnes dépressives ne perdent pas complément de vue les enjeux sociétaux qui dépassent leurs expériences individuelles de difficultés. Toutefois, une vieille question concernant les névroses et les névrosés se pose encore pour les dépressions et les déprimés : pourquoi les aléas, les tensions et les difficultés de la vie courante, aussi intenses, graves et variées soient-ils, sont-ils plus difficiles à vivre pour certaines personnes que pour d'autres ? Pourquoi l'insupportable succession de beaux jours ne l'est-elle que pour certaines personnes ? Les « disharmonies quantitatives » dont Freud se servait pour expliquer que certains individus deviennent névrosés tandis que d'autres font preuve de résilience se nomment aujourd'hui sans trop d'originalité prédispositions, vulnérabilités ou fragilités, soient-elles acquises ou héritées. Souvent, les questions d'antécédents familiaux (génétiques), de contexte de vie familial (dysfonctionnel) ou, plus globalement, de « bagage familial » (génétique et relationnel) sont évoquées pour mieux expliquer les raisons qui poussent la dépression à « tomber » sur tel individu plutôt que sur un autre.

La génétique fournit aujourd'hui des explications sur mesure à tout comportement, conforme ou non conforme, biologique ou psychologique, individuel ou collectif. La dépression n'est pas une exception. Selon la prestigieuse revue *Science*, un gène pourrait expliquer la différence entre deux individus en ce qui concerne leur capacité de surmonter tant une expérience clairement négative (deuil, chômage, etc.) que la lancinante suite goethéenne de jours pareils. Il existe au moins deux formes du gène 5-HTT, qui aide à réguler la sérotonine. Les adultes qui possèdent la « forme courte » du gène sont plus susceptibles de sombrer dans la dépression après avoir vécu des expériences difficiles ou encore font preuve d'une sensibilité plus grande au stress que les individus porteurs de la « forme longue[3] ». De nombreux travaux de psychiatrie moléculaire vont dans cette direction depuis 2000, et l'hypothèse de la « longueur » génétique est difficile à contourner.

---

3. Caspi *et al.* 2003.

• C'est génétique, parce que mon père faisait des dépressions et ma mère aussi.
• Pourquoi ça tombe sur moi ? Ma marraine m'a dit qu'elle avait lu le rapport d'un médecin qui disait que c'était un gène de famille. Elle était prête à me le montrer si je voulais le lire.
• J'ai bien l'impression que c'est génétique. Mais vous savez ça, que même si c'est génétique, s'il n'y a pas d'éléments déclencheurs dans votre vie, ça se peut que vous ne développiez jamais la maladie.
• Il y a eu des gens déprimés dans ma famille, ça fait partie un peu de la génétique, ça fonctionne génétiquement. J'ai des enfants, et il faut que je m'attende à ce que ça puisse arriver. Ça peut ne pas arriver non plus, mais les probabilités sont quand même là. Ça, je me suis beaucoup renseigné par la suite là-dessus.
• Dans ma famille, ma mère a fait des dépressions. Et toutes ses sœurs font des dépressions depuis plusieurs années. Une de mes tantes est régulièrement sur les électrochocs. Je sais qu'il y a quelque chose de génétique dans la dépression qui vient du côté de ma mère. Peut-être que c'est à cause de ce côté génétique que je suis prédisposée à ça. Si prendre des antidépresseurs à long terme, ça peut m'empêcher de retomber là-dedans à cause de mon bagage génétique, ça ne me dérange pas d'en prendre.

Parfois, on étale un arbre généalogique riche et baroque comme l'explication sans appel de ce qui arrive dans sa propre vie. L'histoire familiale est une épée de Damoclès. Mais quand tombera-t-elle, et sous quelle forme ? Un fatalisme aussi certain qu'imprécis rappelle les arguments organicistes de la dégénérescence du XIXe siècle sur la maladie mentale, la criminalité, l'alcoolisme et le suicide. Mais ce fatalisme offre également une mince consolation, allégeant la « responsabilité » personnelle que le déprimé peut devoir attribuer à sa situation.

• Dans ma famille, ma mère a des troubles anxieux. Ma grand-mère paternelle a déjà fait une dépression. Une sœur de mon père a fait une dépression. Du côté de ma mère, tout le monde était alcoolique. Une sœur de ma mère a un trouble obsessif compulsif. J'ai un frère qui a fait de la somatisation assez importante qui était reliée à des troubles anxieux, probablement.

- J'ai trois oncles qui se sont suicidés. J'ai un frère qui s'est suicidé. Et j'ai une sœur qui est sous antidépresseurs. Il y avait aussi un grand oncle du côté paternel qui était un peu déséquilibré, et qui devait avoir des problèmes de dépression.
- Dans ma famille, il y a de la maladie mentale. J'ai une sœur qui est bipolaire. Elle a fait une dépression post-partum majeure avec dépersonnalisation, et tout. Ma mère a fait des dépressions quand j'étais enfant. J'ai une grand-mère qui est morte à l'asile. J'ai un oncle qui s'est suicidé.
- Dans ma famille, je me suis rendu compte qu'ils sont tous dépressifs. Du côté de mon père, il y a beaucoup de problèmes de santé mentale. Sa sœur s'est suicidée. Il avait un frère qui est allé à Pinel, il avait été diagnostiqué *borderline* parce qu'il avait assassiné une fille dans une librairie, pour rien. J'ai un oncle qui était bipolaire et qui s'est suicidé quand il a lâché son lithium. J'ai une tante qui était schizophrène, mais elle n'était pas vraiment diagnostiquée. J'ai une tante qui a fait une dépression majeure, et qui en fait une présentement. J'ai un autre oncle qui est tout le temps en manie. Et puis, mon père a des troubles neurologiques, il a un Alzheimer mélangé avec le Parkinson. Le fils de mon oncle s'est suicidé parce qu'il était maniaco dépressif et schizophrène. Mon cousin, son fils, il a fait une dépression, lui aussi. J'en oublie ? J'ai une belle famille.
- Mes sœurs étaient toutes passées par la dépression. Mais ma mère, c'est une personne très anxieuse, énormément, elle avait peur de tout. Il y avait une histoire familiale assez présente à ce niveau-là.

Toujours en ce qui concerne la famille, à quelques occasions seulement, l'explication est moins centrée sur la « charge » génétique psychopathologique que sur le contexte « dysfonctionnel ». Le contexte familial dysfonctionnel « classique », où les dépendances, les maltraitances et les abus font partie du quotidien, n'est pas mentionné très souvent lorsqu'il s'agit d'expliquer l'épreuve dépressive, mais il existe.

> • Je viens d'une famille qu'on appelle dysfonctionnelle. Un père alcoolique et violent. Six enfants. Mon plus grand frère, c'est celui qui a été le martyr dans la famille, si on peut dire. Disons que c'est sur lui que mon père tombait dessus. Ce frère-là, je l'ai perdu à l'âge de vingt ans. Ma mère a été beaucoup psychiatrisée dans sa vie, elle est toujours hospitalisée. Elle a fait des psychoses à la maison quand on était petits.
> • Je suis un enfant qui n'est pas voulu, ni par son père ni par sa mère. Ni l'un ni l'autre. J'ai vécu des moments de violence physique de la part des deux.
> • Déjà, il y a mon père alcoolique. Tous mes cousins-cousines ont eu des problèmes de drogue. Mon père est maniaco-dépressif. Ça m'a comme calmée de voir que je ne suis pas la seule ! Je me culpabilisais en me disant, c'est ma faute, j'ai pris de la dope et je me suis « fuckée ». Mais même si je n'en avais pas pris, de dope, ça serait arrivé, parce que c'est des émotions refoulées depuis mon enfance que j'ai écartées. Plein de choses que je n'avais jamais dites à mes parents et qui m'avaient vraiment marquée, traumatisée.

Il y a une autre sorte d'héritage, plus contemporain, moins connu et étudié, et peut-être moins dramatique du point de vue du récit, que l'on porte comme une ombre : l'héritage du « stress » appris, transmis, reconduit.

> • Je viens d'une famille qu'on pourrait dire dysfonctionnelle. De parents qui avaient eux-mêmes des difficultés, des problèmes surtout d'anxiété qu'ils n'ont jamais pensé pouvoir atténuer et qu'ils ont transmis à leurs enfants. J'ai vécu dans un milieu où il y avait beaucoup de violence verbale et psychologique. Tout ça, ça vient d'une

anxiété très forte qui était vécue dans toute la cellule familiale, tout le temps. Le sentiment de ne pas être bien, ça se transmet de génération en génération, ça aussi.
• Un gros refoulement de mon passé avec mes parents, de mon éducation. En un mot, mon père : anxieux. En un mot, ma mère : inquiète. Ça n'aide pas d'avoir deux parents super stressés.
• Mes parents ont vécu beaucoup de stress. Ma mère est présentement en arrêt de travail. Elle voit un psychologue. Mon père a décroché de la vie dans les quinze dernières années. Mon frère est diagnostiqué schizophrène. Il y a eu beaucoup de stress familial.

Peut-on être psychologiquement fragile, faible, vulnérable et, de ce fait, davantage « prédisposé » à la dépression ? Certains, une minorité, en font la principale explication de leur dépression.

• Je suis très fragile, quelqu'un de sensible, d'hypersensible. Je peux être facilement chambardé, déséquilibré et un peu désillusionné.
• J'étais déjà fragilisée au niveau des sentiments. Donc, j'ai refait une dépression.
• C'est à cause des nerfs, mon système nerveux est fragile. J'ai fait des dépressions. Ça veut dire que je ne suis pas faite en roc. J'en suis consciente, je suis anxieuse de nature. Je peux m'énerver facilement, je suis très sensible, alors je ne veux pas me mettre dans des situations stressantes. Je ne peux pas avoir un job prestigieux mais stressant. Je ne peux pas, je n'en suis pas capable
• Moi, je suis faible, je suis un faible. Je ne suis pas fort de la tête !
• Je pense que les dépressions, ça part des émotions ; quand on ne règle pas nos émotions ou notre stress. Ça revient au même, quand on ne s'affirme pas, quand on endure. À un moment donné, ça te revient en pleine face.

Dans certains cas, c'est la tristesse comme trait de caractère constitutif de la personnalité qui marque les individus depuis leur petite enfance. C'est l'une des très rares occasions où l'on évoque le long terme, l'enfance, voire son propre passé.

> • Je me suis amusé un petit peu dans la cour où tous les enfants s'amusaient, mais au fond, il y avait tout le temps une tristesse de petit gars. Pour moi, la vie, c'était comme ça ; au fond, c'est triste.
> • Je pourrais vous dire que j'ai été dépressif toute ma vie. Dès ma jeunesse, mon enfance. J'ai été dépressif toute ma vie, sauf que ma crise dépressive, si vous voulez, c'est dans les derniers deux ans.
> • J'avais une propension à la tristesse épouvantable. C'était même maladif, je dirais. À douze ans, je l'avais dit à mon médecin, j'ai fait une tentative de suicide.
> • J'étais plutôt porté à la tristesse dans ma façon d'être. On trouvait que j'étais quelqu'un qui était très refermé sur lui-même. J'avais tendance à avoir des pensées plutôt tristes, j'avais un côté très mélancolique.

Dans un registre semblable, on évoque à de très rares occasions des conflits psychologiques non réglés, des deuils inachevés, des complexes clairement identifiés, des expériences très traumatisantes et des modèles d'éducation inadéquats comme facteurs qui, en résonance avec d'autres circonstances, prédisposent à la dépression.

> • Il y avait beaucoup de choses que je n'avais pas réglées dans ma vie, il s'était passé beaucoup de choses dans les dernières années, dans mon entourage et dans ma famille. Des deuils qui ne se faisaient pas parce que j'étais trop occupée. J'avais des deuils à faire, du ménage à faire dans ma tête, un peu.
> • Depuis l'âge de seize ans, j'ai eu des épisodes d'abus d'alcool tout en fonctionnant dans mon travail, et tout ça. Mais j'ai toujours compensé avec l'alcool. Je comprends aujourd'hui que l'alcool, dans le fond, je n'aime même pas ça. C'était pour compenser.
> • À sept ans, je me suis fait enlever dans la rue et j'ai été violé par un homme ; ça n'a jamais vraiment été réglé. C'est comme s'il y avait ça

qui me suivait tout le temps. J'avais l'impression vraiment de mourir à l'intérieur. Je ne m'aimais pas, je me jugeais, je me sentais coupable de tout, je me trouvais sale et je n'avais aucune estime de moi-même.
• Il y a peut-être aussi la façon dont j'ai été éduquée qui joue en rôle dans mon manque de confiance. Tu traînes ça, et ton manque de confiance te mine, et puis tu deviens déprimée…

On a déjà évoqué le fait que les références à l'univers du cerveau, des neurones, des neurotransmetteurs, des synapses, des fluides chimiques et électriques sont au rendez-vous lorsqu'on aborde la question des mécanismes de l'action thérapeutique des antidépresseurs. Toutefois, le recours à des explications cérébrales, neuronales, chimiques, électriques et à l'occasion hormonales pour rendre compte de l'apparition de la dépression semble plutôt prudent. Les dérèglements de l'univers neuronal sont considérés plus souvent comme un effet (ou encore comme une cause seconde) et non comme une cause « efficiente » (ou comme cause première). Ce sont les tensions au travail, les charges insupportables de la vie, l'accumulation sourde d'événements disparates mais inéluctablement usants, l'insatisfaction profonde de ce qu'on fait et de ce qu'on est, l'épuisement physique et mental qu'on signale régulièrement comme le moteur de l'épreuve dépressive. Dans certains cas, néanmoins, l'hypothèse fameuse du déséquilibre de l'économie des neurotransmetteurs apparaît sous des formes générales et imprécises.

• Selon moi, les causes de ma dépression, c'est du genre : « D'accord, j'ai un désordre neuromachin. » Ensuite aussi, oui, je travaillais, j'étudiais pour un total de 120 heures par semaine, en plus des tâches ménagères et de la vie sociale.
• Chimiquement et électriquement, il faut qu'il y ait un problème quelque part.
• Il y a quelque chose de biologique, de physiologique qui se passe quelque part.

Ce « quelque part » où « ça se passe » est souvent identifié comme le cerveau, vu comme le lieu privilégié de la gestation chimique ou électrique des « causes secondes » qui déclenchent les symptômes dépressifs, parce qu'il est encombré, désorganisé, brouillé ou sans contrôle.

• Une dépression, c'est un cerveau encombré, un cerveau « pogné ».
• C'est au niveau du cerveau que ça ne fonctionne pas, un désordre neurologique au niveau du cerveau.
• Aujourd'hui, je l'ai compris que c'était en partie aussi une maladie du cerveau.
• On dirait que le cerveau est tout embrouillé.
• C'était vraiment une maladie, parce que c'est comme si n'avais plus de contrôle sur mon cerveau.
• Les neurones, c'est comme quelqu'un qui ne fait pas de l'ordre dans son ordinateur : tu lui demandes un fichier, et deux heures plus tard, il ne l'a pas trouvé.

La sérotonine est encore la vedette des neurotransmetteurs, à peine éclipsée par la dopamine et la noradrénaline depuis l'apparition des inhibiteurs de la recapture de la sérotonine et de la noradrénaline (IRSN), derniers en date des « nouvelles générations » d'antidépresseurs.

• Pour moi, c'était d'abord ça, il me manquait des neurotransmetteurs : c'est ça qui faisait que mon corps ne suivait plus et qu'inévitablement ça me menait à tel ou tel symptôme.
• Il y avait vraiment une connexion qui se ne faisait pas. L'information ne passait plus.
• Ça peut créer ça aussi un débalancement, peut-être de la sérotonine. Parce que j'ai quand même beaucoup modifié mon corps en l'espace de deux ans. Finalement, c'est ça, j'ai un problème de sérotonine.
• La sérotonine est une glande qui passe ici, dans le cerveau. Tu as la

sérotonine et la dopamine. C'est les deux choses qui règlent ton humeur. Moi, la sérotonine, mon cerveau n'en produit pas assez !

• Avec l'âge aussi tu as plus ou moins de sérotonine qui fonctionne. Tu arrêtes d'en produire un peu.

• Je regarde des documentaires aussi, j'apprends plein de choses, j'ai vu qu'on pouvait influencer par la pensée le taux de sérotonine dans le cerveau. Si on a une pensée triste, la sérotonine descend. Si on a une pensée joyeuse, ça remonte. On peut moduler ça nous-mêmes. Il n'y a pas que le médicament qui peut faire ça.

• C'est sûr que j'envisage d'aller sûrement un jour passer des tests plus profonds d'imagerie cérébrale pour voir la cause du problème. Est-ce que c'est vraiment génétique ? Je ne sécrète pas assez de sérotonine ou de noradrénaline ou de n'importe quel neurotransmetteur ? Il y a un récepteur qui n'est pas assez présent chez moi.

Les autres : aide, miroir, stigmate

Le rapport au travail et à la société en tout premier lieu, la génétique et le cerveau, ensuite, et la psyché, loin derrière, tels sont les grands thèmes mobilisés pour comprendre le basculement de l'individu dans la dépression. De plus, l'épreuve dépressive se vit le plus souvent « en solo » : soi-même et son rapport au travail, soi-même et ses problèmes relationnels, soi-même et sa charge génétique. Les autres, c'est-à-dire les réseaux, l'entourage, la famille et les amis, ne jouent la plupart du temps qu'un rôle de second plan, tant au chapitre des explications de l'apparition de l'épisode dépressif qu'au chapitre des stratégies mises en œuvre pour le traverser, le gérer ou le rendre plus supportable. La dépression, sociologiquement parlant, exprime une faille de l'individualité qui est codée par les disciplines du mental pathologique (psychiatrie, psychologie, psychopharmacologie, etc.). Pour sortir de la dépression, il faut « s'en sortir » soi-même, à l'aide de supports techniques et impersonnels, notamment l'antidépresseur et les interventions psychothérapeutiques. Comme on le verra dans le prochain chapitre, on est seul avec experts. On l'a dit à plusieurs reprises, les expressions institutionnalisées telles que « se prendre en main », « s'occuper de soi », « travailler sur soi », « gérer ses émotions », « devenir autonome », « se responsabiliser de sa situation », « prendre en charge ses problèmes » excluent presque systématiquement les autres — à deux exceptions près, bien entendu : les intervenants médicaux (psychiatres et omnipraticiens) et quasi-médicaux (thérapeutes, psychologues, etc.) et, moins fréquemment, les « pairs » déprimés (réseaux d'échange et de discussion sur Internet, groupes d'entraide, etc.).

Le rôle joué pas les « autres », proches ou éloignés, n'est pas, pour l'essentiel, de s'impliquer dans le processus d'intervention, de traitement, de soutien ou d'accompagnement. L'épreuve dépressive est une affaire que l'individu est invité à régler lui-même avec l'aide d'experts et des technologies disponibles, plutôt qu'avec l'aide des proches. Le rôle des « autres » dans le cas de la dépression semble double : 1) déployer un miroir vivant de comportements ordinaires qui place constamment en temps réel l'individu déprimé face à ce qu'il ne peut plus faire ni être ; et 2) incarner ou reconduire, volontairement ou non, des formes concrètes de stigmatisation classiques (la dépression est une maladie mentale) et nouvelles (la dépression reflète la moindre valeur sociale de l'individu qui la subit).

Les préjugés anciens sur la maladie mentale sont loin d'avoir disparu ; ils se sont plutôt enrichis du nouveau contexte normatif. Malgré l'importante prévalence de la dépression et les campagnes visant à diminuer les préjugés à son égard, les gens, la société, les autres nourrissent plusieurs formes de rejet, de malaise et de crainte envers la différence, l'étrangeté ou la déviance attribuée à ses causes « mentales » et au recours aux médicaments psychotropes, lesquels sont perçus comme des médicaments « psychiatriques » bien qu'ils soient devenus de fait des médicamentes de masse. En matière de préjugés, la dépression n'est pas le trouble mental banalisé que l'on pense, même si, comme le dit l'une des personnes déprimées, elle est « la plus petite maladie mentale ».

- C'est dur, la dépression, parce que les gens en maladie mentale, c'est comme si on était mis à part, complètement marginalisés. On nous met des étiquettes de malade.
- Dans une société, souvent, la différence effraie énormément les gens. En santé mentale, il y a beaucoup de craintes, de méfiance, d'inconnu. Beaucoup de gens ont une vision assez sombre de la maladie mentale.
- Ce n'est pas facile, parce qu'on est confronté à tous ces préjugés — il y en a encore beaucoup sur la dépression.
- On dirait que la vision des gens est que je suis d'abord quelqu'un qui prend des médicaments, comme le prototype du malade mental.
- C'est pire qu'un malaise physique. C'est tabou. Si quelqu'un prend des médicaments, c'est un stigmate. Pourtant, il y a tellement de gens qui souffrent de dépression que ça devrait être plus accepté. Ça touche quasiment tout le monde, la dépression, à un moment donné.
- La maladie mentale, c'est encore tellement tabou dans les années 2000. Et la dépression, c'est quand même la plus petite maladie mentale.
- Dans la société, il y a encore toujours une certaine gêne de dire « je suis en dépression ».

À part les préjugés classiques, le manque de compréhension, d'information, le malaise et la maladresse dans l'établissement d'un contact avec une personne déprimée sont les dimensions qui suivent en importance dans les ressorts de la stigmatisation de la dépression et des déprimés.

- Les gens ont tendance à penser que tu es faible parce que tu es en dépression, mais ce n'est pas ça du tout.
- La majorité des gens ne sont pas à l'aise avec la dépression. Ils ne savent pas comment t'aborder, ils n'osent même pas t'appeler pour te

demander comment tu vas, parce qu'ils vont se dire : « Je ne vais pas l'appeler et lui demander comment ça va, il est dépressif ! » Alors que justement, c'est le *fun* quand les gens t'appellent. Quand ils ont su que j'étais dépressif, on aurait dit une maladie honteuse. Je ne suis pas contagieux !

• Les gens sont super mal à l'aise, alors ils arrêtent de poser des questions.

• Il n'y a pas beaucoup de gens qui savent ce que c'est, une dépression ; les gens ne comprennent pas. Et puis, les gens jugent beaucoup. Ils n'ont pas beaucoup de compassion par rapport à la dépression.

Lorsqu'on dit « les gens », on fait souvent allusion au collectif abstrait, lointain et anonyme, mais parfois le réseau de proches envoie les mêmes signaux de rejet et d'incompréhension. Dans ce cas de figure, les réseaux familiaux deviennent un obstacle de plus à gérer plutôt qu'une source de réconfort. En ce qui concerne les parents et les frères et sœurs, ce qui est rapporté, c'est surtout la crainte — et parfois le fait — d'être jugé comme un faible, un incapable ou un paresseux.

• Dans ma famille, je n'en parle même pas, de peur d'être jugée. C'était comme une faiblesse de prendre des antidépresseurs. C'était comme être faible. « Comment se fait-il que tu ne sois pas capable d'en sortir toute seule ? »

• La première réaction, c'est : « Ah, ça va passer ! » La fameuse dépression populaire, un petit blues, un spleen, ce n'est pas grand-chose, quoi, ça va passer, ce n'est pas la fin du monde. Ça arrive à tout le monde. Ça a été la réaction de 80 % de mon entourage. Une autre réaction, ça a été : « Des antidépresseurs, ouch ! T'es folle, toi ! »

• Les gens qui se sont éloignés de moi, c'est mes frères et mes sœurs. C'est ça, la difficulté, c'est la famille qui n'aime pas les gens qui sont en dépression.

• C'est dur pour ceux qui t'entourent aussi, parce qu'ils ne comprennent pas. Ils passent leur temps à dire : « Grouille-toi le cul, vas-y ! »

Ils ne comprennent pas que c'est une maladie. C'est difficile, d'avoir cette pression des autres.

La nouvelle famille, c'est-à-dire les conjoints, surtout masculins, et parfois les enfants, semble avoir, elle aussi, des préjugés semblables, aussi bien à l'endroit de l'épisode dépressif qu'à l'endroit de la médication.

- Mon chum, je ne l'informe pas vraiment de tout ça. Je ne sais pas s'il le sait. En tout cas, pas vis-à-vis des autres, mais vis-à-vis de mon chum, c'est vraiment une faiblesse. Il a vraiment beaucoup de préjugés par rapport à tout ce qui est santé mentale, relation d'aide, etc.
- Mes enfants ne comprennent pas que je sois encore sous antidépresseurs et que je voie encore ma psychologue. Parce qu'ils ne croient pas en la médication. Pour eux, c'est le naturel qui est valable, parce qu'ils sont pro-environnement.
- J'en parlais peu à mon chum, parce qu'il est encore pire que moi côté médication. On n'a pas besoin de ça. On n'est pas des gens malades.
- Mon conjoint n'était pas capable de s'imaginer que ça pouvait être plus qu'un symptôme, que ça pouvait vraiment être physique. Il avait du mal à accepter ça, et moi aussi.

Le cercle des amis et des connaissances n'est pas étranger non plus aux jugements négatifs, au manque d'information, à la maladresse et à l'incompréhension à l'égard des personnes déprimées et de leurs problèmes.

- Les amis qui le savent, on va être dans le métro, et alors c'est : « Tu veux t'asseoir ? » Je suis capable de m'occuper de moi-même. Si j'ai besoin de m'asseoir, je vais le dire. Je suis capable de savoir ce dont j'ai besoin.
- Une de mes amies proches me disait : « T'es sûre que tu prends pas une overdose de médicaments, là ? T'es vraiment folle là, moi je dis

que tu n'en as plus besoin. » Je ne l'ai pas dit à tout le monde, bien évidemment ; le diagnostic, on n'en est pas fière.

• Les gens, à un moment donné, disent que tu es plus agressif, plus stressé, que tu n'es pas vraiment stable émotionnellement. J'ai brisé beaucoup de liens avec mon entourage, avec mes amis, avec des gens que je connaissais.

• Je subis les préjugés des autres face au docteur et aux médicaments. Il y en a qui me disent que je n'en ai pas besoin, que je n'ai pas à prendre ça, que c'est de la *bullshit.* Et moi, je n'ai pas envie de me cacher non plus. J'en ai parlé à des amis, mais mes amis sont contre les pilules ! Dans leur tête, tu te « gèles » aux pilules !

Mais les personnes déprimées font partie, elles aussi, de ces collectifs, réseaux, groupes qu'on signale comme plus ou moins stigmatisants. Lorsque les personnes déprimées font état de leurs propres préjugés envers la dépression, elles associent très majoritairement la dépression à un défaut du caractère somme toute insupportable pour l'individualité contemporaine : la faiblesse, le manque d'initiative et d'effort pour sortir individuellement de leur situation.

• Je n'acceptais pas d'être en dépression. Parce que la dépression, c'est pour les faibles, c'est pour ceux qui se complaisent dans leur état, ceux qui n'ont pas d'ambition.

• Je ne voulais pas le voir parce que, pour moi, la dépression est associée aux faibles, aux gens qui ne se bottent pas le derrière et qui s'apitoient sur leur sort. Alors ça, pour moi, il n'en était pas question : moi, je ne suis pas une personne qui s'apitoie sur son sort, je suis une personne qui avance.

• Ça ne peut pas m'arriver à moi, je suis forte. L'espèce d'image négative de faiblesse qu'on a de la dépression, ça ne pouvait pas m'arriver à moi.

• Pour moi, c'était un signe de faiblesse. C'est comme si j'étais nulle, encore une fois.

• J'avais tendance à un peu m'accuser de l'état dans lequel je me sentais : « C'est peut-être parce que tu ne fais pas d'effort. Il faudrait que tu agisses un peu. Sors-toi de là ! » Il y a des préjugés autour de la dépression ; quand on a 27 ans, on n'est pas censé être en dépression.
• Parfois, tu as l'impression que tu es faible parce que tu es en dépression.

Parfois, c'est un ensemble de préjugés et de réactions plus généraux que le phénomène de la dépression provoque chez les personnes déprimées. On a honte, on se sent coupable, on veut se cacher, on veut cacher « son problème » aux autres. Comme le dit une personne déprimée : « Ce n'est pas quelque chose dont on peut se vanter. »

• J'ai arrêté de travailler pendant à peu près un mois. Finalement, j'ai démissionné, parce que je n'étais pas capable de passer par-dessus. Je ne voulais pas retourner là-bas, j'avais honte.
• Je voulais mourir, je me cherchais une maladie parce que je ne voulais pas que ce soit la dépression.
• Ceux qui souffrent de dépression se sentent coupables, on les fait se sentir coupables, aussi. Je pense qu'au moment où on se libère de la culpabilité, on a déjà fait un gros pas vers la guérison.
• J'ai tout le temps été réservé avec ça. L'étiquette m'a toujours fait peur.
• Au niveau des idéologies qui sont véhiculées, je me sens mal de dire que je prends des antidépresseurs.

Les références ou allusions à l'aide ou au soutien de la famille et des amis au-delà des phrases convenues (« le soutien est important ») sont très peu nombreuses. Lorsqu'on mentionne les proches en relation avec le réconfort, la compréhension, le soutien reçu au cours de l'épreuve dépressive, c'est surtout des conjoints et des amis qu'il s'agit. Les conjoints, notamment, peuvent se montrer tantôt compréhensifs et aidants, tantôt démunis et impuissants.

• Mon chum a été très patient. Il me semble que moi, j'aurais eu de la misère à avoir un conjoint comme ça. Mais lui, c'est un éternel optimiste.

• Mon conjoint m'a soutenue, aussi. Je pense qu'il était fatigué que je sois comme ça. Il m'a encouragée.

• Je parlais souvent de ça à mon conjoint. Parfois je pleurais, je disais : « Je ne sais plus ce que je veux. Aide-moi ! » Il me répondait : « Écoute, je ne suis pas médecin, pas psychologue. Va voir un médecin, tu n'es vraiment pas bien. »

• La plupart du temps, je ne pleurais pas devant mon conjoint. Parce qu'il était complètement dépassé de me voir dépassée. Il s'appuie sur moi, c'est un bon gars, mais ce n'est pas un bavard, ce n'est pas un curieux, ce n'est pas un gars qui a une écoute active, ce n'est pas quelqu'un qui a de l'empathie. C'est pas évident.

Certains amis peuvent être présents pour écouter, donner un coup de main dans les tâches quotidiennes ou tout simplement faire savoir qu'il existe quelqu'un qui est là pour nous quand d'autres amis ne sont plus là.

• Les gens qui m'aident, c'est mes amis, qui m'écoutent quand je les appelle et que je suis en pleurs.

• Une amie faisait tout, elle allait chercher l'épicerie, faisait à manger, me maintenait en vie. Si elle était partie, je me serais laissé aller, au départ. Mais par la force des choses, je serais sorti de l'appartement pour m'acheter de la nourriture.

• Disons que ça nettoie l'entourage. Il y a beaucoup d'amis que tu ne vois plus, c'est fini. Les autres, par contre, ce sont les vrais amis qui restent, qui comprennent, qui ne portent pas un jugement. Ça ne fait pas un mauvais ménage, c'est un bon ménage, finalement.

• Même si certains jours ça ne va vraiment pas bien, je redeviens positive et ça, je sais que c'est à cause de mes chères amies. Mais je sais que ça m'aide beaucoup, alors je ne lâcherai pas.

Les réactions des proches ne sont pas uniformes et leurs opinions sur ce qu'on doit faire pour aider la personne déprimée ne sont pas unanimes. Pour ou contre les antidépresseurs ? Médecin ou psychologue ? Des échanges inconfortables, voire une véritable cacophonie de suggestions contradictoires peuvent rendre les choses encore plus difficiles pour la personne qui a besoin d'être aidée.

- Ma fille m'a dit : « J'aime mieux que tu ne prennes pas de médicaments et que tu fasses quelque chose de moins stressant. » J'étais contente, parce que mes parents mettaient de la pression pour que j'en prenne, des médicaments. Ils ne m'encourageaient pas à être plus autonome. J'avais de la pression de mon médecin, aussi. De mon côté, il y avait mon conjoint qui, lui, m'encourageait à arrêter les médicaments. Un combat.
- On a tout le temps plein de pseudo-médecins qui viennent et qui nous disent « fais ça, tu vas voir ça va t'aider ». Là, ils me disaient : « Va voir un psychologue, ça va t'aider », mais j'ai réalisé que non, ça ne m'aiderait pas tant qu'il me manquait l'autre point dont j'avais besoin, le médicament.
- Ma sœur me l'a dit. Ma mère me l'a dit. J'ai une amie qui me l'a dit aussi. Je me suis quasiment mise en colère ! Enfin, mon conjoint aussi a essayé de me le dire : « Il faut absolument que tu ailles voir ton docteur. »
- J'ai dit à mon amie dépressive : si tu t'aimes assez, prends les moyens de prendre soin de toi. Vois avec ton médecin si ça comprend les antidépresseurs.

Les autres sont là également pour contribuer en quelque sorte au « dépistage » social de ce qui ne va pas chez la personne déprimée, en établissant un premier diagnostic intuitif et informel. Tout le monde — et beaucoup (« les autres ») n'hésitent pas à le dire — semble savoir ce que c'est que d'être en dépression (« souvent, c'est les autres qui me le disaient »), tant celle-ci semble socialisée. Le « je » déprimé est en effet un « autre », pour les « autres ». Il devient ce « pair inversé » que les autres montrent du doigt et évaluent parfois avec l'assurance de celui qui se voit dans un miroir déformant où les lignes de failles de l'individualité contemporaine sont largement connues.

> • Il y a des gens qui te voient et qui disent : « Pour moi tu es en train de faire une dépression. »
> • Je me disais : « Est-ce que je suis en train de faire une dépression ? » Mais en même temps, je me disais : « Mais non, ça ne doit pas être ça. » Souvent, c'est les autres qui me le disaient.
> • N'importe qui pouvait savoir que j'étais sur le bord de la dépression, même les gens au travail s'en étaient rendu compte.
> • Les gens commençaient à me questionner parce que je sortais moins, parce que j'avais changé un peu mon pattern de vie. Donc, tu vois le comportement des autres. C'est une autre chose dont la dynamique change dans ton environnement : ton rapport avec les autres, ton rapport avec toi-même, ton environnement, tes amis, tout le monde.

Le milieu de travail est la scène toute désignée où les premiers signes, voire les dysfonctionnements concrets de l'épreuve dépressive ne peuvent que rarement passer inaperçus. Au travail, on connaît empiriquement la « moyenne à soi » de l'individu, il est en situation permanente de mise à l'épreuve de la performance et, de ce fait, davantage susceptible de subir un « dépistage » en bonne et due forme. Qui n'a jamais entendu parler ou été témoin de la dépression d'un collègue de travail ?

> • Mon équipe de travail s'est rendu compte que j'étais beaucoup moins présent. Alors, ils ont commencé à en parler à la supérieure. On était une équipe performante, et du jour au lendemain tout chute. Alors les gens de mon équipe se disaient : « Je ne suis plus certain que j'ai envie de travailler avec lui, il n'est plus là, il est complètement ailleurs, ce gars là. »

• J'avais un collègue avec qui je jasais un petit peu. Je lui avais expliqué mon cheminement, et tous les déboires qu'on avait eus sur une période de cinq ans. Il m'a dit : « Surveille-toi, d'après moi tu es sujet à un *burnout.* »
• J'avais une collègue qui avait fait une dépression et qui avait pris des antidépresseurs. Bon, derrière une porte de bureau sur deux, les gens ont pris des antidépresseurs. Ce n'est vraiment pas une affaire qu'il est gênant de dire.
• Les gens se rendent compte à un moment donné qu'on descend, qu'on commence à avoir des pertes de mémoire. Quand on avait une mémoire phénoménale et qu'on a des petites absences, les patrons n'acceptent pas ça.

On se compare aux autres qui ont également fait une dépression, ou à ceux et à celles qui n'ont pas subi cette épreuve dans son groupe d'appartenance (« On fait juste se mettre au niveau des autres »). À conditions égales, pourquoi est-ce que certains « tombent en dépression » et d'autres non ? Pourquoi certains s'en sortent-ils mieux que d'autres ? Il n'y a pas de réponse autre que celle des vieilles mais néanmoins efficaces « disharmonies quantitatives » freudiennes. C'est en milieu de travail, dans son groupe d'âge, dans son groupe d'amis, dans sa cohorte universitaire, dans le groupe d'aide de pairs déprimés, qu'on peut le mieux se comparer entre « égaux », tantôt pour se désoler, tantôt pour se consoler.

• Devant d'autres gars de mon âge, aussi, c'est dur d'admettre qu'on est dépressif et tout ça, parce que c'est un signe de faiblesse qu'on n'aime pas montrer.
• Il n'y a personne dans mon entourage qui est dépressif, surtout pas les amis de mon âge. Dans mon cercle social, il n'y a personne qui est dépressif.
• C'est drôle, parce que sur les quatre amis qu'on était à l'université — on était tout le temps ensemble —, il y en eu trois à partir en

dépression. Mais les deux autres n'ont pas pris d'antidépresseurs. Encore aujourd'hui, je pense que je suis probablement celle qui s'en est le mieux sorti.

• Ma remplaçante au travail a commencé à vivre les mêmes choses que moi, je la voyais vivre exactement ce que j'avais vécu. J'étais contente, parce que cette nouvelle collègue était comme un miroir pour moi, ça a été comme un ange qui est apparu sur ma route : grâce à elle, je me suis rendu compte que ce n'était pas moi, la fautive.

• À ma grande surprise, dans le groupe d'entraide, c'est des gens comme moi. J'écoute les gens et j'ai l'impression de m'entendre parler. Tu te demandes presque si on parle de toi. C'est les mêmes symptômes, les mêmes peurs, les mêmes angoisses.

CHAPITRE 6

Seul avec experts

Tout à coup, j'avais aperçu que tout mon entourage que j'avais pris pour compétent parce que je croyais qu'il avait la plus grande expérience n'avait absolument aucune compétence.

THOMAS BERNHARD, *Corrections*

Les mots ont un étrange pouvoir. Entre des mains expertes, manipulés avec adresse, ils vous retiennent prisonnier. S'enroulent autour de vos membres comme une toile d'araignée, et quand vous êtes ensorcelé au point de ne plus pouvoir faire un geste, ils vous transpercent la peau, s'infiltrent dans votre sang, paralysent vos pensées. Au dedans de vous, ils accomplissent leur magie.

DIANE SETTERFIELD, *Le Treizième Conte*

L'épreuve dépressive se vit presque toujours « en solo », en quelque sorte dans un va-et-vient de soi-même à soi-même ponctué de questionnements, de doutes, d'étonnements, de mauvaises surprises, de frustrations, de reproches. Les failles de l'individualité et les stratégies mises en œuvre pour les gérer, les traiter et, si possible, les régler sont une responsabilité exclusivement individuelle dans une société d'individualisme de masse. Les « autres » ne peuvent pas faire grand-chose pour l'individu déprimé, à part déployer, par leurs seuls présence et gestes, de multiples miroirs qui permettent la comparaison et l'évaluation en temps réel de sa « moyenne à soi » revue à la baisse. Autrement dit, l'individu déprimé est confronté à sa singularité sociale ébranlée dans le cadre des différents collectifs où il évoluait jusque-là sans heurts (groupe d'âge, cohorte, milieu du travail, etc.) et dans le cadre de nouveaux collectifs auxquels il pourrait éventuellement se joindre (groupes d'entraide, connaissances d'autres personnes déprimées, etc.).

Les seuls « autres » qui peuvent, et même qui doivent, intervenir sur les failles de l'individualité sont les experts qui évaluent, assistent, orientent et suivent l'individu au cours de l'épreuve et, parfois, au-delà. Le recours à l'intervention, au suivi, voire à l'accompagnement par des experts (essentiellement psychiatres, omnipraticiens ou psychologues) ne comporte que rarement le soupçon honteux de la dépendance qui entache l'image de l'autonomie imaginée de l'individualité idéale. D'une part, les experts sont en principe l'incarnation impersonnelle des technologies d'assistance légitime de l'individualité ordinaire défaillante. D'autre part, ce n'est pas une personne que l'on traite, mais un ensemble de « failles » d'une individualité dont les caractéristiques sont codifiées tant à l'échelle du social que sur le plan des techniques « prêt-à-porter » (chimiques, cognitives, comportementales, etc.) conçues spécifiquement pour les prendre en charge, les traiter, les gérer. La première de ces techniques « prêt-à-porter » est l'incontournable diagnostic, qui transforme la plainte brute de l'individu en trouble mental. Même si les « autres » (amis, famille, collègues de travail, etc.) « savent » souvent les premiers que l'individu est déprimé — et ce savoir profane est social —, seuls les experts peuvent sanctionner officiellement l'épreuve dépressive.

Le diagnostic : être fixé dans le trouble

Le diagnostic prend la forme d'un verdict expéditif, formel et sans appel, même si cette technique, tout comme ce qu'elle tente d'appréhender à l'intérieur de la plainte (le croisement ontologique du

« mental pathologique » et du « social problématique »), est hésitante, instable et approximative. Le diagnostic est une technique de réduction de la complexité brute exprimée par la plainte foisonnante et ambiguë du patient à partir du repérage de certains signes observés par le clinicien, et de certains symptômes rapportés par le patient. L'agencement particulier, voire spécifique, des signes et des symptômes identifiés et retenus par le clinicien lui permet d'émettre l'hypothèse qu'ils forment un ensemble « cliniquement significatif » qui correspond à l'une des constellations de l'univers psychopathologique préalablement répertoriées, expliquées et détaillées par les manuels : les catégories diagnostiques. Poser un diagnostic est un geste foncièrement technique et fortement investi d'une autorité à la fois « médicale » et « scientifique ». Peu importe les ambiguïtés et les incongruités nosographiques de la définition actuelle du trouble mental, et en particulier des troubles de l'humeur, l'impact symbolique d'un diagnostic est énorme et multiforme. Seul un médecin, en l'occurrence psychiatre ou omnipraticien, peut poser un diagnostic et départager de manière officielle la normalité de la pathologie. Seul un médecin peut prescrire un médicament, faire passer des tests biologiques et signer un formulaire d'arrêt de travail.

Au-delà de ses capacités techniques réelles, le prestige et le pouvoir du geste diagnostique sont scientifiquement et socialement reconnus, mais ses effets concrets sur les personnes concernées sont aussi variés qu'ambivalents. Si l'on se place sur le long terme des trajectoires de personnes déprimées, le sceau du diagnostic médical peut légitimer une fragilité réelle ou imaginaire et confirmer les doutes sur ses propres capacités sociales. On l'a vu dans le chapitre 4, l'impact négatif de la dépression sur l'« estime de soi », sur les capacités sociales et sur les perspectives de performance sociale semble présager d'une manière ou d'une autre le début d'un déclassement social. Rarement, donc, un diagnostic de dépression constituera une bonne nouvelle sur le long terme. Sur le court terme, la situation est plus nuancée. Lorsqu'un expert émet un diagnostic formel de dépression majeure, les effets qui en découlent peuvent être ambivalents et même momentanément bénéfiques pour la personne. Ils peuvent en effet mettre fin à une longue et usante incertitude vis-à-vis des symptômes ambigus qu'on ressent. Dans ce cas, on parle de soulagement, voire même de délivrance.

- Je vous dirais que la réaction la plus spontanée, celle qui m'a fait le plus de bien, c'est que j'étais soulagée. Je demandais juste un diagnostic précis, je voulais savoir.
- Je savais qu'il y avait quelque chose, mais, pour moi, le diagnostic, ça a été une délivrance plus qu'une brique en pleine face.

Par ailleurs, on peut établir une distance « officielle » entre soi (volonté, personnalité, etc.) et l'agent « externe » à l'origine de la dépression (maladie, neurochimie débalancée, etc.) auquel on peut faire porter momentanément la responsabilité. Dans ce cas, c'est donc « la faute à la dépression ».

- J'ai été soulagée d'avoir une réponse, de savoir qu'il y avait quelque chose de plus que ma volonté qui pouvait entrer en jeu et qu'il y avait quelque chose qui venait par-dessus ma personnalité pour changer les choses.
- Je n'ai pas à le cacher, je n'ai pas honte, je n'ai pas honte d'être dépressif, surtout que maintenant, je sais comment ça fonctionne. Ce n'est pas de ta faute, c'est chimique.
- J'avais encore besoin que quelqu'un me dise que je faisais une dépression. Mon médecin de famille m'a dit : « Tu fais une dépression, je te confirme que tu es en dépression. » J'étais soulagée. Enfin, une justification à l'arrivée de cette personne que je n'aime pas, avec qui la vie n'était plus drôle : je me chicanais avec les enfants, avec mon chum. Enfin quelque chose de vrai, de tangible. Je suis capable d'expliquer mes écarts de comportement, je fais une dépression.
- J'ai été voir mon médecin et il m'a dit : « Ma chère, tu es en grosse

dépression. » Honnêtement, j'ai été soulagée, je me suis dit : « Je ne suis pas folle. » C'est ça. Je me suis dit : « Je ne suis pas folle, je n'invente pas, j'ai vraiment quelque chose, il y a quelque chose qui ne se fait pas dans mon cerveau, donc je ne suis pas folle, c'est ça. » C'est ça qui me faisait peur.

Lorsque ce sont les symptômes physiques qui prédominent, notamment l'épuisement, ou lorsqu'on est soumis à une situation de stress prolongée, la réaction courante est la surprise : on ne s'attend pas alors à recevoir un diagnostic de dépression. On l'a vu, la dépression contemporaine ne compte pas nécessairement la tristesse parmi ses symptômes cardinaux. Même si, en fin de compte, on peut être soulagé d'avoir enfin mis le « doigt médical » sur ce qui ne va pas, on préférerait recevoir le diagnostic d'une affection purement « somatique » plutôt que d'avoir affaire à unc affection « mentale ». Le mot dépression est lourd de sens, il frappe l'imaginaire lorsqu'il est prononcé, il provoque un choc qui est d'autant plus fort quand les qualificatifs « sévère », « grave » ou « majeure » complètent la formule diagnostique.

• Quand le diagnostic est finalement tombé, j'ai pleuré, mais en même temps, j'étais soulagée. J'étais soulagée de mettre un mot sur ce que j'avais. J'ai appelé mon chum : « Je fais une dépression ! », et alors, il m'a dit : « Je ne comprends pas. Tu es rentrée pour un mal de ventre, et tu ressors avec une dépression. — Écoute, moi non plus, je ne comprends pas. » J'étais très, très surprise, parce que, premièrement, je consultais surtout pour des maux physiques.
• Ça a été tout un choc. Le médecin a écrit « dépression sévère », ça m'a scié les deux jambes. Je ne le crois toujours pas. Je suis en dépression.
• Le médecin m'a dit : « On va changer d'antibiotiques pour ta bronchite, mais tu ne retournes pas au travail. Tu fais une dépression majeure ! » Quand elle m'a dit ça, ça m'a soulagée en même temps,

parce que je me disais : « Enfin quelqu'un qui va me prendre en charge » ; j'en avais besoin. Mais je ne pensais jamais avoir ce diagnostic-là. C'est sûr que quand on entend « dépression majeure », ça c'est très dur à avaler. J'avais plein d'émotions mêlées, des frustrations, la déception de savoir que je faisais une dépression majeure. Mais le réconfort aussi de savoir qu'enfin quelqu'un allait peut-être me libérer de tous ces malaises.

• Je ne m'y attendais pas du tout. Je le sais qu'il y en a pour qui c'est du déni, ils savent qu'ils sont en dépression et ils ne veulent pas se l'avouer. Mais moi, c'est vraiment pas ça. J'étais sûre que c'était physique. Peut-être que ce l'était, que je suis une petite nature : la dépression saisonnière, le fait d'avoir travaillé comme une folle, le corps épuisé, c'est un stress. Le corps épuisé chez quelqu'un d'anxieux, je pense que ça peut donner ce résultat.

• Je ne pensais pas être en dépression. Mais quand le médecin a dit « dépression par épuisement professionnel », j'ai répondu : « Non, je ne suis pas en dépression. Je suis épuisée ! »

• Quand mon médecin a prononcé le mot « dépression », ç'a fait une explosion, comme un blanc dans ma tête, une explosion, tout blanc. Ça m'a fait un choc. Je m'attendais à ce qu'elle me dise : « Tu travailles trop, prends un peu de repos. »

• Je ne m'attendais pas à ce diagnostic. Non, parce que moi, je me disais : « Je suis stressée, je suis stressée, c'est le stress. » Ça, j'étais consciente que j'étais stressée… Quand je repense à tout ça, et que je revois tout ce qui s'est passé auparavant, je me rends compte que oui, dans le fond, c'était ça.

Les diagnostics de dépression sont presque toujours posés au premier rendez-vous et de manière rapide.

• Quand je suis entré dans le cabinet, avec les quelques mots que je lui ai dits, le médecin a vu tout de suite que c'était une dépression.

• Il a vu tout de suite que j'étais juste très déprimé.

• Ce médecin-là a remarqué que je faisais une dépression majeure, tout simplement.
• Ça n'a pas même pris dix minutes.

On pose certes des questions, on a toujours recours à des questionnaires qui s'inspirent des critères diagnostiques canoniques du DSM-IV ou les reproduisent plus ou moins. Tout l'arsenal technique diagnostique porte néanmoins exclusivement sur des signes, des symptômes et des événements du présent ou, tout au plus, de la dernière année. Le passé importe peu ou pas du tout. Le diagnostic de la dépression est en outre un diagnostic tout à fait « clinique ». En effet, il n'y a pas de test biologique pour la dépister, c'est toujours la rencontre médecin-patient qui livre tous les éléments pour établir très rapidement un diagnostic. À l'occasion, on fait un certain nombre de tests sanguins pour écarter d'autres problèmes de santé qui peuvent soit provoquer une dépression « biologique », soit des symptômes semblables. Le mental pathologique ne se lit toujours pas dans le sang, ni même dans les images bariolées, exubérantes et séduisantes du cerveau « actif » qui illustrent de nombreux articles sur la dépression, ce qui parfois déçoit les personnes déprimées elles-mêmes (« je serais vraiment intéressée par des tests physiologiques, j'aimerais ça, savoir ce qui se passe dans mon cerveau »). Même si le pouvoir diagnostique est concentré dans une catégorie socioprofessionnelle spécifique les médecins , le savoir sur la dépression est largement diffusé. La dépression, loin d'être une maladie rare, est une affection largement médiatisée, connue, discutée, répandue. Son statut de maladie, de « vraie » maladie, est parfois mis en doute, voire contesté. Presque tout le monde « sait » quelque chose ou a quelque chose à dire sur la dépression, ce qui est tout à fait naturel puisque la nervosité sociale exprime l'envers de l'individualité qui a cours et qu'en ce sens la dépression est coextensive de ce que nous ne sommes pas et de ce que nous devrions pourtant pouvoir incarner de manière ordinaire.

Dans certains cas, la personne peut chercher un médecin qui, tout simplement, confirme le diagnostic qu'elle a elle-même déjà posé au préalable (« j'ai dit à mon médecin : "Je fais une dépression, je veux être suivie" »). Dans d'autres cas, on parle avec autorité de ses propres dépressions non diagnostiquées par le passé (« j'avais fait une dépression non diagnostiquée et ça m'a pris quatre ans et demi pour m'en sortir »). La personne déprimée est souvent « compétente » dans les termes du savoir médiatisé sur la dépression, avant même de rencontrer le professionnel qui posera officiellement le diagnostic.

• Quand je suis arrivé chez la psychiatre, j'étais déjà pas mal au courant de ma mécanique et de mon système chimique. Tout ce qui manquait à mon savoir, en fait, c'était les catégories de médicaments.
• J'ai commencé à m'informer sur Internet sur la dépression. J'ai bien vu que c'est une maladie comme n'importe quelle autre. Il y a trente ans, tout le monde pensait que l'épilepsie était une maladie honteuse, et finalement ce n'est pas plus honteux que d'être cardiaque.
• Quand je rentre dans le bureau du médecin, je connais le fonctionnement de mon cerveau. Je connais les glandes, les mots appropriés, je connais des médicaments, j'en discute avec lui.
• Je savais que j'étais en grosse dépression. Je m'étais auto-diagnostiqué, et je pensais que j'avais mis le doigt dessus, là, parce que c'était assez évident, pour moi en tout cas.

Ce n'est que dans des rares occasions que les personnes semblent être moins, voire pas du tout au courant des informations disponibles sur les états dépressifs, ce qui redouble leurs craintes concernant leur condition.

• Il n'y a jamais personne qui m'a expliqué ce que c'était vraiment. La sérotonine oui, les humeurs… mais en fait je n'en ai aucune idée. Ça ne doit pas être bien bon, vraiment…
• À ce moment-là, il a posé le diagnostic : vous faites une dépression,

monsieur. Même à l'époque, je savais que la dépression, ça existait, mais qu'est-ce que c'est vraiment ? Qu'est-ce que ça implique ?

• Où est-ce que je me situe, moi, dans la dépression ? Explique-moi ça, c'est quoi une dépression, je suis en train de venir fou ou quoi ?

• Je ne connaissais pas bien la dépression. Ce que j'avais entendu à propos de cette maladie-là… Je trouvais que j'avais des symptômes semblables.

Les omnipraticiens : des généralistes pour un mal général

Les médecins omnipraticiens, surtout les médecins de famille, jouissent d'une meilleure réputation que leurs collègues psychiatres en ce qui a trait à la manière d'approcher leurs patients en consultation. On est conscient que leur expertise est forcément moins pointue que celle des psychiatres dans le domaine des problèmes de santé mentale, mais la dépression étant un mal général et généralisé, elle appelle presque naturellement un « généraliste » qui, à la différence des psychologues, a le pouvoir de prescrire la thérapeutique également générale et généralisée : les antidépresseurs. Rien de plus naturel alors qu'un mal général, un généraliste et un traitement général entrent en résonance sociale, scientifique et thérapeutique. Il existe cependant deux sortes d'omnipraticiens : ceux que l'on rencontre ponctuellement dans une clinique sans rendez-vous et les médecins de famille avec lesquels il existe très souvent une relation thérapeutique personnalisée.

Les cliniques sans rendez-vous fonctionnent avec les contraintes, les caractéristiques et les limites d'un système de santé qui ne dispose pas d'un nombre suffisant de médecins de famille. Mais il n'est pas question seulement de l'organisation particulière des soins de santé ni de la disponibilité des ressources financières et humaines. Les dispositifs des cliniques sans rendez-vous sont aussi en relation fonctionnelle avec 1) les caractéristiques générales de la dépression contemporaine définie comme un épisode soudain s'attaquant directement au

« fonctionnement social », où la connaissance du patient et l'évocation de son histoire semblent peu utiles au diagnostic et à l'assignation du traitement « de choix » ; 2) le rythme de vie contemporain qui exige de pouvoir rencontrer un médecin rapidement afin qu'il accomplisse tout aussi rapidement trois « actes médicaux », parfois dans un seul mouvement : diagnostic, prescription et certificat d'arrêt de travail ; 3) le besoin d'un plus grand anonymat que celui qu'on peut trouver chez un médecin de famille « connu », compte tenu des dimensions stigmatisantes de la dépression qui dévalorisent l'image de soi ; et 4) l'illusion d'autonomie que l'on doit préserver en accentuant les dimensions techniques, formalisées et impersonnelles de l'aide sollicitée et reçue. L'« autre » technique n'est pas vraiment un « autre » humain sur lequel on peut s'appuyer, avec qui on peut établir un lien de confiance et chez qui on peut trouver du réconfort tout en démasquant en toute sécurité ses défaillances, insuffisances et faiblesses. L'« autre » technique est plutôt une « ressource neutre » qui fournit à l'individu les soutiens (médicaments psychotropes, techniques cognitivo-comportementales, régimes de vie, conseils techniques, etc.) dont il a besoin pour retrouver un fonctionnement dans les paramètres solitaires de sa « moyenne à soi ». Le lien de confiance s'établit non pas avec une personne soignante, mais avec l'institution, la science, la médecine.

On peut certes se questionner sur le caractère expéditif du procédé consultation-diagnostic-prescription-traitement qui rend possibles les cliniques sans rendez-vous, mais une personne en dépression a besoin avant tout d'une « réponse » concrète et rapide à sa situation pénible, car les exigences de sa vie courante le demandent. « S'arrêter », que ce soit pour souffrir, vivre un deuil ou encore réfléchir à sa situation pénible, est un privilège qui a toujours un coût que l'on devra payer tôt ou tard dans sa trajectoire sociale. S'arrêter de soi-même est souvent impossible, c'est la dépression qui s'en charge. Selon les circonstances, ce dispositif rapide, discret, minimaliste, contractuel, rodé et impersonnel peut convenir parfaitement à certaines personnes déprimées ou, au contraire, donner lieu à une frustration supplémentaire.

> • J'ai rencontré mon médecin dans une clinique sans rendez-vous. Je lui ai dit ce que j'avais. Il a confirmé et m'a suggéré un antidépresseur.
> • Il a signé un arrêt de travail pour quelques jours, et puis il m'a envoyé faire des tests à l'hôpital. Je lui ai demandé si ça serait bien que je consulte un psychologue ; il a dit oui.
> • Le rendez-vous avec le médecin ? Ça a duré dix minutes à peine. C'est un médecin sans rendez-vous. J'ai attendu longtemps, par contre. Je lui ai expliqué mes problèmes. Ça n'a pas été plus compliqué que ça : « On va commencer par de l'Effexor en 35 mg la première semaine, en 75 mg la deuxième semaine, et tu reviendras me voir. »
> • La consultation s'est limitée à cinq ou dix minutes, peut-être, mais c'est comme ça maintenant. Disons que, dans les cliniques sans rendez-vous, c'est assez expéditif. Pour moi, quelqu'un qui ne prend pas le temps de t'écouter quand tu es malade, ça ne vaut rien.
> • C'est un système, c'est comme un robot ; je ne peux pas faire confiance à une personne qui ne m'écoute pas ou qui n'a pas le temps de m'écouter. C'est pas qu'elle ne veut pas m'écouter, mais elle n'a pas le temps. Les médecins, je pense qu'ils vont vite pour nous prescrire ça parce qu'ils n'ont pas le temps et qu'ils sont rémunérés par l'État, à l'acte et tout ça. C'est beaucoup plus rentable pour eux, mais en même temps je comprends que les ressources sont limitées. Tu vois les salles d'attente avec plein de monde malade, plein de monde qui a des problèmes, il faut que ça roule.

L'approche technique, froide et formalisée ainsi que le parti pris biologique pour les antidépresseurs et l'inexistence de suivi sont critiqués par plusieurs patients des cliniques sans rendez-vous. Les omnipraticiens ne s'intéressent pas au « psychologique », seulement à l'« organique ».

• La médecine, oui, ça aide ; mais pour les médecins, c'est physique. Il y a la psychologie aussi, qui peut guérir, sauf que les médecins ne comprennent pas ça. Ils sont trop rationnels. Ils vont voir seulement l'aspect physique, alors que le psychologique a un effet sur le physique.
• Finalement, c'était juste des médicaments qu'il me prescrivait. Il y avait très peu de psychologie là-dedans. Il me demandait juste : « Comment tu te sens ? » En fonction de ce que je lui disais, il jugeait si la dose devait être ajustée ou pas.
• Ils connaissent bien les statistiques, ils connaissent ce qu'on leur dit de faire en tant que médecins, de ne pas prendre de chance. C'est pas mal rapide, les antidépresseurs.
• On aurait besoin que quelqu'un ait une oreille attentive, nous tende la main et dise : « Ça va aller ! » Finalement, ça ne se passe pas tout à fait comme ça.
• En tout cas, il y avait de la pression pour en prendre [des antidépresseurs]. Les médecins sont vraiment pour ça. C'est dur pour un patient de pas en prendre quand les médecins le lui conseillent. C'est vraiment médicaments, médicaments.
• J'ai trouvé qu'il y avait un certain désintérêt ou détachement des médecins par rapport au suivi. Je trouve qu'on est pas mal laissé à soi-même.

Parfois, l'organisation des soins de santé et la formation des médecins généralistes n'expliquent pas tout dans la nature de l'approche clinique mise en œuvre. Dans un nombre limités des cas, des rapports moins techniques, contractuels et empressés peuvent s'établir dans le cadre d'un dispositif sans rendez-vous.

• Je suis allée dans une clinique sans rendez-vous, ça a été assez rapide. Mais c'est quelqu'un qui écoutait beaucoup et qui m'a vraiment laissé parler. Mais il savait aussi mettre le doigt sur les bobos facilement. « Là, on va commencer par la dose la plus faible et là, on va se revoir. On va y aller graduellement, selon vos besoins, et voir comment ça se passe. » J'avais l'impression qu'on me prenait vraiment en main. Que je pouvais avoir confiance. Il m'a mis en confiance.

• J'ai été vraiment chanceuse. Elle m'a suivie aux deux semaines. Je la vois encore aujourd'hui. Maintenant, c'est à chaque mois. Mais toujours en clinique sans rendez-vous. Elle prend le temps de s'occuper de moi.

La médecine familiale semble constituer un autre univers dans la perspective des personnes déprimées. Mais ce n'est pas tout le monde qui peut y avoir accès, car la très grande majorité des médecins de famille n'acceptent plus de nouveaux patients. Les médecins de famille sont invariablement appréciés ou très appréciés. On dit rarement « le » médecin, mais presque toujours « mon » médecin.

• Mon médecin de famille m'a toujours très bien soigné.

• Mon médecin de famille, je lui fais confiance, je lui fais vraiment confiance.

• Mon médecin a été extraordinaire. Je l'aime. C'est vrai qu'il m'a prise en charge. C'est vrai qu'il m'a beaucoup sécurisée. Mais en même temps, il renvoyait la balle dans mon camp. Il m'a dit : il n'y a que toi qui peux travailler à ta guérison.

• C'est quasiment un rapport amical.

• Le lien de confiance, je l'ai avec mon médecin, et pas avec un psychiatre que j'ai vu une fois dans ma vie, qui ne me connaît pas, qui ne connaît pas mon *background* médical.

• On a parlé de l'enfance, pas souvent dans son bureau. C'est un très bon médecin. Je n'étais pas gênée avec lui, on s'appelait pour dire : « Comment ça va ? Ça va mieux ? »

Dans ce contexte de confiance, le recours aux antidépresseurs semble une issue thérapeutique proposée plutôt qu'envisagée systématiquement, voire imposée comme la seule solution à l'épreuve dépressive.

• Mon médecin de famille me suit régulièrement ; elle ne me pousse pas à prendre des médicaments.
• Mon médecin n'est pas du genre de médecin à pilules, il ne m'a pas donné un coup de pied dans le derrière. Il m'a fait comprendre que le médicament, ce n'est pas la seule solution.
• Le fait que mon médecin me connaisse bien fait qu'elle réussit probablement à trouver le médicament qui me fait du bien à moi.
• Mon médecin de famille m'a dit : « La pilule peut t'aider un bout de temps. On peut aller avec une dose minime au début. Puis, on se voit régulièrement, pour voir comment tu te sens. » J'étais d'accord.

La plupart des omnipraticiens prescrivent des antidépresseurs à la suite d'un diagnostic de dépression, car il s'agit de la thérapie « de choix ». Toutefois, les personnes déprimées ayant consulté des généralistes, autant en contexte de médecine familiale qu'en clinique sans rendez-vous, se voient informer des bienfaits d'une thérapie avec un psychologue en complément de la médication et, plus rarement, se la font suggérer comme approche thérapeutique principale.

• J'ai vu un généraliste qui m'a dit : « Vous pouvez prendre des médicaments ou voir un psychologue, ou les deux. »
• Le médecin a dit qu'après les médicaments je pouvais aussi rencontrer un psychologue pour discuter de tout ça, voire faire une combinaison, médication et consultation.
• Le médecin que j'ai vu m'avait recommandé dès le début de suivre une psychothérapie, ce que je n'ai pas fait dans un premier temps. Je n'en avais pas envie.
• Je n'ai jamais vu de psychologue ou de psychiatre. Mon médecin me l'a conseillé, mais je n'ai pas d'argent.
• Le médecin m'a dit : « La meilleure chose que tu peux faire, c'est de continuer ta thérapie parce que le problème vient de l'intérieur de toi, ce n'est pas juste les antidépresseurs qui vont te faire du bien. »

Dans les cas pris en charge par des omnipraticiens, les aiguillages vers un psychiatre semblent plus rares, ce qui pourrait signifier des cas moins graves. Tantôt, c'est le médecin qui est moins à l'aise avec les caractéristiques du cas, tantôt, c'est la personne déprimée qui désire consulter un spécialiste. Certaines compagnies d'assurances semblent ne pas se satisfaire du seul avis d'un omnipraticien, ce qui finit par se traduire par une visite à un psychiatre.

• Le médecin m'a vu et après, il m'a référé à un psychiatre, qui m'a diagnostiqué un dépression sévère.
• C'est mon médecin de famille qui m'a dit : « Je vais te faire voir une psychiatre parce qu'on va commencer à entrer dans des cocktails de médicaments et ça, ce n'est pas ma spécialité. »
• Je lui posé la question : « Peut-être que si je voyais un psychiatre, ça pourrait aider, aller chercher encore plus d'aide. » C'est donc en 2004 que mon médecin m'a référé à un psychiatre, qui est devenu mon psychiatre !
• À part mon médecin, la compagnie d'assurances m'a fait voir un spécialiste, un psychiatre indépendant, pour faire une évaluation.

Les psychiatres : un trouble trop petit

Les psychiatres qui font de la psychothérapie pour les cas de dépression sont très rares, pour plusieurs raisons : leur peu de conviction quant à l'efficacité des psychothérapies pour les cas de dépression, leur expertise reconnue dans le maniement des médicaments psychotropes réputés efficaces, le manque d'effectifs et de temps (il y a environ 1 000 psychiatres pour 10 000 psychologues au Québec), une tendance à s'occuper des cas plus sévères (et plus « intéressants ») que les simples dépressions et, enfin, leur formation de plus en plus axée sur les neurosciences et la psychopharmacologie.

Compte tenu de ce contexte général dans lequel évolue la psychiatrie contemporaine, et rien ne laisse entrevoir un changement de cap, la psychothérapie professionnelle est aujourd'hui une affaire de psychologues et la psychopharmacologie professionnelle, une affaire de psychiatres. Bien entendu, cela n'empêche pas de nombreux psychothérapeutes non psychologues de pratiquer massivement la psychothérapie avec plus ou moins de compétence, ni de nombreux omnipraticiens de prescrire massivement des antidépresseurs, des anxiolytiques et des somnifères à leurs patients. La demande foisonnante, multiforme et éclectique des soins psychologiques, psychosociaux ou mentaux, domaine somme toute mal défini où les frontières entre thérapeutique, aide, conseil et coaching ont implosé, mobilise des groupes d'intervenants également foisonnants, multiformes et éclectiques, dont l'expertise est parfois douteuse.

La pénurie de psychiatres rend difficile la pratique d'une technique qui exige de nombreux rendez-vous et des consultations prolongées afin de laisser la place à l'écoute et à la parole. Les psychiatres ne semblent pas constituer le groupe socioprofessionnel le plus adéquat pour prendre en charge et gérer concrètement le phénomène de la dépression, qui est à la fois trop général, trop répandu et trop banal. L'histoire se répète : les aliénistes pionniers de la psychiatrie ne jugeaient pas les « névroses génériques », ces troubles légers, généralisés et trop proches de variations problématiques mais non pathologiques du normal, comme étant de « vraies » folies dignes d'intérêt scientifique. Malgré sa prévalence impressionnante, qui la rapprocherait d'ailleurs presque de la catégorie du « rhume mental », la dépression semble un trouble « trop petit » pour que l'on s'y intéresse.

- Ils sont tellement surchargés à donner les médicaments, il y a tellement de monde qui souffre de dépression… Il n'a plus le temps de me faire de thérapie.
- Mon psychiatre m'apparaît comme quelqu'un qui se sent plutôt débordé et ne peut donner que le strict minimum. J'ai senti ça aussi chez d'autres médecins. Un sentiment comme de débordement, du

rapiéçage de symptômes. « On va te donner ça et ça va aller bien, tu vas voir. » Je suis déçue, franchement, de leur approche.

• J'appelle ma psychiatre et, sur son répondeur, elle dit qu'elle est partie en voyage pour un mois ! C'est sûr qu'elle ne peut pas appeler tous ses patients. Mais disons que, sur son répondeur, elle pourrait peut-être nous diriger vers quelqu'un d'autre. Je me retrouvais avec des antidépresseurs qui ne fonctionnaient plus, je n'étais pas bien. Qu'est-ce que je devais faire ?

• Malheureusement, la seule manière aujourd'hui de voir un psychiatre, c'est d'aller à l'urgence ; fais le fou, et tu vas en voir un, ça va être assez rapide. Sinon, tu peux attendre un an. C'est ridicule, je suis catapulté de l'un à l'autre, d'un remplaçant à un autre. J'en ai vu quatre ou cinq. Au moins, mon traitement est fait, j'ai juste à renouveler mes prescriptions, et ça fonctionne. Mais si ça ne fonctionne pas ? Il y a une pénurie de psychiatres.

Le style clinique des psychiatres est souvent peu apprécié des personnes déprimées : trop technique, froid, formel et parfois condescendant. Le psychiatre pose des gestes techniques avec beaucoup d'assurance, ce qui laisse l'impression aux patients qu'ils n'ont rien à dire, que tout est déjà joué et que cela se joue pour l'essentiel dans l'esprit du psychiatre et de la psychiatrie plutôt que dans l'esprit du patient et de sa vie concrète.

• Il y a encore beaucoup trop de scientifiques. Des saint Thomas aveugles tant qu'ils n'ont pas un résultat concret, visible, palpable. Mon psychiatre a tendance à être comme ça, un peu.

• Le psychiatre veut absolument me convaincre des bienfaits des antidépresseurs. Moi, je ne veux pas, je n'ai pas besoin de ça dans ma vie. Je ne veux pas prendre des médicaments. Il me dit que ça pourrait peut-être m'aider à rétablir l'équilibre entre mes… je ne sais pas quoi, les neurotransmetteurs. Finalement, ça a pris deux rencontres et il m'a prescrit une toute petite dose d'antidépresseurs. Je n'aime pas son bureau, je n'aime pas sa façon de me regarder. Il correspond à tous les stéréotypes que je connaissais sur les psychiatres.

• Le psychiatre avait l'air extrêmement condescendant, de connaître tout de moi avant même que j'aie parlé ou répondu à des questions. Il me coupait la parole sans arrêt, en me regardant comme ça, l'air intrigué. À un moment, quand on en est venu au sujet de ma réticence à prendre une médication, il est devenu très insistant. Il s'est mis à vouloir parler. La rencontre a duré trois quarts d'heure, mais il a parlé au moins trente minutes de ma réticence à prendre des médicaments.

• Ils doivent passer plein de pilules à plein de monde. C'est ce qu'ils ont appris, c'est la médecine traditionnelle. Ça ne va pas bien dans ta tête, on te prescrit une pilule. Ce n'est pas ça, la vie ! Eux, ça ne les dérange pas.

Parfois, c'est tout simplement l'histoire de la psychiatrie et les préjugés associés à la profession qui pèsent lourd pour les personnes en consultation. La psychiatrie est durablement associée à la folie et aux cas graves.

• J'ai une phobie pure et simple des psychiatres.

• Je n'ai pas du tout d'atomes crochus avec les psychiatres, je ne les aime pas.

• Les gens n'en parlent pas, la psychiatrie, c'est comme un tabou. Ils ne sont pas gênés de dire qu'ils voient un psychologue, mais ils ne disent pas qu'ils voient un psychiatre.

Toutefois, comme dans le cas des omnipraticiens des cliniques sans rendez-vous, il y a des psychiatres qui suivent des patients déprimés et qui sont très appréciés. Qu'est-ce qu'un bon psychiatre dans ce contexte ? Essentiellement, un bon technicien qui pose le bon diagnostic et qui maîtrise les médicaments psychotropes, notamment leur dosage et leurs effets secondaires, mieux que l'omnipraticien ne peut le faire. Il a le pouvoir non négligeable de rendre plus crédibles la justesse d'un diagnostic et l'efficacité escomptée du traitement d'un problème de santé mentale. On cherche moins, semble-t-il, le psychothérapeute derrière le psychiatre que le technicien compétent et, si possible, aimable et gentil.

> • Je trouve que les psychiatres ont beaucoup plus de connaissances sur les médicaments ; le mien les surveillait beaucoup. Les omnipraticiens, je ne pense pas qu'ils ont les mêmes connaissances.
> • Il y avait une certaine forme de validation que je recherchais en allant voir la psychiatre. Si elle me prescrit des médicaments, je crois bien qu'il y a quelque chose.
> • Ce n'est pas une psychiatre qui fait de la psychothérapie. Elle vérifie vraiment mes symptômes, elle vérifie si la médication marche bien, elle vérifie comment je fonctionne. Parce que le fonctionnement, c'est un bon indicateur de l'état de la maladie.
> • Je suis allée voir un nouveau psychiatre. Super gentil le monsieur, il pose toujours plein de questions. Le suivi très serré. Il est vraiment très à l'écoute de ses patients, un très bon conseiller.
> • Une chance que je suis tombée sur lui. Il est très disponible, très à l'écoute. Il ne parle pas beaucoup, ça c'est un problème des médecins, des psychiatres ; ils écoutent, ils écoutent, mais ils ne disent rien. Il n'y a pas d'interaction. Ils font leur possible, mais je les trouve trop rationnels. Le psychologique, c'est très important, mais il n'y a pas juste le rationnel. Les sentiments, c'est important. C'est pour ça que les psychothérapeutes sont plus près de leurs patients qu'un psychiatre. Les médecins, c'est trop rationnel, ils ne croient pas que les sentiments peuvent guérir le patient.

Les psychologues : le trouble, la plainte et le soi

Les psychologues ont quatre désavantages majeurs dans la prise en charge de la dépression : l'existence des antidépresseurs, l'impossibilité pour eux d'en prescrire, la reconnaissance limitée de leurs services par les assurances médicales publiques et privées et l'impossibilité de signer des arrêts de travail. Certaines des personnes déprimées voudraient suivre une thérapie, et certaines le font, mais elles doivent avoir les moyens financiers de le faire, ou s'inscrire auprès des services publics à une longue liste d'attente, pour se faire accorder, finalement, un nombre de séances limité. En plus, le recours au médecin est souvent incontournable pour valider une prescription de psychothérapie couverte par une assurance privée ou pour avoir un diagnostic « officiel » de dépression, reconnu par l'employeur. Tout semble donc, de prime abord, jouer contre les psychologues.

> • Ma psychologue n'est pas médecin, elle ne peut pas me faire le maudit papier pour arrêter tout ça. Et trouver un médecin de famille aujourd'hui, ce n'est vraiment pas facile.
> • Je pensais que le psychologue me dirait, il faut que tu arrêtes de travailler, tu ne vas vraiment pas bien. Mais eux, ils ne peuvent pas dire ça. Moi, j'ai besoin que quelqu'un valide ma volonté d'arrêter de travailler.
> • Ça faisait longtemps que je voulais consulter un psychologue, mais il y avait toujours le côté financier qui me bloquait.
> • Tu paies de ta poche. L'impôt m'en remettait un peu, mais ce n'est couvert par rien. Ça m'a coûté 110 $ par semaine pendant un an et demi.
> • J'arrive au CLSC, et il est affiché qu'on peut avoir de l'aide psychologique. Ils m'ont dit : « On ne peut pas rien faire pour toi, il y a une liste d'attente. » Peut-être dans six mois, un an.

Le monde de la dépression semble organisé en premier lieu pour les médecins (et leur autorité institutionnelle) et les médicaments psychotropes (et leur autonomie d'usage). Cela n'empêche pas les psychologues de poser des diagnostics, aussi rapidement parfois que les médecins, mais aussi de prendre leur temps au besoin, ou même de refuser formellement de se plier à ce geste médical emblématique dont l'effet est le formatage de la plainte du patient, toujours plus riche et ambiguë, au langage réducteur du syndrome. Le contexte de consultation, l'orientation théorique du psychologue, sa disponibilité s'il pratique en CLSC, par exemple, régulent cette attitude ambivalente vis-à-vis du diagnostic. Les styles de pratique sont variés : un psychologue en pratique privée peut prendre le temps d'établir le diagnostic au fil de plusieurs séances ; un psychologue en CLSC, dont la pratique est contrainte par des listes d'attente, peut diriger rapidement un patient que l'on croit déprimé vers un autre professionnel ; un psychologue d'inspiration psychanalytique peut refuser de poser un geste diagnostic en raison de son style de pratique qui le condamne ; un thérapeute cognitivo-comportemental ou un neuropsychologue peut travailler aisément avec les critères diagnostiques du DSM-IV pour encadrer ses gestes professionnels. Les médecins suggèrent parfois à leurs patients de suivre une psychothérapie, et certains psychologues sont plutôt à l'aise avec la prise d'antidépresseurs en parallèle avec la psychothérapie. Parmi les clients, il y en a qui se frottent pour la première fois à une démarche psychothérapeutique et se trouvent perdus dans l'univers des techniques, des approches et des associations, tandis que d'autres sont des utilisateurs experts qui ont une longue histoire thérapeutique.

Suivre une thérapie avec un psychologue dans le cas précis d'une dépression est une expérience qui peut se révéler utile ou inutile, thérapeutique ou nuisible, appropriée ou malvenue ; tout dépend des patients, des thérapeutes et des approches théoriques. On le sait, les pratiques psychothérapeutiques sont non seulement multiples, mais elles sont aussi beaucoup moins formalisées et encadrées que les pratiques médicales. De ce fait, la personnalité des praticiens et leur manière de faire plus ou moins singulière jouent un rôle majeur dans la relation thérapeutique et ses effets concrets sur les problèmes de la personne en consultation. Lorsque l'expérience est décevante, elle peut l'être pour plusieurs raisons qui, souvent, se recoupent, dont une approche théorique inadéquate, un détour inutile par le passé de la personne déprimée, la longueur injustifiée de la démarche et l'effet paradoxal de l'entretien de la souffrance à des fins thérapeutiques. Parmi les approches perçues comme inadéquates au traitement de la dépression sont mentionnées la psychanalyse et les démarches qui s'en inspirent, lesquelles suscitent de nombreuses insatisfactions.

> • J'ai fait de la psychanalyse pendant un an et demi à peu près. Trois fois par semaine, à peu près cinquante minutes, et juste pour me nuire. Moi, ça ne m'a pas fait avancer.
> • On fait juste dialoguer. Ce que j'ai vécu, comment je l'ai vécu, comment je le perçois, comment je le ressens.
> • Je ne voulais pas aller vers quelqu'un qui était plus psychanalytique, ça ne m'intéressait pas. Et puis, je n'avais pas envie encore une fois d'aller voir un psychologue pour m'asseoir et raconter ma vie de long en large. Parce que je l'avais fait déjà souvent. J'avais déjà fait un gros cheminement. Je voulais avoir une thérapie, disons plus interactive, une psychologue qui allait aussi me parler. Pas m'asseoir pendant une heure et parler tout seul devant quelqu'un.
> • Raconter tes rêves, tout ça, ces trucs-là, ça ne me menait à rien. Dix minutes sans parler, c'est un peu embêtant. Pour d'autres, ça peut peut-être fonctionner. Pour moi, ça ne fonctionnait pas.

La longue durée de la démarche, le risque de dépendance psychologique, la passivité extrême du thérapeute, l'absence de résultats concrets ou rapides, le manque d'interaction et d'explications pratiques et le long détour par le passé tandis que les symptômes agissent implacablement et en temps réel sont évoqués comme les principales caractéristiques irritantes qu'on reproche aux approches d'inspiration psychanalytique. Ces caractéristiques, qui sont des conditions d'exercice de la psychothérapie, paraissent incompatibles avec la situation d'urgence dans laquelle l'épreuve dépressive place les individus qui la vivent.

> • Les psychanalyses qui ne finissent plus… À un moment donné, il faut agir. Quand tu penses trop, tu perds la force d'agir. C'est sûr. Il y

en a qui voient des psychothérapeutes toute leur vie, ce n'est pas normal. C'est une béquille comme les autres.
• Tu parles, tu parles, tu parles, mais le psychologue ne te donne pas de moyens de voir ça autrement, ou si peu. Tu te vides le cœur, mais on ne te donne pas une nouvelle approche de la vie.
• Quand tu es en dépression, ce dont tu veux parler surtout avec le psychologue, c'est de ta situation actuelle et de ce que tu essaies de faire pour l'améliorer, pour guérir, pour prendre soin de toi. Il n'y a pas beaucoup de place pour faire une grosse introspection sur ton passé, sur ce qui t'a amené là…
• Elle était assise sur sa chaise, elle me regardait et elle prenait des notes ; encore là, c'était un monologue. Alors que moi, je cherche l'interaction, je veux pouvoir poser des questions, et qu'elle m'en pose. Elle ne m'expliquait rien, ne disait rien.

Un autre élément incompréhensible pour certaines personnes déprimées est l'entretien de la souffrance par la centration exclusive de la démarche sur les problèmes et les difficultés. On croit de moins en moins au rôle psychologiquement thérapeutique, socialement pédagogique, voire « formateur », de la souffrance. À quoi peut bien servir de « vivre » sa souffrance pour la personne déprimée ?

• C'est bien beau, la thérapie, mais quand j'arrive et que je suis à ramasser à la petite cuillère, je suis mieux de prendre les médicaments pour ne pas me retrouver pendue à une corde. C'est une question de choix. On peut choisir de vivre sa souffrance, mais moi, ceux qui disent que la souffrance fait grandir, je ne les crois pas — ces gens-là n'ont pas souffert. La souffrance, ça ne fait pas grandir. La souffrance, ça fait souffrir.
• Quand tu sors de chez la psychologue, tu n'as fait que parler de tes problèmes. Tu ne te sens pas vraiment bien. Et à toutes les séances, elle veut que tu en parles encore et encore. Ça ne finit plus. Alors tu sors de là, et tu es encore plus déprimée, quasiment démolie !

• C'est une psychologue de la corporation des psychologues. Rétrospectivement, je pense qu'elle n'était pas bonne, elle ne m'a pas bien conseillé. Je pense qu'elle avait vraiment le point de vue qu'il faut faire des changements et travailler sur soi, qu'il faut être souffrant.

Ceux et celles qui semblent avoir tiré profit de leurs démarches thérapeutiques évoquent des raisons toutes contraires pour défendre les avantages de la psychothérapie : empathie, interaction fluide avec le thérapeute, directivité au besoin, respect du rythme de la personne, soutien dans les moments difficiles, etc. Dans ce cadre plutôt « humaniste », le retour sur le passé semble mieux accepté, voire apprécié, par plusieurs déprimés. Toutefois, comme dans toute psychothérapie, un élément décisif demeure les qualités personnelles du thérapeute. Ça « clique » ou ça ne « clique » pas : empathie, sympathie, écoute, compréhension, capacité d'adaptation au client, mise en confiance, disponibilité, interaction chaleureuse, etc. Les thérapeutes d'orientation humaniste-existentielle semblent avoir une longueur d'avance à cet égard sur leurs confrères dont les méthodes sont plus techniques, ou plus doctrinaires.

• J'ai une psychologue qui va vraiment à mon rythme ; mais quand elle voit que je stagne, elle frappe. Ah ! J'ai vraiment trouvé la bonne.
• C'est une dame patiente, pleine de chaleur, de compassion, d'empathie. Et elle m'a expliqué plein de choses.
• Ma psychologue est vraiment une personne formidable, qui a pris le temps de m'écouter, et en qui j'ai beaucoup plus confiance que dans les médecins que je rencontre.
• Avec ma psychologue, ça va bien, je communique, je suis capable d'exprimer plus facilement ce que je ressens, et ce qui ne va pas. Être en psychothérapie, ça me permet d'aller guérir mes vieilles bibittes. Mes bibittes de petite fille.
• Je suis tombée sur une bonne psychologue qui est empathique et humaniste. C'est vraiment un bon travail que j'ai fait avec elle. Elle

m'a permis de mieux comprendre ma relation avec mes parents. Elle a une bonne écoute…

Les apprentissages directs et concrets, l'accent mis sur la résolution de problèmes spécifiques dans l'ici et le maintenant, la maîtrise des techniques de gestion de symptômes, les outils de contrôle de soi, la formulation d'objectifs à atteindre et la possibilité de négocier en tout temps une reformulation, le « réglage » des attentes irréalistes envers soi et envers la vie sont également des dimensions « thérapeutiques » très appréciées des personnes ayant reçu un diagnostic de dépression. Les cognitivistes et les comportementalistes ont la cote pour ce qui est du pragmatisme, de la capacité d'adaptation et de la promotion de l'autonomie comme cœur axiologique de la démarche thérapeutique.

• On a travaillé beaucoup de choses au niveau du contrôle du stress et de l'anxiété. On a fait de la méditation et des exercices de respiration. Et on a discuté, pour régler des choses qui n'étaient pas réglées dans ma vie.
• Avec la psychologue que j'ai en ce moment, c'est bien, parce qu'on me garde très « focussée » sur le problème. Mais elle refuse que je dise juste que je ne vais pas bien, que je n'ai pas envie de vivre, que je suis écœurée, tout ça… Elle dit : « Tu pourrais continuer à venir, tu pourrais continuer à me payer, tu pourrais continuer à me dire ça si tu veux. Mais ça ne donne absolument rien. »
• On a travaillé beaucoup sur le fait que je devrais être capable de m'encadrer moi-même, de me questionner et de me dire : « Moi, est-ce que je veux vraiment ça ? » Et puis, on travaille aussi sur la diminution de mes attentes, sur le fait qu'il faudrait que je ramène ma perception de ce que devrait être la vie avec moi dedans, mes enfants, ma famille, à une perspective réaliste et non pas à cette espèce de bulle parfaite que j'imagine et que je voudrais avoir.
• Je suis en train d'apprendre à être moi-même avec les limites et les

attentes que je choisis, et non avec ce que j'imagine que les gens attendent de moi. Mon psychologue, pour moi, c'est mon coach. C'est vraiment de l'interaction, on va se réajuster constamment… Il m'a fait remplir des questionnaires pour évaluer ce qui était vraiment problématique.

La connaissance globale de soi, de sa personne, de sa personnalité est un objectif qui dépasse les buts précis de la consultation pour dépression. Elle est néanmoins appréciée comme la retombée inattendue d'une démarche thérapeutique ciblée, à la condition qu'elle soit « constructive », c'est-à-dire qu'elle permette d'améliorer l'estime de soi, de rebâtir la confiance en soi, de travailler positivement sur soi, d'être plus indulgent envers ses propres défauts et de mieux les assumer.

- Ça m'a permis de connaître beaucoup de choses sur moi-même. Ça me permet d'être plus capable d'être bienveillante envers moi-même, ne pas blâmer mon « défaut de fabrication », de le mettre dans un contexte. De voir, aussi, que je peux agir là-dessus.
- On a vu beaucoup toute ma dimension personnelle, mon moi, mon « qui suis-je » et tout ça, et ça m'a aidé à rebâtir mon identité, à rebâtir ma confiance en moi, à mieux savoir qui je suis et à mieux vivre à l'intérieur de moi, au lieu de rester à l'extérieur.
- La psychothérapie a beaucoup aidé. J'ai beaucoup travaillé sur moi. Je pense que je ne me rends pas encore compte de tout ce que j'ai pu faire comme travail.
- Avec les rencontres, j'ai vu que j'avais nié beaucoup d'aspects de ma personnalité et de mon enfance, j'ai vu que je bloquais beaucoup de sentiments. C'est des raisons très profondes qui mènent à la dépression.

Les démarches psychothérapeutiques opèrent certes sur des registres très larges, qui vont de la plainte générale, brute et ambiguë au trouble précis et répertorié que l'on veut traiter et du comportement simplement problématique au problème proprement pathologique. Toutefois, à moins de croire religieusement aux « appellations contrôlées » de la psychopharmacologie (antidépresseur, anxiolytique, antipsychotique, etc.), n'est-ce pas également le cas des usages multiples des médicaments psychotropes ? N'opèrent-ils pas eux aussi sur des registres très larges qui vont du thérapeutique à l'usinage de l'humeur, de la performance à des fins diverses ? Y a-t-il lieu à cet égard de faire une distinction entre psychothérapie et psychopharmacologie ? Nous répondrons à cette question dans le prochain chapitre. Une chose est certaine : la possibilité de se passer du diagnostic permet aux psychologues d'offrir un cadre « expert » et « sécurisé » (« Tu ne peux pas t'ouvrir et en parler à tout le monde non plus ») où on peut tout simplement 1) parler et être écouté, vider son sac et repartir plus léger, ou 2) demeurer « actif » sur son problème, c'est-à-dire rester alerte sur son « cas ». Est-on encore dans la thérapeutique ? L'a-t-on quittée ? Est-il encore possible de faire la part des choses ? Est-ce nécessaire ?

- Juste le fait d'en parler, d'être en thérapie, c'est quelque chose que je trouve « actif ». Le fait d'y aller à chaque semaine, de parler, de travailler là-dessus…
- Je ne voyais pas tellement le bien que je pouvais en tirer. Mais en le faisant, je me suis rendu compte que le fait de pouvoir parler, ça me permettait moi-même d'analyser.
- Le psychologue m'a aidé à vider mon sac aussi. Il faut que tu le vides, c'est sûr, parce que si tu gardes tout en dedans… Tu ne peux pas t'ouvrir et en parler à tout le monde non plus.
- Je ne sais pas, c'est mon âme qui est cassée, alors, qu'est-ce que je fais avec ça ? Chez les médecins, je ne me suis pas senti écouté, je sentais qu'ils avaient hâte d'en finir. Je me sentais moins jugé par la psychologue, je sentais plus de compréhension, de compassion.

La vie à trois : soi, médicament et psychothérapie

La problématisation des rapports entre les consistances ontologiques qui semblent entrer en jeu tant dans la genèse que dans le traitement de la dépression, telles que « cerveau et esprit », « chair et âme », « chimie et émotions » ou « neurones et pensée » apparaît souvent dans les récits des épreuves des personnes dépressives. Les rapports entre médicaments et psychothérapies constituent l'une de ces problématiques qui, le plus souvent, accentuent le partage symbolique et ontologique entre le corps et l'esprit au moment d'expliquer et de justifier le recours aux uns ou aux autres, ou encore aux deux. On peut identifier schématiquement quatre principaux cas de figure dont la distinction n'est pas toujours tranchée, mais qui révèlent néanmoins des nuances importantes : 1) le médicament est un simple support biologique qui rend possible la psychothérapie ; 2) le médicament et la psychothérapie sont différents et complémentaires ; 3) la psychothérapie est la voie incontournable pour « sortir » de la dépression ; et 4) suivre ou ne pas suivre une psychothérapie est simplement un choix personnel.

Les deux premiers cas de figure, support et complémentarité, sont les plus fréquents. Lorsqu'on admet que le médicament est un *support nécessaire* parce qu'il rend possible la psychothérapie alors qu'on est très handicapé par les symptômes, il y a une certaine résignation, certes, mais sans drame. C'est un constat de fait, éprouvé directement et pragmatiquement dans son corps et dans son esprit. Cela ne change en rien le statut de simple support, même s'il se révèle incontournable, du médicament psychotrope.

- Je n'aurais pas pu suivre la méthode Écho ou n'importe quelle thérapie si je n'avais pas pris des antidépresseurs, parce qu'à la place d'écouter les thérapeutes j'aurais été tout le temps axée sur mes symptômes.
- Mon cerveau n'était pas prêt, il manquait quelque chose dans mon

cerveau pour que je puisse absorber ce que le psychologue essayait de me faire assimiler. Avec les médicaments, là, ça rentre. C'est sûr que, présentement, quand je vais à mes rendez-vous, c'est dur. Avant, ça me passait au-dessus la tête, je ne voyais même pas qu'il parlait de moi. Maintenant, ça rentre.

• Ma thérapeute m'a fortement suggéré de prendre des antidépresseurs ; c'était pour m'aider pendant qu'on faisait un travail en profondeur en thérapie.

• Je pense que c'est mieux de prendre des antidépresseurs pour pouvoir travailler plus en psychothérapie. Si tu es très souffrant, il n'y a rien à faire.

• L'avantage de l'antidépresseur, c'est vraiment de te permettre de faire la thérapie. Je ne sais pas si j'aurais été capable de faire la thérapie si je n'en avais pas pris.

Du simple support chimique pour la thérapie psychique à la complémentarité de deux thérapies vues comme interventions idéales pour les cas de « vraies » dépressions, il existe une nuance, même si elle n'est pas toujours claire. S'il est vrai que le dualisme classique entre le corps et l'esprit n'est guère modifié, on donne au corps, au biologique et au neuronal un statut moins secondaire que celui du seul support de ce qui est vraiment significatif.

• C'est vraiment les deux thérapies ensemble qui sont le plus bénéfiques.

• L'une ne peut pas se substituer à l'autre. Si je n'avais eu que la thérapie, j'aurais quand même corrigé les choses plus physiques, mais j'ai le sentiment que ç'aurait été beaucoup plus long. J'ai vraiment l'impression que c'est deux choses complémentaires mais vraiment différentes. Moi, j'associe l'antidépresseur à tout ce qui est manifestations physiques. Peut-être que si tu ne vas pas en thérapie et que tu prends seulement des antidépresseurs, tu ne peux pas régler les situations qui sont problématiques. Je ne pense pas que j'aurais pu le faire sans ma thérapie. Je ne vois pas ce que j'aurais été capable de faire avec juste l'un ou l'autre.

• Tu n'as pas le choix, je pense, si tu prends juste la médication, ça va t'aider, mais pas assez parce que la médication seulement, ça ne fonctionne pas, c'est une béquille. Ça te prend deux béquilles, en fait. Il faut le thérapeute et la pilule pour pouvoir avancer égal. Tu peux peut-être suivre une thérapie sans médication, ça, ça peut se faire, j'imagine.

• Le médecin m'a dit : « Il faut que tu acceptes de faire un travail sur toi, et il faut que tu acceptes de prendre la médication quand même à moyen-long terme. »

Pour certains, hors de la psychothérapie, point de salut mental. En effet, la psychothérapie est parfois vue comme la seule voie de solution pour la personne déprimée. L'antidépresseur est le traitement d'urgence, mais la vraie thérapeutique reste la psychothérapie. Le travail sur soi est tôt ou tard un impératif incontournable.

• Juste les médicaments, ce n'est pas assez. Il faut travailler sur soi, on n'a pas le choix là-dessus.

• Les antidépresseurs, c'est la bouée que tu vas lancer à quelqu'un juste pour qu'il puisse flotter et arrêter de paniquer. La thérapie, ça serait comparable à apprendre à quelqu'un à nager pour que ça n'arrive plus, qu'il ait la tête sous de l'eau. Je ne suis pas capable d'identifier le rôle des antidépresseurs dans ma guérison, mais je suis très certainement capable d'en attribuer une grande part à la psychothérapie. Peut-être que ça a été plus rapide avec les antidépresseurs ? Je serais prête à dire ça : que ça a accéléré le processus de guérison dans le sens où, « maganée » comme j'étais, incapable dormir, de me concentrer, ça a peut-être aidé physiquement.

• La psychothérapie, c'est plutôt au niveau psychologique. Trouver des façons de fonctionner, de contrôler le stress, de régler aussi des choses qui sont plus personnelles et qu'aucun médicament ne peut régler. Un médicament ne peut pas régler un problème sentimental.

> Ça peut régler un problème biologique ou neurologique, mais pas les sentiments. Tandis que la psychothérapie, ça va travailler au niveau des sentiments, mais pas au niveau biologique ou neurologique. Dans mon cas, je pense que c'était vraiment complémentaire.
>
> • Je ne pourrais pas prendre seulement des médicaments. Parce que je pense qu'en me limitant à l'acte de prendre les médicaments je pourrais devenir inconsciente de la raison pour laquelle je les prends. Alors que je sais pourquoi je vais en thérapie, et qu'en allant en thérapie je sais pourquoi je prends mes médicaments.

Qu'en est-il alors du libre choix thérapeutique face au grand impératif psychologiste qui affirme qu'« il faut travailler sur soi-même » ? Si « on n'a pas le choix » de suivre une psychothérapie, reste-t-il de l'espace pour le libre choix ? Dans quelques rares cas, la possibilité légitime de se passer d'une psychothérapie est formulée explicitement.

> • Ça dépend de ce que les gens veulent. Il y a des gens qui ne sont pas du tout intéressés ou aptes à faire de la psychothérapie.
>
> • Je ne voulais pas prendre l'antidépresseur et voir en plus un psychologue. Je me disais que j'avancerais par étapes. J'ai débuté avec l'antidépresseur, mais, en fin de compte, je n'ai jamais pris rendez-vous avec un psychologue. Je me disais : allons-y avec ça. J'ai commencé le sport deux mois plus tard. Ensuite, j'ai vu l'alimentation. Tout ça graduellement. Je me sens vraiment bien. Je vais peut-être arrêter la médication dans quelques mois. Je vais en parler avec mon médecin.

Autres experts, autres expériences

Les médecins omnipraticiens, les psychiatres et les psychologues ne sont pas les seules ressources des personnes déprimées. Les antidépresseurs et les démarches psychothérapeutiques plus ou moins classiques ne sont pas non plus les seules thérapeutiques, bien qu'ils soient les principales, du moins pour les personnes ayant reçu un diagnostic de dépression majeure. La littérature sur le sujet, les coachs en tout genre, les travailleurs sociaux, les thérapeutes « alternatifs », les démarches spirituelles, entre autres, sont certaines de ces ressources complémentaires auxquelles ont fait souvent appel, soit pour ne pas devenir complètement « dépendant » de l'antidépresseur ou du thérapeute, soit pour régler les aspects laissés de côté par le registre d'action des thérapeutiques traditionnelles, chimiques ou non.

L'offre d'ouvrages de psychologie populaire est immense et entre en résonance avec le codage d'innombrables situations, conflits, tensions et problèmes de la vie courante en termes de souffrance psychologique et de problèmes de santé mentale. Certains de ces livres deviennent des best-sellers et leurs auteurs, de véritables vedettes médiatiques. Ce sont souvent des psychologues ou des psychiatres qui les signent, mais, à l'occasion, également des auteurs sans aucune formation particulière à part leur sagesse autoproclamée, leur profondeur spirituelle ou leur sagacité dans les affaires. On consulte cette littérature pour des raisons très diverses qui vont de la démarche spirituelle à la recherche de conseils pratiques pour la vie quotidienne, en passant par la quête d'une assistance spécifique pour soigner des problèmes de santé mentale ou physique précis. Visualiser ses problèmes, se déculpabiliser, se mettre en bonne forme physique, manger mieux, perdre du poids, être bien avec soi-même, gérer ses relations sociales ou, tout simplement, être plus « positif » compte parmi les effets recherchés dans ce type d'ouvrages par certaines personnes déprimées.

• J'ai lu *Guérir,* de Servan-Schreiber, où justement il parle de moyens autres que les antidépresseurs pour venir à bout de la dépression. C'est vrai, il faudrait que je fasse un petit peu plus que de prendre des antidépresseurs. L'été, je fais de l'exercice, je joue au tennis, au golf, mais l'hiver, on ne fait presque rien.

• J'ai lu le livre de Crombez, *La Guérison en ÉCHO*. Une chose très importante que j'ai retenue, c'est qu'on peut nommer des choses aux patients, pour qu'ils puissent les visualiser.
• Mon chum m'a apporté un livre extraordinaire, *La Dépression sans reproche*. Ça a été ma bouée de sauvetage. C'est une vision très déculpabilisante.
• Je suis en train de lire *Le Secret*, pour essayer de m'inonder de positif.

Dans certains cas, on a recours à certains professionnels comme des travailleurs sociaux, des conseillers ou des ergothérapeutes, vers lesquels on est dirigé explicitement par un médecin traitant, ou par des informations obtenues auprès des CLSC ou dans une ressource communautaire. Il s'agit en général de démarches plus larges, d'ordre psychosocial, qui débordent la question des seuls symptômes de la dépression pour viser des aspects généraux de la vie des personnes.

• J'ai commencé à voir la travailleuse sociale et à faire une autoanalyse. Elle m'a dit « Ne te demande pas pourquoi tu ne t'épanouis plus au travail : tu n'aimes pas ce que tu fais, parce que c'est ennuyeux, parce que ce n'est pas assez dynamique. Il faut régler des choses, une étape à la fois. »
• La travailleuse sociale du CLSC me suit en privé. C'est bien sûr, on parle beaucoup. On va faire un cheminement, le plan d'intervention du CLSC, qui va durer un an.
• Je rencontre une conseillère, je discute avec elle de mes problèmes, on travaille ensemble. Elle m'aide à m'orienter. J'ai acquis la stabilité d'avoir un appartement. Maintenant, il me reste à trouver la stabilité du travail.
• J'ai vu une ergothérapeute sur un conseil médical pour modifier un peu mon comportement de perfectionniste. Ça aide beaucoup, quand même, à faire baisser le stress, à voir quand tu commences à stresser un peu trop. J'ai consulté durant deux ou trois ans. Ça a beaucoup aidé.

Les ressources communautaires offrent parfois des services très variés et accessibles en tout temps : intervention, conférences, information, ateliers ou forums sur Internet où les personnes ayant vécu une dépression, croyant être en dépression, éprouvant des doutes sur leur traitement, souhaitant partager leurs expériences avec tel ou tel type d'antidépresseurs peuvent échanger et communiquer. Dans la région de Montréal, l'organisme Revivre réunit toutes ces caractéristiques de flexibilité qui permettent à la personne effectivement déprimée, sortant d'une dépression ou croyant être en dépression, ainsi qu'à ses proches, d'avoir recours à des services variés en tout temps.

• J'avais vraiment besoin d'aide, c'était l'hiver. J'ai mis mon manteau et mes bottes et j'ai décidé d'aller chez Revivre pour rencontrer un intervenant, là, maintenant. Ce n'est pas quelque chose qu'on peut faire avec un psychologue : il faut prendre un rendez-vous. J'ai aussi participé à un atelier d'écriture chez Revivre, ça a duré tout un automne, une quinzaine de semaines.
• J'étais vraiment déprimée d'avoir connu des échecs en tentant de diminuer les médicaments. J'avais besoin d'échanger à ce sujet. Je me suis inscrite à Revivre ; je n'y vais plus, mais, dans ce temps-là, j'avais besoin de parler avec quelqu'un qui était passé par là.
• Revivre, c'est très récent. Parfois, je suis très motivée. C'est pour ça que je me suis inscrite : je veux faire du bénévolat et assister aux ateliers qu'ils donnent, aux groupes de rencontres, aux conférences.
• C'est « ma place » durant la semaine ; si je ne suis pas à la maison, je suis à Revivre. Et ça me fait un bien inouï, autant par les témoignages que j'entends que par mes propres témoignages.
• Revivre, c'est vraiment mon point d'ancrage quand j'ai des questions à poser.

Un certain nombre d'approches thérapeutiques relativement bien installées parmi les pratiques psychocorporelles courantes et parfois acceptées dans le monde médical apparaissent dans la panoplie complémentaire de ressources des personnes déprimées, comme l'hypnose, l'acupuncture ou les méthodes de relaxation. On y a recours pour diminuer le stress, l'anxiété ou l'insomnie.

• Je fais de l'autohypnose ; c'est très efficace pour la relaxation, franchement, ça m'a vraiment beaucoup aidée. C'est de l'autohypnose rogérienne, ça induit un état de relaxation.
• Je fais de l'autohypnose sous la supervision de mon médecin. Maintenant, je suis autonome, je m'occupe de moi-même, j'ai pris charge de moi-même.
• L'acupuncture m'a beaucoup aidée. Ils te piquent dans les oreilles et peuvent te mettre un genre d'électrodes qui font vibrer les aiguilles. Quand j'ai des troubles du sommeil, j'y retourne, parce que mon but c'est de ne pas prendre plus des médicaments. C'est d'en prendre moins.
• Je pratiquais une technique de relaxation, le training autogène. C'était très bénéfique, très relaxant pour moi.

Plus rarement, la luminothérapie, la zoothérapie, l'homéopathie ou les suppléments d'oméga-3 sont des recours mentionnés pour compléter la démarche thérapeutique principale, notamment pour réguler l'humeur sans déprendre exclusivement des antidépresseurs.

• J'avais commencé la luminothérapie avant la médication. Moi, je trouve que ça m'a beaucoup apporté.
• J'ai commencé la luminothérapie, je me suis acheté une lampe, je ne peux pas dire jusqu'à maintenant si ça fait effet. Pour moi, c'est un moyen de ne pas me fier seulement à la médication, mais d'essayer d'une autre façon d'aller mieux.
• Beaucoup de personnes m'avaient parlé de la zoothérapie. Effectivement, j'ai pu constater chez moi un changement. Depuis que j'ai adopté mon chat, c'est le jour et la nuit. Encore aujourd'hui, je suis bouche bée devant les progrès que ça m'a aidée à faire.

• Les oméga-3 agissent aussi au niveau du moral, au niveau de l'humeur. J'en prenais déjà, alors j'ai triplé la dose et il a combiné ça avec aussi de l'homéo, que je prends deux fois par semaine. Je ne veux pas que les antidépresseurs agissent seuls.

Les démarches thérapeutiques inspirées des religions et des médecines traditionnelles continuent de fournir des réponses pour un petit nombre de personnes qui ne sont pas du tout en communion avec les manières de comprendre et de gérer les problèmes de santé, et plus largement l'existence, issues des sciences biomédicales, psychologiques et psychosociales.

• Ma psychothérapeute est plutôt dans la méditation bouddhiste. Elle m'en a parlé, et c'est une voie que j'ai décidé d'explorer, puis de développer. Ça m'aide beaucoup, la méditation. J'ai une âme, et mon âme est plus importante que mon travail ou ce que je fais. Accorder un temps important dans ma journée à mon âme, c'est super sain. C'est quelque chose que je ne faisais pas du tout avant. Ça force à avoir un respect de soi, de son corps, de son âme. Ça m'aide beaucoup plus, je pense, que si je prenais seulement les antidépresseurs.
• C'est comme mon mentor, c'est une sœur missionnaire, une infirmière à la retraite, qui est accompagnatrice spirituelle. Je l'aime bien, elle a peut-être soixante-cinq ans. C'est comme une espèce de sagesse. Parfois, on parle de Dieu, parfois, on pose des questions. On s'assoyait dans une petite pièce avec une vue sur le fleuve et là, elle m'écoutait. Comment ça va, cette semaine ? C'est du coaching, je ne sais pas. Ça m'a vraiment aidée, c'était une soupape durant les premiers mois, ça a fait l'effet d'un antidépresseur. Oui. Parce que, quand je sortais de là, j'étais pleine d'énergie. Elle me donnait des choses à lire ou des conseils, ou des façons de me détendre. Parfois, c'était juste le fait de parler de ce qui ne va pas, d'analyser un peu, de vivre l'émotion…
• Dans cet art-là, qui est d'origine chinoise, au lieu d'agir sur le symptôme et de vouloir l'éliminer par le médicament, on reconnaît le

symptôme : il est en moi, je l'accepte et je m'accepte totalement dans ce malaise psychologique là, dans ce malaise émotif là. Et on la fait, cette énergie, circuler et s'éliminer. Le Qi Qong sert à débloquer des énergies bloquées.

Dans d'autres cas plus rares, l'échec des approches traditionnelles (médicales, psychologiques ou religieuses) et la recherche de moyens alternatifs de soulagement physique, psychique ou spirituel mènent à des démarches ouvertement ésotériques et plutôt marginales.

• Les autres formes de thérapie, ça n'a pas vraiment fonctionné pour moi. Cette forme-là, elle a changé ma vie. J'ai une thérapeute holistique qui a un genre grand livre, elle pose des questions ; si c'est oui, elle va avoir une réaction, si c'est non, elle n'en aura pas. On est comme reliés. Ça travaille beaucoup avec la sagesse, c'est vraiment spirituel. Ce n'est pas comme un psychologue devant qui tu vas t'asseoir, que tu vas regarder, à qui tu vas parler, sans qu'il n'y ait aucune émotion. Ça a été vraiment une révélation, parce que c'était la première fois que je travaillais avec mon cerveau à moi, et non pas avec le cerveau du psychologue. J'étais contente parce que je travaillais moi-même, avec ma sagesse à moi. Elle m'aidait simplement à trouver les réponses.
• J'ai fait aussi d'autres démarches dans Trouver sa Voie dans la vie, c'est un groupe d'entraide. Moi, j'ai toujours cru à certaines forces et j'ai toujours cru qu'il y avait une vie après la mort, qu'on est des sources d'énergie et qu'on ne s'épuise pas.
• Si je ne panique pas aujourd'hui, c'est à cause de la thérapeute qui m'a fait une biotrame. Je me suis couchée sur une table. Elle a mis ses mains sur moi un peu partout, sur la tête, sur les jambes et là, elle respirait, et tout. Elle a enlevé les mauvaises énergies. Et je n'ai pas paniqué depuis ce temps-là. J'ai paniqué une fois, et ça a duré cinq minutes.
• C'est de l'autosuggestion. Moi, ça me passionne comment le cerveau fonctionne. Pas de façon scientifique, de façon spirituelle. En fait, c'est

un moyen qu'on a trouvé de s'adapter à la vie qu'on vit. C'est une façon de vivre la vie dans laquelle on est contraint de vivre ; c'est une façon, ce n'est pas une pilule !

Le recours à des moyens alternatifs et complémentaires pour affronter l'épreuve dépressive est inéluctablement traversé par un clivage on ne peut plus traditionnel : les classes sociales.

• Pour me changer les idées, mon père m'a envoyé quatre mois en Angleterre, pour faire autre chose.
• Je n'ai pas vraiment de revenus, je peux difficilement aller voir un psychologue. Je me suis dit que l'art thérapie, des choses comme ça, ça pourrait être constructif pour moi. Il y a un genre de psychologie qui est implicite, mais qui est quand même là.
• Je ne pensais pas être si bas que ça ; le médecin, il peut seulement me prescrire des pilules, il n'est pas psychiatre, ni psychologue, alors il m'a suggéré d'aller consulter. Mais quand tu n'as pas d'argent... Aller au privé, à 70 $ l'heure au moins une fois par semaine, ça monte vite. C'est ça qui est un petit peu déplorable. Si j'avais eu de l'argent, j'aurais probablement pu me relever en deux ans, mais là, ça a pris quatre ou cinq ans.
• Parce que, oui, avec la médication, c'était parfait ; mais en même temps, ça m'enlevait une partie de ce que j'étais, et je ne voulais pas ça. La psychothérapie, ça ne fait pas ça. Mais c'est plus long, ça demande beaucoup d'effort, ça coûte cher.

CHAPITRE 7

Antidépresseurs de masse

La découverte des psychotropes est une avancée aussi importante que l'invention de la psychanalyse. L'histoire des deux thérapies présente d'ailleurs des similarités frappantes. Dans les deux cas, l'insistance croissante sur un traitement à long terme et la difficulté d'arrêter ce traitement rappellent la plaisanterie de Karl Kraus disant que la psychanalyse est devenue la maladie qu'elle était censée soigner.

DAVID HEALY, *L'Âge des antidépresseurs*

Au Paradis, je ne tiendrais pas une « saison », ni même un jour. Comment expliquer alors la nostalgie que j'en ai ? Je ne l'explique pas, elle m'habite depuis toujours, elle était en moi avant moi.

ÉMILE CIORAN, *De l'inconvénient d'être né*

Les antidépresseurs comptent parmi les médicaments les plus prescrits et consommés au Québec, au Canada et en Occident, non seulement pour les dépressions, mais aussi, comme on l'a vu au chapitre 3, pour des affections très variées. Malgré la polyvalence renversante de ces molécules que l'on dit pourtant « spécifiques », les antidépresseurs sont devenus le médicament emblématique pour soigner, traiter, gérer la nervosité sociale contemporaine sous ses formes les plus répandues : la dépression et l'anxiété[1]. Les antidépresseurs surpassent les anxiolytiques au moins sur deux plans : d'une part, ils sont de plus en plus utilisés pour traiter les troubles anxieux[2] et, d'autre part, ils s'affichent comme un « vrai » médicament, qui traite une vraie maladie, la dépression, et non comme une molécule destinée simplement à traiter des symptômes, certes dérangeants, mais associés de manière diverse à d'innombrables affections. Les anxiolytiques sont stigmatisés comme « médicament symptomatique », comme une aspirine de l'humeur. Si l'on croit ce qu'affirment leurs concepteurs et promoteurs, les antidépresseurs seraient plus sophistiqués sur le plan pharmacologique. Il s'agirait de molécules dont l'usage est confortable, aisé et sûr, et qui n'entraîneraient pas de dépendance, en plus de comporter peu d'effets secondaires. Les anxiolytiques, des anciens barbituriques aux benzodiazépines, portent quant à eux le lourd stigmate historique de la dépendance, qui les rapproche inconfortablement de l'univers des drogues. Mais ce qui explique avant tout la consécration de l'antidépresseur comme thérapeutique médicale, c'est son efficacité proclamée pour traiter les pathologies pour lesquelles il a été conçu et mis sur le marché.

Les ambiguïtés du rapport individu-psychotrope

Si l'efficacité des antidépresseurs fait l'objet de nombreux débats scientifiques, idéologiques et éthiques, le recours massif à ces médicaments

---

1. Par exemple, environ 60 % des contacts avec les services en santé mentale à Montréal en 2004-2005 concernaient des troubles anxieux (états anxieux, états phobiques, troubles obsessionnels-compulsifs, etc., pour 32 % du total) et affectifs (troubles dépressifs, bipolaires, etc., 27 %). Benigeri 2007.

2. Selon les chiffres du régime public d'assurance médicaments du Québec, qui couvre plus de 40 % de la population, environ 4 personnes sur 10 ayant reçu un diagnostic de troubles anxieux en 2004 ont eu recours en cours d'année aux antidépresseurs. Conseil du médicament 2008.

est un fait, de même que la multiplication d'arguments scientifiques, commerciaux et moraux qui tentent d'expliquer le phénomène. Ce débat intellectuel, moral et commercial comporte deux versants : il est un révélateur de la complexité du rapport de l'humain aux substances psychoactives et il est un véhicule des discours moraux classiques (judéo-chrétien gardien de la souffrance salutaire, libérateur des pauvres consommateurs aliénés, etc.) et des intérêts commerciaux (industrie pharmaceutique) ou corporatistes (groupes socioprofessionnels). Une question générale sous-tend ce débat sur l'individu face aux psychotropes qui s'étend des considérations philosophiques aux rustres arguments marchands : qui doit décider de la légitimité, voire de la légalité du recours à une substance psychoactive et de ses différents usages ? Le médecin, incarnation de la science et soucieux de l'observance rigoureuse de la prescription et du respect des bonnes pratiques ? Le fabricant du médicament, qui ne vante que ses qualités dans les brochures mises à la disposition des médecins et des patients ? Le sociologue, toujours à l'affût de nouvelles formes d'aliénation capitaliste ? L'anthropologue, qui s'efforce de trouver un univers symbolique digne de ce nom dans les usages tous azimuts de substances synthétiques chez les Occidentaux ? Les gouvernements, qui voient exploser les coûts de la consommation de médicaments ? Les associations d'usagers, traversées par des débats contradictoires ? Le psychanalyste en mal de patients ? La loi ? Toutes ces instances contribuent à baliser, à orienter et à encadrer les usages des médicaments psychotropes, par des moyens divers et avec des impacts inégaux. Elles continueront de le faire dans leurs champs respectifs, à partir de leurs cadres théoriques, de leurs mandats spécifiques, et de leurs intérêts socioprofessionnels, politiques et commerciaux.

La définition d'un problème comme relevant du champ de la santé mentale et susceptible d'être traité par des thérapeutiques spécifiquement « mentales » est un processus social, culturel et médical complexe. Comme on l'a montré dans le premier chapitre, certains problèmes de santé mentale que nous avons désignés en tant que

« névroses génériques » semblent être plus proches des variations de la norme sociale et culturelle que d'autres. La même chose peut être dite à propos des thérapeutiques employées pour s'attaquer aux différentes formes historiques de la nervosité sociale. Elles sont en effet de formidables révélateurs de « ce qu'il faut », en fait de stratégies d'intervention en matière de santé mentale, pour soutenir à la fois l'individualité ordinaire (être un individu aujourd'hui) et la socialité ordinaire (l'être ensemble aujourd'hui) contemporaines. Souvent, ces thérapeutiques disparaissent, ou plutôt sont reléguées au second plan par d'autres traitements « de choix », emportant avec elles les pathologies qui les avaient légitimées : hier, l'hypnose et l'hystérie, la psychanalyse et la névrose, et demain, on peut le présumer, l'antidépresseur et la dépression. Les raisons de ces « disparitions » ne s'expliquent pas par le fait, par exemple, que la psychanalyse soit venue à bout des névroses ou encore que les antidépresseurs enrayeront un jour les dépressions, mais bien parce que les conditions sociales de leur émergence et de leur maintien se transforment. Les « nervosités sociales » ne se guérissent pas, elles disparaissent ou se transforment, laissant la place à d'autres compromis entre « mental pathologique » et « social problématique » qui incarneront à leur tour les tensions psychosociales emblématiques d'une époque dans une société donnée. Les réponses thérapeutiques aux « névroses génériques » obéissent à la même logique.

Les médicaments psychotropes ne sont pas, comme le veut l'expression consacrée, des « médicaments de l'esprit ». L'épaisseur de l'individu ne s'épuise pas dans la psyché, l'esprit, l'âme ou la personnalité, car le corps, ce fauteur de troubles anthropologique, vient brouiller les rêves spiritualistes de certaines philosophies et sociologies où l'esprit, le langage, les intentions et les ordres symboliques expliquent tout et son contraire. L'individu n'est ni un corps ni un esprit, car le « vivant humain » tient des deux, même si les mots pour l'énoncer font défaut et si le cartésianisme est bien ancré dans le sens commun populaire et scientifique. Sans nier pour autant l'importance du rôle joué par les médicaments psychotropes dans la gestion courante de problèmes sociaux, il est nécessaire de souligner encore une évidence sociologique souvent négligée : le social informe le médical au moins autant que le médical informe le social, pour le meilleur et pour le pire[3]. En d'autres termes, le médicament n'est pas moins révélateur de nouvelles dimensions de la socialité que vecteur de médicalisation.

Marx considérait le capitalisme, pour le dire brièvement, comme un système de production de marchandises, qui sont, sociologiquement parlant, des objets particuliers. Une marchandise, pour mériter ce nom, doit comporter deux dimensions : sa valeur d'usage (à quoi elle sert) et sa valeur d'échange (à combien d'unités elle peut s'échanger contre une autre marchandise dont la valeur d'usage est différente). La valeur d'usage est socialement et culturellement définie par la société dans laquelle la marchandise est vendue et achetée. En ce sens, un diamant et de la nourriture, par exemple, sont tous les deux « utiles ». La valeur d'usage n'a donc rien à voir avec le caractère nécessaire d'un objet et elle ne peut être mesurée quantitativement et objectivement. Il s'agit en fait d'une dimension foncièrement qualitative. La valeur d'échange (combien de tonnes de nourriture peuvent être échangées contre un diamant) est, quant à elle, une dimension foncièrement quantitative qui peut être mesurée et étudiée par des disciplines qui chercheront à faire abstraction de la dimension qualitative en se concentrant sur des logiques telles que les mécanismes de formation des prix, le coût de production, la spéculation, la rareté, etc. Si les deux dimensions sont nécessaires à la constitution de l'objet « marchandise » (et la plupart des objets qui nous entourent le sont), c'est l'utilité sociale et culturelle de l'objet, sa valeur d'usage, qui intéresse le plus les sociologues.

L'antidépresseur est une marchandise : il a une valeur d'échange et une valeur d'usage. La valeur d'usage de l'antidépresseur a été étudiée directement ou indirectement dans des buts « sanitaristes », qui

3. Collin, Otero et Monnais 2007.

se soucient de l'efficacité des molécules, de l'observance de l'utilisation du produit, des bonnes pratiques médicales, etc., ou « salutaristes », qui se concentrent sur les effets aliénants des antidépresseurs sur la personne souffrante et sur la recherche de solutions thérapeutiques alternatives plus humaines, symboliquement significatives, etc. Mais qu'en est-il de la valeur d'usage du point vue des individus, des consommateurs d'antidépresseurs ? Quel rapport s'établit entre un individu concret souffrant et (ou) dysfonctionnel et une molécule spécifique à visée, en principe, thérapeutique ? Ce rapport est une mise en abyme de deux univers complexes et ontologiquement différents, ouverts l'un sur l'autre : l'individu et le médicament psychotrope, substance à la fois psychoactive et socioactive.

Entendons-nous : cette « ouverture réciproque » n'est pas un espace hasardeux, incertain, sans consistance où toutes les possibilités peuvent s'actualiser. Bien au contraire, c'est un espace balisé par deux « institutions » majeures : l'individualité et le médicament. Le médicament est une institution au sens où il porte en lui l'histoire, le prestige scientifique, médical et thérapeutique nécessaire pour se présenter comme la solution adéquate à un problème reconnu en principe comme médical (maladie, trouble, etc.). Testé empiriquement de façon constante par des moyens conséquents, et souvent mis en marché de façon agressive, le médicament est profondément ancré non seulement dans le registre du biologique et du psychologique pathologique, mais aussi dans le registre de la socialisation courante (médicaments de confort, de performance, identitaires, sociaux, cosmétiques, etc.). L'individu souffrant ou dysfonctionnel, quant à lui, ne souffre pas et ne dysfonctionne pas, on le sait, comme il le veut, il le fait « par rapport » à l'individualité qui a cours[4]. Malgré leurs incontestables singularités

4. Il est évident que la plupart des facteurs « associés » au syndrome cliniquement significatif (souffrance, dysfonctionnement, perte de liberté, etc.) ne peuvent pas être uniquement définis par les caractéristiques du milieu social et culturel où évo-

individuelles, les souffrances et les dysfonctionnements sont codifiés de diverses manières et les problèmes de santé mentale, notamment ceux de prévalence majeure, sont l'une des formes les plus répandues de codification des failles de l'individualité contemporaine.

D'un côté, on trouve des lignes de failles de l'individualité incarnées par les souffrances et les dysfonctionnements concrets. De l'autre, on trouve la réponse institutionnalisée pour les colmater, les endiguer, les gérer, en l'occurrence les antidépresseurs. Entre les deux, il existe un rapport « utile », à la fois singulier et institutionnalisé, qui s'établit entre une individualité dysfonctionnelle, défaillante, inadéquate, et cet objet technologique « utile » investi de nombreuses fonctions et significations dont les limites sont de plus en plus difficiles à distinguer, qu'elles soient techniques, thérapeutiques, sociales, morales ou culturelles[5]. Tâchons de mieux comprendre le « rapport d'utilité » (et d'inutilité) entre l'individu et le médicament psychotrope dans le cas particulier de l'épreuve dépressive. Lorsqu'il s'agit de décrire les interactions concrètes avec l'antidépresseur, les individus déprimés se concentrent sur quatre dimensions thématiques principales qui sont, en ordre d'importance : l'efficacité, l'arrêt, les effets secondaires et les réticences.

L'efficacité est le thème qui cerne le mieux la question de l'utilité de l'antidépresseur : elle est la justification même non seulement de la mise au point de la molécule par l'industrie pharmaceutique, mais aussi de sa prescription par les médecins généralistes et psychiatres, et de sa consommation massive par les personnes reconnues déprimées. Mais qu'est-ce que cela signifie, être efficace ? Réduire les symptômes ? Améliorer la qualité de vie ? Éliminer la maladie ? Soulager la souffrance ? Empêcher la dégradation d'une situation déjà

lue la personne. Ces caractéristiques sont bien entendu « déjà là », c'est-à-dire instituées socialement, culturellement et normativement.

5. Van Der Geest et Whyte 1989 ; Collin 2007.

difficile ? Rétablir le fonctionnement normal ? Le deuxième thème qui suit en importance, et qui constitue déjà une interpellation à l'endroit de la prétendue innocuité du médicament, est la question de l'arrêt de la prise du médicament : Est-il facile d'arrêter ? Peut-on arrêter ? Doit-on arrêter ? Devient-on dépendant ? S'agit-il d'un arrêt ou d'un sevrage ? Le troisième thème en importance dans les commentaires des consommateurs d'antidépresseurs concerne les effets secondaires : Quels sont-ils ? Vaut-il la peine de supporter des souffrances supplémentaires ? N'est-il pas normal de souffrir pour guérir, puisque tout médicament est aussi un poison ? Enfin, on retrouve le thème des réticences initiales au recours aux antidépresseurs pour régler un problème dit de santé mentale : Comment la subjectivité peut-elle être façonnée par une simple pilule ? Ne s'agit-il pas d'une béquille ? Ne risque-t-on pas de faire taire la souffrance au lieu de l'écouter, de l'interroger, de la vivre ?

Si l'on regroupe les allusions aux thèmes de l'arrêt, des effets secondaires et des résistances à l'égard des antidépresseurs, on constate qu'elles dessinent clairement le spectre de la suspicion : Comment et quand arrêter ? Que faire des effets secondaires ? Comment justifier, devant soi et les autres, le recours à une pilule pour régler des problèmes certes réels mais au statut incertain (médical, psychologique, social, etc.) ? La question des figures concrètes de l'efficacité demeure néanmoins qualitativement centrale lorsqu'il s'agit d'apprécier la valeur d'usage de l'antidépresseur et de tenter de comprendre pour quelles raisons, malgré toutes les appréhensions et les difficultés liées à la consommation d'antidépresseurs, on y a massivement recours.

De la réticence à la résignation

Contrairement à une idée reçue qui s'appuie sur les chiffres effarants de la consommation d'antidépresseurs, le recours aux médicaments psychotropes est rarement accepté sans réticences. En d'autres termes, il ne semble pas y avoir de *banalisation* du recours aux antidépresseurs au sens d'une utilisation plus ou moins désinvolte. Les premières réactions face au recours possible à ce médicament sont presque invariablement négatives, catégoriques, défensives et parfois même instinctives et viscérales : l'antidépresseur n'est absolument pas la solution à l'épreuve dépressive. Les déclinaisons les plus fréquentes de ces réticences initiales parlent d'elles-mêmes :

- Au début, je n'étais pas d'accord du tout.
- Je n'ai jamais voulu prendre des médicaments.
- Je refusais de prendre des antidépresseurs.
- J'ai peur de ça, ça ne m'intéresse pas et je n'en veux pas.
- C'est de la merde que je mets dans mon corps.
- Moi, je suis très anti-pilules.
- Les pilules... J'ai de la misère avec le côté médication.
- Je me dis toujours qu'on peut s'en sortir sans médication.
- J'avais énormément de préjugés, je ne voulais rien savoir.
- Il faut guérir la cause plutôt que mettre un bandage avec le Paxil.
- J'ai horreur de prendre des médicaments.
- J'ai toujours eu une opinion très négative des antidépresseurs.
- Je déteste prendre des médicaments.
- Au début, je ne voulais vraiment pas du tout en prendre. J'étais très convaincue.
- Je ne suis pas une fille à pilules.
- J'avais du mal à accepter de prendre des pilules.
- Je déteste les gens qui prennent toujours des pilules.
- J'avais toujours été contre la médication.
- Merde, ah non, pas des médicaments !
- Je ne voulais pas prendre de médicaments, j'essayais toutes sortes de choses.

Même si la littérature scientifique montre clairement que le traitement de choix des troubles dépressifs est, depuis environ deux décennies, l'antidépresseur, et même si de très nombreux reportages journalistiques et la publicité directe et indirecte soulignent les bienfaits et le peu d'effets secondaires des ISRS et IRSN, la perception globale des antidépresseurs demeure empreinte de soupçon. La décision d'y avoir recours pour soigner une dépression diagnostiquée par un médecin est loin d'être facile à prendre, et encore moins automatique. Les rationalisations, les argumentations, les explications des réticences, des résistances et des refus initiaux sont de plusieurs ordres, mais on peut en retenir cinq : l'inadéquation ontologique de la réponse chimique, le statut suspect de l'antidépresseur (drogue ou médicament ?), les éventuels effets dommageables sur le cerveau, le stigmate associé aux « médicaments psychiatriques » et la crainte de participer à la « société sous influence ».

L'antidépresseur est une molécule de synthèse qu'un individu ingère par voie orale. Cette molécule est à la fois un corps étranger, car elle s'incorpore à l'individu (organisme et personne) de l'extérieur, et un « corps étrange », parce qu'elle n'est pas faite, pour ainsi dire, de la même matière que l'individu ; elle provient d'une synthèse artificielle. Ni humain, ni mental, ni social, ni comportemental, l'antidépresseur est un artefact plus ou moins « contre nature » que l'on incorpore à soi. Pour certains, ce sont en premier lieu les dimensions chimiques et coercitives qui dérangent (la fameuse « camisole chimique ») par rapport à d'autres réponses considérées comme plus « naturelles » et moins contraignantes (massages, exercice physique, alimentation, plantes médicinales, etc.). Pour d'autres, plus nombreux, il y a une incompatibilité presque radicale avec l'humain : le fondement du problème codé comme médical (la dépression diagnostiquée par un médecin) n'est pas biologique, organique ou chimique, mais plutôt, humain, social ou psychologique.

• Si on veut parler de l'être humain au sens noble du terme, ce n'est pas des médicaments qui vont régler un problème de comportement, finalement.

• Je vais m'en sortir toute seule. Si je ne vais pas bien, ça va passer. Je vais prendre des décisions dans ma vie, je vais me reposer, et puis ça va aller. Je n'ai pas besoin d'aller voir un médecin.
• J'étais convaincue que la dépression, on n'avait qu'à se botter le derrière et ça se soignait, ou qu'on pouvait faire une thérapie, et que le temps guérissait ça.
• Je trouve que c'est facile de prescrire des médicaments quand, finalement, il y a beaucoup de gens qui savent que la façon la plus facile de sortir d'une dépression, c'est en vivant.

La question du statut thérapeutique ou dopant des antidépresseurs est aussi vieille que le plus vieux des médicaments psychotropes, voire que toute substance psychoactive naturelle ou synthétisée. Ce ne sont pas les caractéristiques intrinsèques de la substance qui déterminent son statut de drogue ou de médicament, mais le contexte social et culturel dans lequel elle s'inscrit ou émerge (le but dans lequel elle a été créée, les discours sociaux ou scientifiques à son égard, le législation, etc.), ses usages concrets (thérapeutique, récréation, amélioration des performances, etc.) et les caractéristiques des usagers (âge, groupes sociaux, communautés ethnoculturelles, etc.). Parfois, c'est plutôt la crainte de perdre la maîtrise de soi, voire de devenir quelqu'un d'autre, qui semble justifier la résistance (« j'avais peur de ne plus me reconnaître », « de perdre le contrôle », « de devenir quelqu'un d'autre »), à cause des effets de l'antidépresseur sur la personnalité. Toutefois, la dimension qui rapproche le plus la drogue et le médicament demeure la question de la dépendance…

• On devient dépendant des médicaments. Quand le médecin m'a proposé ça, j'avais une appréhension, mon *feeling* c'était : je ne veux pas en prendre. Je me disais, est-ce que ça cause de la dépendance ?
• Ça me désole, ça ne me valorise pas dans ma propre estime, ça ne me remonte pas du tout, le fait d'être accro à quelque chose.
• Je ne voulais pas créer une dépendance, parce que tout ce que j'avais

entendu, c'était qu'il y a une dépendance aux antidépresseurs : quand tu commences à prendre ça, tu ne peux plus t'arrêter parce que tu retombes dans ton état. Pour moi, il n'est pas question d'être dépendant d'une pilule.
• Il fallait y aller tranquillement, ne pas exagérer les doses ; je ne voulais pas être dépendante de ça.
• Je me sentais comme une junkie qui augmente la dose tout le temps pour que ça fasse effet. Je ne veux pas être associée à une junkie.

Bien que les premiers antidépresseurs datent des années 1950, ce sont les nouvelles générations de molécules (ISRS et IRSN) prescrites massivement depuis moins de vingt ans qui suscitent parfois la méfiance quant aux possibles effets dommageables à long terme, notamment sur le système nerveux où elles sont censées agir. Il est assez curieux de constater que la crainte des effets secondaires autres (prise de poids, tremblements, sécheresse de la bouche, diminution de la libido, etc.) n'apparaisse généralement qu'une fois la consommation des antidépresseurs entamée.

• Je ne prends pas de drogue justement parce que je ne veux pas abîmer mon cerveau, et me voilà obligé d'en prendre. Il faut que je fasse confiance aux compagnies pharmaceutiques ?
• De toute façon, je ne connais pas les effets à long terme. Ça ne fait pas assez longtemps que ça existe pour avoir les données là-dessus. C'est moi qui vais les fournir, les données.
• Je n'aimais pas ça parce que je savais que ça entrait dans mon cerveau et que ça y faisait quelque chose.
• Ça reste un produit chimique, et ça ne me plaît pas de mettre ça dans mon corps, surtout que ça agit au niveau du cerveau. Ça m'insécurisait aussi : et si jamais ça me causait des lésions, si ça laissait des traces à long terme ? Qu'est-ce que ça fait dans le cerveau ?

Même si les antidépresseurs sont très souvent prescrits par des médecins généralistes, le stigmate associé à la prise d'un médicament psychiatrique joue un rôle certain dans les réticences initiales. C'est la confirmation qu'on a un problème de santé mentale qu'il faudra tôt ou tard expliquer aux autres et à soi-même.

- On va subir des pressions, les préjugés des gens, aussi. Il y a en a qui vont penser que tu es fou, carrément.
- Pour moi, c'est comme si on venait de me cataloguer incurable ou quelque chose du genre ; une cause perdue, un cas désespéré.
- Une fois, j'ai dû aller à l'hôpital. Ils te demandent si tu prends un médicament sur une base régulière, et je suis obligée de dire que je prends du Zoloft. Je ne suis pas confortable. Pourtant, ça ne devrait pas être le cas, je travaille en milieu hospitalier, je le sais qu'il y a plein de gens qui en prennent.
- J'aurais tout le temps eu ça en tête, de prendre les pilules, de les prendre chaque matin. Je me lève, je prends, je consomme des médicaments : je me serais vraiment senti « anormal ».

De manière moins dramatique et plus généralisée, la prise d'antidépresseurs, tout comme la dépression, renvoie aux individus une image de soi dévaluée, teintée par la faiblesse morale, l'incapacité de se prendre en main, le fait de ne pas être à la hauteur pour gérer ses problèmes. Bref, la contre-figure de l'image performante, adaptative, autonome et autosuffisante qui caractérise l'idéal de l'individualité contemporaine.

- Un peu comme une faiblesse, une honte de prendre des antidépresseurs.
- Si j'apprends que quelqu'un prend des antidépresseurs, je ne porte pas de jugement, ça ne me dérange pas. Pour les autres, ce n'est pas grave. Mais pour moi, je ne l'acceptais pas. C'était vraiment comme une honte.
- J'ai une estime de ma personne moins positive, moins reluisante.
- C'est un parcours de longue haleine ; ça va faire deux ans, et je ne suis

même pas encore stabilisée, c'est comme si je m'enlisais dans les médicaments. C'est une perte d'autonomie.

Dans une moindre mesure, la réflexion porte sur la signification de la prise massive des antidépresseurs sur le plan social et politique. Solution chimique expéditive pour gérer les tensions sociales, procédé déresponsabilisant et démobilisant, dispositif de contrôle et de standardisation des comportements : le phénomène de la consommation massive d'antidépresseurs suscite quelquefois une suspicion de nature politique.

• Quelqu'un est fou, et au lieu d'écouter ce que la personne a à dire, on va lui donner des antidépresseurs. On donne ça à tout le monde pour que tout le monde soit homogène, qu'il n'y ait pas de soulèvements, que tout le monde pense pareil. Les gens sont plus facilement contrôlables.
• C'est un phénomène. Il y a des pilules pour tout. C'est le bonbon miracle.
• C'est facile, avec le médicament, de dévier, d'abdiquer sa responsabilité personnelle.
• Dans le médicament, c'est presque automatique, on ne se prend pas en charge. Sauf quelques exceptions. Mais en général, la majorité des gens médicamentés pourraient ne pas l'être. Ils auraient intérêt à ne pas l'être, et à agir par leurs ressources intérieures.

Comment se fait-il alors qu'après les réticences initiales catégoriques, qu'après les craintes spontanées et les argumentations contre la médication, toutes ces personnes finiront par se plier au traitement psychopharmacologique ? Quels sont les contre-arguments ? Le principal n'a rien de rhétorique. Ce qui vient à bout, plus ou moins rapidement, des réticences initiales est tout simplement la persistance de symptômes souvent très handicapants (manque d'énergie, fatigue, désaffection, idées suicidaires, etc.) et l'urgence d'agir sur eux peu importe la voie choisie. Les arguments ou les justifications qui tentent d'expliquer la transition, voire la volte-face, vers le traitement psychopharmacologique ne manquent pas. Une attitude de résignation plus ou moins explicite est la principale.

- Ce serait bien que je n'aie pas besoin de médicaments pour fonctionner, que je puisse garder une autonomie totale, si on veut. Ça n'est pas le cas.
- J'étais probablement rendue à un point où j'avais besoin de médicaments, mais j'aurais aimé m'en sortir sans.
- Il n'existe pas de ressources dans la société pour sortir de la dépression autrement que par les médicaments.
- Je suis tellement au bout du rouleau que je vais accepter de prendre ça.

La dédramatisation est également une attitude fréquente qui n'est pas très éloignée, dans un certain sens, de la résignation.

- Ce n'était pas si dur que ça, prendre une pilule par jour.
- Si ça prend ça pour que je me sente bien, pourquoi pas ?
- C'est quelque chose de nouveau, que je n'ai pas essayé, je n'ai rien à perdre !
- Je reste moi-même, je ne trouve pas que je suis différente, ça ne change pas grand-chose à ma vie.

Le caractère supposé temporaire du traitement contribue également à dédramatiser le recours aux antidépresseurs et permet de l'envisager comme un outil de transition qu'on finira par abandonner.

- Je gardais tout le temps en tête que c'était juste pour un moment.
- Je sais que je ne prendrai pas ça toute ma vie.
- Ce n'est pas à vie. Tu en prends durant une période.
- C'est clair que c'est juste le temps que j'aille mieux, et qu'après ça s'arrête là.

La codification de la dépression comme maladie appartenant entièrement à la sphère médicale, au même titre que les autres maladies traitées régulièrement à l'aide des médicaments, semble être un argument efficace qui est souvent illustré par les médecins traitants par l'exemple du diabète. Encore une fois, il s'agit d'un très vieux débat qui est toujours d'actualité : la maladie mentale est-elle une maladie comme les autres[6] ?

- Il y a des personnes qui sont diabétiques ou dont la glande thyroïde ne fonctionne pas bien et qui sont obligées de prendre des médicaments. Moi, c'est au niveau des neurotransmetteurs et de la sérotonine.
- Si tu étais diabétique, tu n'aurais pas le choix. C'est un peu la même chose : il y a quelque chose, un court-circuit quelconque. Il faut faire avec ça.
- Refuser le traitement, c'est comme ne pas faire de chimiothérapie si on a un cancer parce que ce n'est pas bon pour la santé. Oui, tu le sais, mais tu n'as pas le choix.
- Le médecin a fait aussi un lien : quand tu es malade du foie, tu prends un médicament pour le foie. Eh bien, là, tu as un déséquilibre, et tu vas te rééquilibrer un peu. Le médicament est là, pourquoi ne pas le prendre ?

Un autre argument de justification est de reconnaître, tout simplement, que l'opinion qu'on avait au départ des antidépresseurs était empreinte de préjugés et que ses effets thérapeutiques se révèlent en réalité très bénéfiques.

---

6. Depuis l'affirmation du célèbre rapport Bédard, qui a donné, en 1962, le coup d'envoi à la désinstitutionalisation au Québec, selon laquelle « la maladie mentale est une maladie comme les autres », le débat sur cette question n'a jamais été clos. Dorvil 1988.

- J'avais un préjugé.
- J'ai vu que ça aidait.
- Je relativise, et j'essaie d'être plus souple. Je l'ai vu chez certaines personnes que ça avait un impact quand même constructif.
- Ça devenait un peu une évidence qu'il faudrait peut-être autre chose, un médicament, pour me donner, disons, le *boost* d'énergie qu'il faut pour m'en sortir, et qu'après ça les choses se replaceraient.

Dans une moindre mesure, ce sera l'opinion des autres (« Finalement, mon mari m'a convaincue ; c'est sûr que, quand tu ne vas pas bien, ça a des répercussions à la maison »), la sienne (« C'est moi qui ai décidé »), l'inefficacité d'autres moyens thérapeutiques plus « humains » et « naturels » (« Les herbes, ce n'est pas assez fort », « Avec le massage, mon corps était plus détendu, mais ma tête n'était pas guérie ») ou encore la pression des assurances salaire (« Ce qui m'a convaincue, c'est probablement les assurances ») qui lèveront les principaux obstacles au traitement psychopharmacologique.

Figures de l'efficacité

La question de l'efficacité des médicaments psychotropes, notamment des nouvelles générations d'antidépresseurs, est un lieu de débats inépuisables où les intérêts socioprofessionnels (psychiatres, psychologues, généralistes, travailleurs sociaux, etc.), commerciaux (industrie pharmaceutique), sanitaires (agences gouvernementales) et scientifiques sont imbriqués de manière directe (études commandées et financées, en partie ou entièrement, par les parties intéressées) ou indirecte (groupes de pression, publication partielle des données de recherche). Ce terrain passablement miné renferme un enjeu vital pour le prestige, voire pour la survie, de certaines professions, qui s'appuient sur la preuve qui est faite tantôt de l'efficacité, tantôt de l'inefficacité des antidépresseurs, de même que pour la cotation en

Bourse des compagnies pharmaceutiques dépendantes de leurs *blockbusters,* ces produits vedettes qui sont les véritables locomotives de l'industrie.

Sous un autre angle, plus discret et privé, il s'agit également d'un univers intime où l'individu (à la fois intériorité et organisme, esprit et corps, cognition et émotions) et la molécule (à la fois technologie et thérapeutique, médicament et drogue, solution et problème) établissent un rapport complexe et intense et le plus souvent solitaire. Complexe parce qu'il s'agit de rejouer encore une fois la *disputatio* anthropologique classique de l'interface corps-esprit (monisme, dualisme, etc.) dans un nouveau contexte et sur de nouveaux problèmes. Intense parce qu'il s'agit d'émotions perturbées, de souffrance grave, de dysfonctionnement social important et même, tout simplement, de survie. Solitaire parce que le seul médiateur de ce rapport est l'expert, médecin généraliste ou psychiatre, qui décide de deux paramètres techniques : le type d'antidépresseur à prescrire et la dose adéquate. En cours de traitement, un type de molécule peut être substitué à un autre, tandis que la dose fait presque toujours l'objet d'ajustement et parfois de négociation. Le travail sur l'intériorité, les comportements, les émotions de la personne en traitement se résume souvent à l'interprétation, tantôt singulière et impressionniste, tantôt fortement codifiée et technique, des effets ressentis de la molécule sur l'organisme (siège imaginaire de l'énergie et de l'action) et sur l'esprit (siège imaginaire de l'humeur, des émotions, des motivations, des sentiments). Cela revient à faire l'expérience solitaire de soi-même par l'entremise d'une substance psychoactive étrangère (extérieure) et étrange (artificielle), mais prestigieuse par sa caution scientifique et médicale et chargée de promesses thérapeutiques, transformatrices, salvatrices et autres.

On est dans le monde des Effexor, Paxil, Celexa et autres Zoloft et, de plus en plus, des génériques. Les trajectoires thérapeutiques sont caractérisées soit par des tentatives de reprise de la vie courante et de remise en question importante du mode de vie, soit par l'acceptation d'une fragilité désormais vécue comme chronique ou comme impliquant un pénible effort de survie. Sept thèmes sont essentiels pour aborder la signification du terme *efficacité* : le caractère spécifique de la molécule, les premiers effets ressentis, la régulation de la dose, la représentation de l'action de la molécule, l'enjeu du fonctionnement social et l'effet sur l'énergie et sur l'humeur.

Le premier élément qui retient l'attention dans l'ensemble des expériences étudiées est le fait que bien des personnes ayant reçu un diagnostic de dépression majeure sont satisfaites, au premier abord, des effets des antidépresseurs sur l'anxiété ou encore sur des obsessions, phobies, problèmes d'attention ou d'hyperactivité, etc., qui paraissent aussi dérangeants que les troubles proprement dépressifs. Cela va dans le sens non seulement de l'utilisation de plus en plus importante des antidépresseurs pour traiter des troubles anxieux, mais également des débats sur la véritable nature thérapeutique de la nouvelle génération d'antidépresseurs, notamment du Paxil et de l'Effexor, que l'on présumait être des molécules qui s'attaquaient aux tableaux cliniques plutôt anxiodépressifs. Il est donc question des limites ontologiques entre les registres de la dépression et de l'anxiété au sein de la nervosité sociale contemporaine. Est-il possible aujourd'hui de les distinguer complètement ? D'un autre côté, il est question aussi de la pertinence de l'appellation, de moins en moins contrôlée, « antidépresseur » pour des molécules dont l'action ne semble pas clairement « spécifique ».

- Depuis que je prends le médicament, je suis moins anxieuse. Moins d'anxiété, moins de peur.
- J'avais beaucoup plus de concentration, je n'avais plus d'anxiété du tout.
- Ce qui est arrivé, c'est que les troubles anxieux ont disparu.
- Ça m'a donné un *break* que je n'avais jamais eu de ma vie. Je n'avais pas d'anxiété du tout. Quelque part, c'était fantastique.

Les obsessions, les problèmes d'attention, d'hyperactivité, de panique semblent souvent s'atténuer ou disparaître sous l'effet des antidépresseurs. Tout comme dans le cas des psychothérapies, le brouillage des frontières entre le trouble et la plainte est relayé par les antidépresseurs dont le registre d'action semble à certains égards imprévisible.

• J'avais beaucoup d'acné. J'étais très complexée et je ne pensais qu'à ça, c'était une obsession. Je crois que le Paxil m'a aidée un peu pour ça.
• La sorte d'antidépresseur qu'elle m'a donné, c'était pour essayer de me calmer. Il y en a qui vont rester couchés, mais moi, c'était le contraire, j'étais hyperactive.
• Il n'y avait plus d'attaques de panique, il n'y avait plus de crises d'angoisse.
• Le médecin disait que les antidépresseurs pouvaient aussi aider le trouble d'attention. Elle ne me le donnait pas nécessairement pour la dépression.

Les premiers effets ressentis, et le temps qu'il faut attendre pour les ressentir, peuvent se révéler décisifs tant pour la poursuite du traitement (premiers effets rapides, agréables, encourageants, etc.) que pour son interruption (effets qui tardent à venir, difficiles à identifier, désagréables, etc.), car ils peuvent soit attester les vertus thérapeutiques annoncées, soit sanctionner les craintes et les réticences qu'on éprouvait avant le début du traitement. Dans la majorité des cas, les effets se font sentir après quelques semaines et de manière graduelle.

• Tu le sens tranquillement. Tu le sens parce que ton énergie revient. Et puis, tu as le goût de faire des choses : là, les antidépresseurs sont embarqués. Quand tu as le goût de te lever, le matin, c'est déjà un commencement de guérison.
• Je me souviens, j'étais au collège et je parlais à quelqu'un à la direc-

tion des études. J'ai réalisé soudainement que je n'étais pas du tout mal à l'aise de lui parler. C'est là que j'ai su que les antidépresseurs embarquaient.

• Les effets positifs, ça prend quand même un certain temps, mais un matin tu te lèves et tu as l'impression que le plafond est moins bas.

• Tous les symptômes diminuent tranquillement. Je me souviens, une fois, j'ai eu envie de faire à souper. Tu fais une journée complète et tu n'es pas complètement morte. Tu te lèves le matin et ce n'est plus une catastrophe d'aller travailler. Des petites choses comme ça.

Quelquefois, il semble difficile de discerner clairement les effets de l'antidépresseur, et ce, même s'il y a des effets.

• Ça prend trois ou quatre semaines avant que ça fasse effet, supposément. La différence est difficile à remarquer parce que c'est tellement graduel. En fait, j'ai de la misère même à savoir si ça fait vraiment une différence.

• Parfois, ce n'est pas très clair, le moment où les effets de l'antidépresseur se manifestent, et même, ce n'est pas clair qu'il y a vraiment des effets.

• C'est dur à savoir, l'effet d'un antidépresseur. Ce n'est pas évident... je ne sais pas, c'est dur à dire.

• Quand la médication a commencé à faire effet vraiment, ça s'est mis à aller mieux. Est-ce que c'est les médicaments ? Est-ce que c'est moi ? Je ne sais pas trop.

Plus rarement, l'effet est clair, massif, net, presque miraculeux. Tout d'un coup, on recommence à faire des projets, à vivre.

• La première fois que j'ai pris des antidépresseurs, ça me faisait l'impression d'avoir fumé un joint. Je voyais la vie en rose, mais j'avais l'impression que c'était une espèce de stade artificiel.

• Et alors, j'ai commencé un antidépresseur, le Paxil. Deux semaines plus tard, tout a complètement changé. Je n'avais plus de sentiment de vide psychologique, plus de sentiment de dépersonnalisation. En fait, je me sentais revivre.

• Ça n'a aucun sens, écoute : j'en prends depuis cinq jours, je suis dans une forme extraordinaire, mon moral est revenu, j'ai arrêté de pleurer, je dors bien la nuit, c'est presque du jour au lendemain.

• J'ai retrouvé l'envie, j'ai plein de projets.

La dose occupe une place très importante dans les témoignages sur l'efficacité des antidépresseurs. Elle est parfois l'objet d'inquiétudes, de négociations et de résistances. Il s'agit d'un continuum qui va de 10 mg à 250 mg dans notre échantillon, qui est un révélateur de la gravité des symptômes et de leur « résistance » au traitement chimique. Dans certains cas, les ajustements se déroulent harmonieusement et plus ou moins rapidement. Dans d'autres, l'ajustement est laborieux, il se fait dans l'inconfort, l'urgence, la crainte de rechute, le spectre de la chronicité et le désespoir.

• On a augmenté la dose à 30 mg parce qu'à un moment donné c'est comme si ces sentiments-là étaient revenus. Comme si la dose n'était pas assez forte. Aujourd'hui, j'ai même peur d'arrêter les antidépresseurs, parce que j'ai peur de redevenir comme j'étais auparavant.

• La dose, c'était 20 mg et, à un moment, le médecin l'a mise à 30. Ce n'est pas tant que ça, 30 mg, mais, pour moi, c'était comme 60 mg, parce que je ne tenais plus en place. Je me tapais sur les nerfs moi-même, j'étais tellement énervée, c'était terrible. C'en était fatigant. Alors, rapidement, j'ai voulu descendre ça. Ils ont descendu la dose et là, j'étais bien.

• Quand j'ai pris de l'Effexor, je ne sais plus si c'était 37,5 mg. Mais ça n'allait pas du tout, j'étais *down.* J'avais des pensées suicidaires, des idées d'automutilation aussi. Je suis montée à 75 mg par jour assez rapidement. Et encore là, ça n'allait pas. Je suis montée, je pense, à 112,5 mg. En quatre mois, je suis montée jusqu'à 150 mg par jour, et j'y suis restée pendant un an. Il a vraiment fallu cette dose-là pour que j'arrête les idées suicidaires et puis, tranquillement, les idées d'automutilation aussi ont commencé à être de moins en moins fréquentes. Je trouvais que ma pensée était beaucoup plus stable, mes émotions aussi.

• Je n'allais vraiment pas bien, j'ai recommencé à pleurer, je me sentais retourner vers le bas et je n'aimais pas ça. Alors il m'a prescrit de l'Effexor, 75 mg, en plus du Paxil. Il a gardé le Paxil à 40 mg, puis il a monté l'Effexor à 150 mg, et finalement, à 225 mg.

Comment agissent les antidépresseurs sur le corps et sur l'esprit de l'individu ? L'hypothèse du déséquilibre neurochimique causé par la diminution relative de tel ou tel neurotransmetteur a une audience très importante en raison de sa diffusion dans les médias (journaux, magazines féminins, revues populaires de psychologie, sites Internet, émissions télévisuelles, etc.). Même si elle demeure encore au stade d'hypothèse, elle est en quelque sorte la version officielle de ce qui se passe dans le cerveau d'un individu lorsqu'un épisode dépressif se manifeste (déséquilibre neurochimique) et lorsqu'il disparaît à l'aide des antidépresseurs (rééquilibrage neurochimique). Cette hypothèse, aujourd'hui incontournable, est aussi populaire et aussi peu vérifiée que celle du conflit intrapsychique pour expliquer les névroses freudiennes autrefois. Toutefois, les usagers n'assimilent que très rarement l'esprit au corps, le moi au cerveau ou le symbolique au neuronal. Le corps mental, tout mental soit-il, demeure le plus souvent un corps. Et l'esprit, aussi immatériel qu'on voudrait le concevoir, demeure le plus souvent le seul siège du moi, de la subjectivité, du symbolique.

• Tu as la sérotonine et la dopamine. C'est les deux choses qui règlent ton humeur. Moi, la sérotonine, mon cerveau n'en produit pas assez ! L'Effexor va faire en sorte qu'il ait une surdose de sérotonine pour que ça soit balancé.

• Ce que ça fait dans ma tête, dans mon corps, c'est une surproduction de sérotonine. Mes neurotransmetteurs fonctionnent mieux. Mais je ne les sens pas, quand je prends ma pilule, je ne sens rien en-dedans de moi. Ça agit tranquillement. Ça fait juste produire ma sérotonine, c'est tout.

• Les médicaments qu'on prend agissent physiquement sur un organe qui est le cerveau. Il n'y a rien de magique là-dedans, rien de secret. La question des médicaments, pour moi, aujourd'hui, elle est réglée ; c'est comme quand je prends quelque chose pour mon diabète ou mon cholestérol. La partie physique ou la partie physiologique de ma dépression, elle est soignée grâce à ces médicaments-là.

• Je suis beaucoup plus convaincue qu'il y a effectivement un effet physiologique, que ce soit la chimie, la sérotonine ou des hormones. Il y avait vraiment une composante physiologique, mon corps avait besoin d'aider ma tête.

Malgré le consensus sur le fait que l'individu (le moi, la psyché, la personnalité, etc.) n'est pas son cerveau et qu'un cerveau observé en laboratoire ou dans un « bocal » n'est pas un individu, l'interface entre le cerveau sous l'influence des antidépresseurs et les manifestations concrètes de cette influence (humeurs régulées, comportements relancés, cognitions modifiées, émotions abrasées, etc.) est difficile à comprendre. Le besoin d'expliquer cette interface découle en partie de la partition initiale corps/esprit, une question disputée depuis toujours chez les philosophes, neuroscientifiques, ethnopsychiatres et autres psychanalystes. Les usagers d'antidépresseurs ne trancheront pas la question à leur place, de toute évidence. Toutefois, les effets des antidépresseurs sur les dimensions de l'individualité touchées par l'épreuve dépressive peuvent être identifiés de manière générale à trois niveaux : les comportements dysfonctionnels, les états d'âme déréglés et l'énergie diminuée. À l'occasion, ces trois niveaux se recoupent, se chevauchent et se brouillent, car ils sont, bien entendu, interdépendants dans les processus concrets de rétablissement ou de chronicisation. Mais ils sont clairement distincts lorsqu'il s'agit de décrire la façon concrète dont l'antidépresseur modifie, pour le meilleur et pour le pire, la vie des usagers.

Le rétablissement du fonctionnement préalable à l'épisode dépressif ou, plus modestement, d'un fonctionnement minimal occupe la place la plus importante lorsqu'il s'agit de parler des effets concrets des antidépresseurs sur la vie des individus. La grande majorité de la population de gens déprimés consommateurs d'antidépresseurs est composée d'adultes actifs. Ils étudient, ils travaillent, ils ont souvent une famille. Retrouver le plus vite possible un semblant de fonctionnement acceptable est un enjeu décisif pour les individus dont les trajectoires de vie, somme toute « moyennes » (au sens statistique du terme), courent le risque de glisser dans la dynamique vertigineuse du déclassement social (isolement, chômage, perte de confiance en soi, détérioration des compétences sociales, intériorisation du regard stigmatisant des autres, aggravation des problèmes de santé mentale, etc.), d'où il est difficile de sortir une fois qu'on s'y est engagé. La persistance des symptômes handicapants se traduit dans la plupart des cas par un arrêt de travail ou des études et la mise à l'épreuve de l'entourage et des réseaux de l'individu. Plus les symptômes persistent (manque d'énergie, tristesse, manque de volonté, sommeil altéré, etc.), plus le doute s'installe chez soi et chez les autres (famille, amis, milieu de travail) et plus la pente sera longue à remonter. On ne parle pas ici d'accomplir des hautes performances, mais plutôt du maintien de la capacité moyenne à mobiliser les ressources intérieures, relationnelles et matérielles qui permettent à l'individu d'évoluer tant bien que mal dans le contexte d'une société libérale où l'autonomie et la capacité d'adaptation demeurent des propriétés cardinales de l'individualité. Dans ce contexte, les expressions « avoir une vie normale », « fonctionner normalement », « faire face à la vie », « s'occuper de ses problèmes », « redevenir quelqu'un de normal » apparaissent très fréquemment dans les entrevues pour décrire l'effet principal de l'antidépresseur.

• Je suis capable d'avoir une vie normale. Je suis capable d'aller à mes rendez-vous. Je suis capable d'entrer en contact avec des gens.
• Ça me permet de faire face à la vie, à mes problèmes et de fonctionner. Ça me permet d'être stable, d'avoir l'humeur de quelqu'un de normal, finalement.
• Je fonctionne très bien, j'ai des projets.
• Avant, je fonctionnais à 10 %. Je me levais du lit et aller au dépanneur, c'était carrément surhumain. Maintenant, je peux fonctionner à 70 %.

Toutefois, cela ne signifie en aucun cas que les personnes ayant recours aux antidépresseurs pensent qu'une molécule chimique est capable de régler leurs problèmes, voire leur vie. Elles ne sont pas dupes, et encore moins aliénées, comme le laissent souvent entendre certains critiques paternalistes de l'usage des médicaments psychotropes. Elles ont simplement recours aux moyens qui sont non seulement disponibles, mais également indiqués par les experts comme les plus adéquats. Sans oublier que ce n'est pas un choix fait dans le vide d'une existence paisible et bucolique hors du social, mais sous l'emprise pressante des contraintes pratiques de la vie réelle. Les activités quotidiennes et habituelles de l'existence deviennent pour la personne déprimée des défis démesurés parfois impossibles à relever. C'est en quelque sorte dans l'œil du cyclone qu'est devenue la vie ordinaire que l'individu déprimé recourt à l'antidépresseur.

• C'est un fait que les antidépresseurs, ça fonctionne : ça enlève des symptômes. D'après moi, ça ne guérit pas du tout les raisons pour lesquelles quelqu'un va faire une dépression.
• Tu coupes le symptôme, tu ne traites pas ce qui fait que tu as un symptôme. C'est ça que font les antidépresseurs. On n'a pas réglé le problème.
• Je prends des médicaments, je n'ai pas arrêté de travailler, parce qu'il faut que je sois capable de passer par-dessus ça.

• Oui, j'ai besoin d'une béquille, et ça presse. Parce que j'avais un bon emploi, avec un bon salaire. Il faut que je me laisse une chance.

Lorsque les symptômes occupent toute la place, grugent toute l'énergie, handicapent l'action à la racine, voire quand la vie même est menacée, l'antidépresseur est essentiel et devient un « non-choix ». Il s'agit, dans ces cas extrêmes, de sortir de l'« état végétatif », de revenir « chez les vivants » ou encore de ressembler à « quelque chose de plus humain ». On est ici dans un régime de survie, dans le drame.

• Ça te permet de garder la tête hors de l'eau au lieu de sombrer complètement, de ne plus voir d'issue, d'avoir des idées noires, de faire des tentatives de suicide.
• Les médicaments m'ont peut-être aidée à survivre à cette période-là, parce que même mon corps ne fonctionnait plus, je ne mangeais pas, je n'avais pas faim.
• Ils ne vont pas plus loin que le contrôle de mes symptômes suicidaires. Le reste, c'est du travail personnel. C'est comme si on m'avait offert un milliard, parce que moi, c'est tout ce que je voulais : contrôler mes idées suicidaires, pour moi, c'était plus important que respirer.
• Selon mon expérience, ça correspond à mon retour à un certain bien-être, à sortir, si vous voulez, de cet état végétatif pour arriver à quelque chose de plus humain, de plus vivable.
• Ça aide les gens à se sortir de cet état végétatif, pour arriver à un point où tu seras revenu un peu plus parmi les vivants.

Fonctionner, en mode ordinaire ou en mode survie, ne veut pas dire performer, mais, plus modestement, « rétablir l'action » à un degré moyen ou minimal, afin de pouvoir « tenir » le plus proche possible de sa moyenne à soi mise à l'épreuve. Plusieurs chercheurs ont étudié cette capacité attribuée à certains psychotropes de « relancer l'action » de la personne dépressive sonnée par un état de « ralentissement psychomoteur » attribué à la dynamique de la maladie. La dépression contemporaine, on l'a vu au chapitre 4, est loin d'être seulement une tristesse profonde, un blues persistant, ou le fait de « ne pas avoir le moral ». Il s'agit plutôt d'une entrave, voire d'une panne de l'action, d'épuisement énergétique, de fatigue handicapante, que nous avons résumés par les injonctions adressées globalement à l'individualité de « ne pas pouvoir » et de « ne pas pouvoir vouloir ». Les vertus énergisantes des nouvelles générations d'antidépresseurs sont souvent mises en avant comme le principal effet de ces médicaments.

• Je dirais que la première chose sur laquelle ça agissait, c'est l'énergie.
• De l'énergie. Je pouvais faire tout ce que je voulais, mes journées de travail, plus les activités.
• Moi, je dirais, sans analyser, que ça agit sur l'énergie. C'est surtout le fait que l'énergie revient.
• Vraiment, ça m'a donné de l'énergie. Avant, c'était toujours un effort de faire quelque chose.
• Les antidépresseurs agissent aussi sur l'énergie. Quand tu es constamment en train de te remonter pour être capable de fonctionner, à la fin de la journée, tu es mort.

On a abordé, dans le chapitre 4, la difficulté de définir certaines composantes de l'univers de l'esprit déréglé lors de l'épreuve dépressive. Le registre du « ne pas pouvoir vouloir » présente des zones d'indétermination en ce qui concerne le statut des états d'âme. Lorsqu'il est question des effets des antidépresseurs, une simplification s'opère, car on évoque presque systématiquement deux dimensions perturbées : l'humeur et les émotions. Le consensus s'arrête toutefois à l'identification du registre d'action, car les effets recensés sont divers. En effet, selon les cas, l'humeur et les émotions seront rééquilibrées, régulées, stabilisées neutralisées, amorties, triées, tempérées, ramenées « au milieu », maîtrisées ou « gelées ».

• Ce dont je me souviens, c'est que ça a stabilisé mon humeur.

• Au début, je pensais que ça « gelait » mes émotions, que je n'aurais plus d'émotions. Mais avec le temps, je me suis rendu compte que non, ça ne les gèle pas. Au contraire, je suis capable de les vivre. Donc, les antidépresseurs, ce qu'ils font sur moi, c'est juste de me tempérer. Ils me gardent au milieu, au lieu de m'envoyer aux extrêmes comme auparavant. Ce qui me permet de mieux reconnaître les émotions que j'ai, de mieux les comprendre, et puis de fonctionner, surtout de fonctionner.
• Tu es au « neutre », pas de pensée. Tu es passif complètement, aucune conversation.
• Je ne dirais pas que tu n'as pas d'émotions, tu en as plein. Mais elles sont un petit peu « gelées ».
• Je suis moins braillarde… Je n'ai pas les bons mots pour l'exprimer. Sans médicament, quand l'émotion embarque, je ne me contrôle plus. Avec le traitement, je peux mieux décortiquer l'émotion qui monte.

Si les antidépresseurs agissent sur les émotions et l'humeur en régulant ce qui était auparavant déréglé, ils peuvent aussi provoquer de nouveaux dérèglements plutôt inattendus. On peut de fait se sentir « trop bien » et même « euphorique » en très peu de temps, ce qui ne va pas sans problèmes. Dans certains cas, le soupçon quant au véritable statut thérapeutique de la molécule est réintroduit : est-elle un « vrai » médicament antidépresseur ou plutôt un stimulant ou un euphorisant de plus ?

• Ça fait des années que je ne me suis pas sentie comme ça. Ça va bien, je me sens super bien.
• Au bout de deux ans, j'avais fait vraiment une remontée extraordinaire. Je suis trop bien comme je suis maintenant.
• Je me suis retrouvée complètement survoltée, expansive, une personnalité qui ne me ressemble pas. Crier très fort, se mettre à parler à tout le monde, des comportements anormaux, des choses qui n'ont pas de bon sens.

Parfois, être plus que bien, trop bien, ou mieux que bien, peut être non seulement inconfortable, mais aussi suspect. N'est-ce pas l'une des qualités des drogues que de permettre un certain détachement de la réalité, en d'autres termes d'être « super bien », indépendamment des contraintes existentielles réelles, par substance psychoactive interposée ?

- Ce n'est pas normal que tu te sentes aussi bien tout d'un coup. Il n'y a pas tellement longtemps, je me sentais très mal et là, je me sens super bien et comme détachée de tout.
- Ça me dérangeait d'avoir cet effet euphorisant, parce que, d'un autre côté, je trouve que ça ne colle pas à la réalité. J'aime mieux me sentir plus terre-à-terre que d'avoir la tête dans les nuages. Je veux vraiment me sentir plus *groundée*, plus réaliste.
- J'ai l'impression que ça stoppe pas mal les préoccupations : tout ce qui préoccupe autre que la survie de la personne, de la famille, tout ce qui est superflu. Mais j'ai l'impression aussi que, finalement, en augmentant les doses et en étant en latence là-dedans, ça nous prive aussi de certaines émotions qu'on aimerait avoir parfois.
- Ça amène aussi une espèce d'effet de détachement par rapport à tes problèmes. Tu le sais que tu as des problèmes, mais, tout d'un coup, on dirait que tu es capable de mettre une barrière entre toi et eux.

Effets secondaires ou symptômes primaires ?

On le sait, le syndrome dépressif est défini par la psychiatrie comme un ensemble cliniquement significatif de signes et symptômes à la lumière duquel le clinicien réduit la richesse de la plainte brute du patient à une catégorie psychiatrique censée capter le noyau pathologique de ce qui cause le problème qui a motivé une demande de consultation. Or ce que les personnes déprimées qui prennent des antidépresseurs identifient comme des effets secondaires de ceux-ci se confond parfois à s'y méprendre avec les symptômes que la molécule est censée combattre, à savoir les troubles de l'humeur, du sommeil, de l'appétit, la fatigue, etc. Faisons l'exercice d'un rapprochement approximatif des effets secondaires provoqués par les antidépresseurs avec certains critères diagnostiques standardisés du DSM-IV (les critères 1, 3, 4, 6 et 8) pour l'« Épisode dépressif majeur ».

Critère 1 : Humeur dépressive présente pratiquement toute la journée, presque tous les jours, signalée par le sujet ou observée par les autres[7].

• Je ne peux pas croire que ça fait six, sept ans que je suis sur le Paxil, alors que je me sens plus déprimée qu'avant, ça n'aide vraiment pas dans mon cas, ça me déprime encore plus.
• Ça va pour trois mois, quatre mois, six mois, un an. Après ça, c'est l'effet paradoxal. Toujours, toujours ça fait l'effet contraire de ce que c'est supposé faire. Au lieu d'empêcher la dépression, ça nous met en dépression.

Critère 3 : Perte ou gain de poids significatif en l'absence de régime.

• L'effet secondaire que ça me fait, c'est que j'engraisse ; je n'ai pas changé mes habitudes alimentaires, d'hygiène de vie, je fais exactement la même chose, mais je prends une pilule chaque jour.
• Au bout de deux ans, ce médicament m'a rendue anorexique, vraiment anorexique.

Critère 4 : Insomnie ou hypersomnie presque tous les jours.

• Quand je les prends le soir, ça m'empêche de dormir. Quand je les prends le matin, je m'endors. Avant, j'étais capable de trouver l'heure qui m'allait. Maintenant, je n'en suis plus capable.

---

7. Les critères transcrits ont parfois été écourtés. Voir American Psychiatric Association 2000a, p. 411.

• Je dors beaucoup. J'ai toujours été quelqu'un qui aimait dormir, mais là, je dors au minimum douze heures par nuit.

Critère 6 : Fatigue ou perte d'énergie à tous les jours.

• Avec le Paxil, c'est sûr que je suis fatiguée. C'est difficile pour moi de l'expliquer au médecin, c'est le Paxil qui m'endort.
• L'autre chose que ça n'aide vraiment pas, par contre, c'est la fatigue. À tous les jours, j'ai des périodes de somnolence, et j'ai vraiment envie de dormir.

Critère 8 : Diminution de l'aptitude à penser ou à se concentrer ou indécision presque tous les jours.

• Je dirais que c'est beaucoup au niveau de l'attention : oublier quelque chose qui vient juste d'arriver, comme si ma tête n'était pas toute concentrée sur ce qui se passait.
• C'est difficile d'avoir une ligne de pensée longue. On dirait que j'ai plus de difficulté. Autant je peux être obsédé par quelque chose, autant j'ai de la misère à garder quelque chose en tête.

Ainsi, les récits des personnes déprimées nous signalent que les symptômes de la dépression et les effets secondaires du traitement par antidépresseurs se recoupent remarquablement. Rappelons que, pour pouvoir poser le diagnostic de dépression majeure, au moins cinq des neuf symptômes énumérés dans le DSM-IV doivent être présents, et que l'un de ces symptômes doit nécessairement être le critère 1 (humeur dépressive) ou le critère 2 (perte d'intérêt ou de plaisir). L'antidépresseur peut donc agir sur certains symptômes, parfois les plus handicapants, et parallèlement en provoquer d'autres que l'on code comme des effets secondaires. Cette combinaison parfois étrange de bienfaits et de méfaits chez une même personne s'illustre par des situations paradoxales.

• Je n'avais plus de troubles anxieux, mais je n'avais plus de motivation.
• J'étais moins triste. Je reprenais un peu plus goût à la vie. Disons que j'étais éveillée. Sauf que j'avais des tremblements, j'étais nerveuse.
• J'étais relax, mais en même temps, j'avais de la difficulté à dormir, c'était bizarre.
• Je me sens plus fatigué. J'ai des journées de tristesse. J'ai des étourdissements, ce que je n'avais jamais eu. Oui, les antidépresseurs peuvent avoir un effet bénéfique, comme ils peuvent avoir un effet qui n'est pas bénéfique. Alors est-ce que c'est positif sur toute la ligne ? Non.

Le médicament peut aussi, dans certains cas, être clairement identifié comme le responsable des contre-performances personnelles, sociales ou professionnelles ou encore de changements dans la personnalité.

• Je ne suis pas comme ça, habituellement. Ça me change assez pour que je dise à ma patronne : « Écoute, je le sais que je fais plus d'erreurs ces temps-ci, je pense que c'est à cause de mes médicaments, c'est comme ça. » J'ai besoin de l'expliquer parce que ça me fatigue de ne pas être aussi performante que je pouvais l'être quand je ne prenais pas de médicaments.
• Je ne m'alimente pas bien, je fume, je me couche tard, je mange très mal, ça n'a peut-être rien à voir avec le Paxil, mais j'ose croire que c'est le Paxil.
• Quand j'en prenais beaucoup, j'ai vraiment eu un genre de trouble d'identité. « C'est qui, moi ? C'est moi qui prends les pilules, là ? » C'était vraiment bizarre. Je n'ai pas aimé ça, mais ça m'a aussi donné un *break*. D'une façon, c'était fantastique, mais en même temps, ce n'était pas moi et j'avais le goût de redevenir moi-même. J'allais bien, mais je n'étais pas moi-même.
• Je n'étais jamais triste, je n'étais jamais enthousiaste, je n'étais jamais

> fâchée. C'était vraiment toujours pareil, j'ai l'impression que mes émotions allaient moins dans des extrêmes, que ça émousse les émotions, qu'elles soient agréables ou pas.

L'image du « médicament confortable » tant répandue dans la littérature est difficile à trouver, mais, dans quelques cas, certains usagers témoignent du peu d'importance des effets secondaires sur eux.

> • Au début, j'avais un peu de troubles de vision, j'avais un peu mal au cœur, mais c'était vraiment peu intense et ça n'a pas duré très longtemps. C'est un médicament qui est relativement confortable pour moi.
> • Ça n'a pas eu d'effets secondaires, sauf de m'enlever toute libido. Alors, le médecin a encore changé d'antidépresseur et depuis, que je n'ai plus aucun effet secondaire.
> • Je n'avais pratiquement pas d'effets secondaires. J'ai pris un peu de poids, mais les effets secondaires, il n'y en avait pas vraiment.

Arrêt ou sevrage ? Essais, rechutes, recommencements

On l'a dit, l'antidépresseur est un corps à la fois étranger, étrange et stigmatisant. Sa seule prescription, parfois par un psychiatre, confirme l'usager dans son statut de personne souffrant d'un problème de santé, à ses propres yeux et aux yeux des autres. On a vu également que la décision de prendre des antidépresseurs n'est jamais facile ou banale. L'acceptation de se plier au traitement naît essentiellement de la persistance des symptômes handicapants, mais également de la perspective crédible de leur élimination à court ou à moyen terme. La crainte de la dépendance au médicament, parallèlement à celle de la chronicisation des symptômes, plane toujours, minant l'opinion que l'individu a de lui-même et le forçant à une redéfinition de ce qu'il pouvait accomplir jusqu'alors en révisant à la baisse des standards de fonctionnement (changement d'emploi, de cadence d'activités, reconfiguration de l'entourage, qualité de vie, report de certains projets, etc.), c'est-à-dire de sa moyenne à soi. Il y a aussi les effets secondaires qui, on l'a vu, ne sont pas négligeables. Il n'est donc pas étonnant qu'on veuille arrêter la prise du médicament et, si possible, oublier l'« épisode dépressif » le plus vite possible.

De même qu'on ne souffre pas, qu'on ne dysfonctionne pas et qu'on ne produit pas des symptômes comme on veut, on n'arrête pas la prise d'un antidépresseur comme on veut. Véritable rituel, le moment de l'arrêt semble assujetti à des règles implicites et explicites. Comment ne pas penser encore une fois au statut incertain de la molécule, constamment tiraillé, selon les circonstances et les contextes, entre drogue et médicament ? S'agit-il d'un arrêt ou d'un sevrage ? Les tentatives pour arrêter la prise d'antidépresseurs, que ce soit après une courte ou une longue période, donnent souvent lieu à des rechutes dépressives, parfois sévères et multiples. Avec les antidépresseurs, on parle moins de guérison que de soutien ou d'accompagnement à long terme[8]. Malgré tout, on espère un jour arrêter.

- C'est sûr et certain, je ne passerai pas ma vie avec ça.
- Les antidépresseurs, ça va pour guérir quelque chose, mais moi, ça traîne, ça traîne. À un moment donné, je voudrais m'en débarrasser, c'est mon but.
- Dans ma tête, il y a un but, c'est d'arrêter d'en prendre.
- Je ne peux pas croire que je vais prendre ça toute ma vie.

Tout comme il y a un « bon » antidépresseur indiqué (la bonne molécule en fonction des symptômes de la personne), une « bonne »

8. Depuis 2001 au moins, les psychiatres recommandent explicitement de poursuivre le traitement pendant une durée minimale de neuf mois. Canadian Psychiatric Association 2001, 2005.

dose à prescrire et un « bon » usage du médicament à respecter, il y a aussi une « bonne » façon d'arrêter, sous peine de subir des conséquences fort pénibles. Si on veut éviter la rechute dans l'enfer de la dépression, la décision d'arrêter doit être cautionnée par le professionnel, médecin ou psychiatre, seul initié dûment autorisé à la manipulation de la substance. C'est l'expert qui décide.

- Je me suis essayée, je lui ai dit que j'aurais aimé baisser la dose. Il m'a dit non ! J'y suis retournée une deuxième fois, il m'a redit la même chose. Et moi, cette fois, j'ai dit non ! Il m'a dit : « C'est qui, le médecin, c'est vous ou c'est moi ? » J'ai répondu : « C'est vous. »
- Oui, je veux arrêter, j'en prends parce que mon médecin m'a dit que c'était mieux que je n'arrête pas tout de suite, je continue parce qu'il me dit d'attendre un peu.
- Il faut toujours diminuer avec l'accord du médecin. C'est décevant, parce que tu penses toujours que tu es capable par toi-même.
- J'ai dit : « Je ne suis plus capable de supporter les médicaments, voulez-vous m'aider à les arrêter ? » Le psychiatre a répondu : « On va faire un test, mais si tu n'es pas capable de les arrêter, il va falloir que je t'en redonne. »

De plus, il existe un moment propice à l'arrêt. Surtout, il ne faut pas arrêter « trop tôt », et encore moins « du jour au lendemain ». Il faut, semble-t-il, donner la chance au médicament d'agir adéquatement et se donner soi-même le temps de s'y adapter. Les traitements s'allongent, et le chemin semble toujours trop long avant l'arrêt final tant souhaité. Lorsqu'on commence la phase de l'arrêt, il faut diminuer graduellement, doucement, tranquillement, la dose de la molécule.

- J'ai demandé une fois si je pouvais arrêter et ma psychologue et mon médecin ont pensé que c'était un peu trop tôt. Normalement, ça prend quand même un certain temps avant que tu t'habitues aux antidépresseurs. Et ils disent qu'avant un an, ce n'est pas très bon d'arrêter.

• J'aurais été prête à m'en défaire tout de suite, et elle m'a dit : « Bon, on va y aller très tranquillement. » Ça a pris plusieurs mois, quand même.

• Mon médecin m'a dit que c'était mieux que je n'arrête pas tout de suite. Il m'avait dit, au début : « C'est minimum un an. » Je pense que c'est juste après six mois qu'on a pu commencer à diminuer tranquillement. J'ai fait une diminution graduelle.

Certes, on peut toujours essayer d'arrêter soi-même ou « tout d'un coup », soit parce qu'on se sent mieux ou guéri, soit parce qu'on ne ressent pas les effets escomptés. Mais peu importe les raisons, tout laisse croire qu'il faut payer, parfois chèrement, les conséquences d'une telle initiative.

• La première fois, je n'ai pas écouté mon médecin et j'ai voulu arrêter tout d'un coup. Je me suis retrouvée à l'hôpital. Alors je me suis dit que je ne pourrais pas essayer d'arrêter du jour au lendemain. Je n'ai pas le choix.

• Je ne peux pas dire que j'ai vraiment senti l'effet que ça pouvait avoir. Je l'ai senti une fois où j'ai arrêté par moi-même, de façon assez abrupte. J'avais des étourdissements, des colères.

• L'arrêt des antidépresseurs, ça a été trois jours très difficiles. L'enfer. Je pense que c'est parce que j'ai décidé d'arrêter ça d'un coup sec.

Certaines personnes auront beau avoir pris les précautions nécessaires, suivi tous les rituels de l'arrêt : « l'enfer » de la dépression réapparaît. La descente se fait tantôt graduellement (certains symptômes réapparaissent tranquillement), tantôt plus abruptement que la première fois. Les raisons de la rechute sont variables, mais, parfois, il suffit d'un événement malheureux (perte d'emploi, peine d'amour, etc.) pour que l'équilibre qu'on avait enfin pensé avoir retrouvé soit rompu. La rechute vient, dans la plupart des cas, justifier la décision de prendre de nouveau des antidépresseurs. On retourne alors chez le médecin, on réajuste la dose, on réévalue le temps d'adaptation au médicament, on change, dans certains cas, de molécule. Le cycle de l'usage semble ainsi recommencer.

> • J'ai été deux ans sans prendre d'antidépresseurs, je me suis trouvé un emploi, ça allait très bien. Là, il s'est passé quelque chose avec l'employeur et j'ai perdu mon emploi. Je suis replongée dans la dépression. J'ai fini par appeler le médecin, qui l'a confirmé. Il m'en a redonné, et depuis ce temps-là, je les prends.
> • J'avais vraiment fait une remontée extraordinaire. On a décidé d'arrêter le traitement progressivement. J'ai quand même gardé cette espèce d'effet euphorique pendant les deux ans qui ont suivi, jusqu'au temps que j'ai eu ma deuxième peine d'amour. Là, ça a planté assez vite, il ne s'est pas passé six mois que je suis retombée en grosse rechute vraiment profonde. Mon médecin a dit : « On ne prendra pas de chance, on va te laisser sur les antidépresseurs. »
> • J'ai arrêté totalement. J'ai respecté ce qui était convenu, je n'ai pas arrêté d'un coup, mais j'ai eu un *rebound.* Deux mois après avoir arrêté, je me mets à avoir des crises d'anxiété comme jamais dans ma vie. Au bout de six mois, je me suis dit qu'il fallait que j'en reprenne, que je n'avais pas le choix. Le médecin disait : « Tu ne dois pas être guérie. »
> • Ça se fait doucement. Là, tu te dis que c'est peut-être à cause de tel événement. Bon, je suis un peu plus fatiguée, et il y a plus de tension au travail. Le médecin a bien vu que c'était comme la dernière fois ; elle a juste dit : « Peut-être qu'on a arrêté trop vite les médicaments, c'est que ç'aurait été préférable de faire au moins deux ans. » Je voulais tellement arrêter d'en prendre.

D'autres, pour éviter de tomber dans la spirale infernale des rechutes et de la reprise du traitement médicamenteux, doivent choisir, quelquefois sur le conseil du médecin, le « bon moment » (bonne saison, pause ou arrêt de travail, etc.) pour arrêter. Il s'agit de trouver des conditions idéales, avec le moins de contraintes possible, pour affronter les conséquences de l'arrêt. Mais ce moment idéal semble bien difficile à trouver, et il est souvent remis à plus tard.

• J'attends d'avoir terminé mon mémoire, je ne veux pas que ça interfère avec mes études, je veux être capable d'au moins terminer ça correctement et d'être dans un état d'esprit plus libre, avec moins de contraintes, quand je vais arrêter.
• Le médecin a dit : « L'hiver s'en vient, ce n'est pas avant le printemps qu'on va les baisser. »
• En septembre, je voulais arrêter, mais mon médecin m'a dit : « Essaie de tenir encore, ce n'est pas une bonne idée, en automne et en hiver. La température, ça n'aide pas. »
• Le médecin me demande : « Est-ce que tu vis des facteurs stressants ? » Évidemment, oui ! J'ai déménagé, je n'ai plus un sou, je dois à peu près 30 000 $, les créanciers sont à la porte. Il a dit : « On reste à 30 mg et on ne touche pas à ça. »

Ce qui, au début du traitement, pouvait être perçu comme « corps étranger » devient, souvent après l'épisode charnière de la rechute, un choix nécessaire, c'est-à-dire un « non-choix » devant le constat d'une existence fragilisée et de symptômes coriaces. L'antidépresseur devient alors moins étranger, une sorte d'« aidant non naturel », certes pas « désiré », mais qui est devenu une substance indispensable.

• J'ai essayé d'arrêter la médication tranquillement, en diminuant les doses et en suivant ce que le médecin me prescrivait. On baisse les médicaments et ça revient un an après. Je les reprends. On rebaisse encore parce que ça va mieux, c'est rétabli. Ça revient encore. Alors, tu n'as pas le choix de prendre ça à long terme parce que plus tu fais de dépressions, plus ça revient, plus t'as des chances que ça reviennent. Tu n'as pas le choix.

• Je n'ai plus le goût de prendre de chances. J'ai cinquante ans. Je n'ai plus envie de vivre ça. Pourquoi j'irais souffrir, pour dire que je ne prends pas un antidépresseur ? J'en prends, des antidépresseurs, ça ne change rien à ma vie, sinon que ça me rend ma vie vivable. Pourquoi souffrir le martyre ? À vingt ans, j'aurais pu tout lâcher et me dire : « Je vais me battre, je n'ai pas besoin de prendre ça, c'est une béquille. » Aujourd'hui, je suis plus mature. Je suis plus sage. Je me dis, si j'en ai besoin, j'en ai besoin.
• Dans mon cas, chaque fois que j'ai arrêté, ça a été un échec, les symptômes revenaient assez rapidement.

En Occident, le nœud tissé entre l'individualité, les problèmes de santé mentale et les stratégies conçues pour les gérer se transforme constamment en fonction de la variation normative (les modèles institués d'adaptation et d'inadaptation sociales), de la redéfinition des lieux d'interface entre le corps et l'esprit (topiques psychanalytiques, économies des neurotransmetteurs, articulations génétiques de l'hérédité du comportement, etc.) et de la modification des repères culturels définissant la douleur physique et morale (modalités de souffrance psychique, seuils de tolérance, etc.). L'épreuve dépressive et ses « remèdes » ne sont intelligibles qu'en fonction de ces trois dimensions. Freud affirmait que le rôle de la psychanalyse était de transformer les symptômes inconfortables dont se plaint le névrosé en « malheur ordinaire ». Est-ce le rôle actuel des antidépresseurs ? Aujourd'hui, on l'a dit à plusieurs reprises, les névrosés n'incarnent plus les figures de la nervosité sociale et la psychanalyse est très peu sollicitée pour traiter les symptômes des déprimés et des anxieux. Le malheur ordinaire, exprimé aujourd'hui par un ensemble polymorphe de souffrances dites sociales dont le statut pathologique est à tout le moins douteux[9],

---

9. Le terme « détresse psychologique » est utilisé pour désigner ce registre de souffrance polymorphe qui se situe quelque part entre le malheur ordinaire et les symptômes psychiatriques. Un Québécois sur cinq serait, semble-t-il, en détresse psy-

s'est à ce point diffusé dans la vie sociale, et ce, dans les différents groupes sociaux, que le nombre de troubles mentaux semble s'être démultiplié. Toutefois, si la souffrance sociale, et sans doute à force de la traquer partout, semble à ce point présente[10] (au point que celui ou celle qui ne souffre pas devient suspect), il existe une différence, voire une rupture, entre le trouble mental et la souffrance sociale. Où se situe la frontière entre les deux ? S'il semble impossible de la tracer de manière précise lorsqu'il s'agit de nervosité sociale, le rapport à l'antidépresseur est l'un de ses possibles marqueurs.

Si le statut de l'antidépresseur demeure ambigu — ni tout à fait médicament de l'esprit ni tout à fait médicament du corps ; ni entièrement médicament ni entièrement drogue —, n'est-ce pas le cas pour tout médicament psychotrope ? Le rapport antidépresseur-individualité est certes complexe et ambivalent. Toutefois, c'est en définitive la persistance de symptômes tenaces, menaçant sérieusement le fonctionnement de l'individu, avec toutes les conséquences qui en découlent pour les trajectoires sociales, qui constitue la pierre de touche d'un tel rapport. On ne parle pas ici de malaise vague ou de souffrance générale. Si l'antidépresseur est un corps à la fois étranger, étrange et stigmatisant, sa valeur d'usage, telle que nous l'avons définie, semble être reconnue dans sa fonction la plus élémentaire : le rétablissement du fonctionnement et, dans certains cas, la survie.

La perte de « spécificité » des antidépresseurs, la difficulté de s'en déprendre, l'enchevêtrement des effets secondaires et des symptômes, le rapprochement des registres de la dépression et de l'anxiété, l'im-

---

chologique, que l'on définit comme « le résultat d'un ensemble d'émotions négatives ressenties par les individus qui, lorsqu'elles se présentent avec persistance, peuvent donner lieu à des syndromes de dépression et d'anxiété ». Camirand et Nanhou 2008, p. 1.

10. Voir, par exemple, les excellents travaux de Fassin (2004) et de Renault (2008) sur l'émergence et la diffusion de la « souffrance sociale » dans les sociétés contemporaines, qui offrent deux interprétations différentes de ce phénomène.

portance du fonctionnement ordinaire comme effet recherché des médicaments sont autant de signes qui brouillent les frontières entre malheur ordinaire et trouble mental plutôt qu'ils ne contribuent à les définir. Or, on l'a dit, les « nervosités sociales » ne se guérissent pas, mais disparaissent et laissent la place à d'autres, et le même processus s'applique aux réponses thérapeutiques. Assistera-t-on un jour à la « découverte » psychiatrique d'un énième syndrome, celui de l'anxio-dépression, regroupant un ensemble hétérogène de symptômes dont la principale conséquence serait la difficulté globale de fonctionner normalement ? Assistera-t-on un jour à une « découverte » tout aussi impudente de la psychopharmacologie : celle d'un médicament qui ne cacherait plus, cette fois, son statut « non spécifique » de remontant, dopant, énergisant, mais qui affirmerait néanmoins son caractère « utile », capable de s'attaquer à la « panne du fonctionnement social » ? Difficile à dire, mais la généralisation simultanée du soupçon à l'égard des limites ontologiques de la dépression et du registre d'action des antidépresseurs laisse présager des changements prochains. Si la dépression met à l'épreuve l'individualité en la testant et en la révélant, l'individualité l'oblige simultanément à redéfinir ses caractéristiques et les manières de la combattre. Nervosité sociale et individualité sont indissociables.

CHAPITRE 8

Sorties d'épreuve

Quand il ne peut plus lutter contre le vent et la mer pour poursuivre sa route, il y a deux allures que peut encore prendre un voilier : la cape (le foc bordé à contre et la barre dessous) le soumet à la dérive du vent et de la mer, et la fuite devant la tempête en épaulant la lame sur l'arrière avec un minimum de toile. La fuite reste souvent, loin des côtes, la seule façon de sauver le bateau et son équipage.

HENRI LABORIT, *Éloge de la fuite*

Il faut s'efforcer de penser en quoi peuvent consister les protections dans une société qui devient de plus en plus une société d'individus.

ROBERT CASTEL, *Les Métamorphoses de la question sociale*

Les thérapies chimiques et psychiques ont des effets complexes mais indéniables sur la vie des personnes déprimées. Comment départager ce qui revient aux traitements, aux caractéristiques générales de l'épreuve, à l'effet placebo, aux décisions prises par les personnes elles-mêmes, aux pressions et encouragements sociaux, etc. ? On l'a vu, parfois ces stratégies d'intervention sur l'épisode dépressif sont bénéfiques, parfois elles le sont moins. Lorsqu'elles fonctionnent, on attribue leur succès à l'efficacité dans la régulation, l'atténuation ou la disparition des symptômes dont les individus déprimés souhaitent se débarrasser. Bien entendu, la notion d'« épisode dépressif » est une catégorisation psychiatrique forcément réductrice, mise au point à des fins spécifiquement médicales de traitement et de diagnostic, qui désigne et isole un ensemble de signes et symptômes « cliniquement significatifs ». Cette catégorisation est un découpage disciplinaire d'une expérience de vie beaucoup plus large et complexe caractérisée globalement par deux injonctions adressées à l'individualité ordinaire : ne pas pouvoir et ne pas pouvoir vouloir. Gérer, soigner, traiter un épisode dépressif, c'est agir globalement, mais de manière techniquement réfléchie (thérapies chimiques et psychologiques) et disciplinairement codée (psychiatrie, psychologie, neurosciences), sur l'individualité qui est mise à l'épreuve, tout en s'y référant pour la mise au point de la réponse thérapeutique. De manière très générale, « se rétablir » consiste soit à rejoindre la « moyenne à soi » de laquelle on a dérogé dans son fonctionnement social, soit à atteindre de nouveaux standards de fonctionnement, revus et corrigés en fonction des conditions de sortie de l'épreuve dépressive. Qu'est-ce que « se rétablir », « sortir », « se sortir » d'une dépression ? Qu'est-ce qu'être guéri ? Qu'est-ce que retrouver la santé mentale ? Qu'est-ce que redevenir un individu « ordinaire », « fonctionnel », « normal » ou « moyen » ? « Qui » revient de l'épreuve dépressive ? Il existe une multitude de « sorties » d'épreuve dépressive, qui vont du rétablissement complet au handicap total, en passant par l'amélioration satisfaisante et la fragilisation assumée. On peut aller bien, mieux ou moins mal ; on peut devenir quelqu'un d'autre par l'incorporation douloureuse d'une fragilité durable ; on peut aussi « ne plus déprimer » ou « ne plus se rétablir ».

Aller bien, mieux, moins mal

L'épreuve dépressive oblige les individus qui la traversent à remettre en question leurs standards de fonctionnement individuel et social, en ce sens que chacun est contraint de revoir, d'analyser, de tester et souvent de réévaluer sa « moyenne à soi ». Cet exercice, auquel l'individu est contraint plutôt qu'invité, concerne tous les aspects de sa vie, mais il engage tout particulièrement, on l'a vu dans le chapitre 5, le rapport au travail et le rapport à soi, qui sont devenus des dimensions névralgiques et indissociables dans les sociétés contemporaines d'individualisme de masse.

On est en voie de rétablissement, on se rétablit partiellement, voire complètement, mais « se rétablir » signifie rarement redevenir celui ou celle d'avant l'épreuve dépressive. On en sort différent : meilleur, pire, plus fragile, plus fort. N'est-ce pas le propre de toute épreuve ? On pense, on ressent et on agit désormais différemment, du moins à certains égards, notamment en ce qui concerne son rapport au travail (ou ce qu'on entend plus généralement par la « vie active ») et son rapport à soi (ce qu'on entend souvent par « vie intérieure »). La notion de rétablissement, qui remplace aujourd'hui massivement celle de guérison, implique l'établissement d'un nouvel équilibre de forces, d'un nouveau compromis entre ce qu'on souhaite accomplir et ce qu'on est désormais capable d'accomplir ; une nouvelle « moyenne à soi » de fonctionnement individuel et social. Tout comme la dynamique de l'épreuve dépressive, la dynamique du rétablissement est indissociablement psychologique (forces et fragilités psychiques) et sociale (coercitions et possibilités sociales) et s'oriente inéluctablement en fonction des caractéristiques générales de l'individualité contemporaine.

Dans certains cas minoritaires, les médecins et les médicaments, les thérapies et les thérapeutes semblent jouer tout au plus un simple rôle transitoire de soutien externe, voire d'assistance de l'individualité momentanément perturbée. Lorsqu'on se dit, qu'on se sent et qu'on se pense complètement rétabli et « amélioré comme personne », c'est l'individu lui-même, c'est-à-dire sa volonté et sa capacité individuelle à combattre la maladie, à cheminer intérieurement, à traverser des épreuves, qui est mis de l'avant comme le moteur décisif de la transformation. Les règles de l'individualité contemporaine sont exposées dans leur version canonique : assumer ses responsabilités, faire preuve d'autonomie, faire face individuellement à ses problèmes, prendre des initiatives opportunes, développer un esprit gestionnaire, faire preuve d'optimisme, montrer une disposition constante à se battre et à gagner, faire preuve de confiance en soi, avoir une capacité à établir des objectifs clairs et réalistes, faire toujours preuve de volonté, etc. En quelque sorte, l'individu souverain est celui qui peut dire haut et fort : « Le rétablissement, c'est Moi. »

> • Je me trouve très bon, je me tape sur l'épaule pour m'être sorti de cette dépression sévère en trois mois. Je n'ai pas l'intention de pleurnicher chaque fois qu'un problème va arriver, je veux faire face à mes responsabilités, je veux faire face aux problèmes qui vont arriver éventuellement dans la vie. C'est bien beau, de prendre des médicaments, mais il faut faire plus, sortir de là, et aussi essayer de te changer les idées, de faire autre chose. Pour moi, ç'a été un combat. Mon « ami » le psychologue, il ne m'a pas aidé du tout, il m'a juste reposé les mêmes questions ; je perds mon temps avec lui, mais enfin… Donc, c'est moi, c'est moi qui ai gagné, j'ai gagné contre la maladie de la dépression. Alors, si j'ai à me féliciter, je vais me féliciter ; je m'en sors, c'est tout.
> • À l'intérieur, je me sens vraiment épanoui, confiant, festif, je me sens équilibré, mes idées sont claires. Dans l'ensemble, je suis assez fier, ça me donne une belle énergie, une belle confiance et une régularité aussi. Je me dirige vers un objectif, un but. C'est plus clair, c'est plus défini, c'est plus gestionnaire comme point de vue, mais tout en gardant une certaine fantaisie et un certain plaisir dans tout ça.
> • Quand on veut, on peut ! Ça ne veut pas dire que ton chemin est toujours clair ; il y a toujours des petits cailloux qui se présentent. Il s'agit juste de t'arranger pour les éliminer, d'aller chercher une pelle ou une pioche pour l'enlever, le petit caillou.
> • Disons qu'il faut souvent toucher le fond du baril, comme on dit, pour pouvoir renaître ou devenir une meilleure personne. Il m'a fallu ça pour pouvoir fonctionner et devenir qui je suis aujourd'hui.

Les succès complets, les histoires qui décrivent des formes de rétablissement où le bonheur règne sans partage demeurent rares. La plupart des récits de l'épreuve dépressive sont moins concluants, plus nuancés et hésitants. On progresse, on chemine, on avance avec plus ou moins de succès dans le processus de rétablissement, à la recherche d'un nouvel équilibre, mais on demeure humble et prudent. Parfois, on va « mieux », ou plutôt « moins mal », les nuances ne sont pas toujours claires, mais elles sont multiples. Dans tous les cas, des processus manifestes ou latents redéfinissent les limites et les possibilités de ce qu'on est en train de devenir et de ce qu'on sera désormais capable d'accomplir. Dans tous les cas, les « supports » (thérapies, médicaments, groupes d'entraide, etc.) semblent encore nécessaires et complémentaires à la seule volonté individuelle. Lorsqu'on va « moins mal », on se donne des horizons temporels généreux, on se compare aux autres, « pire que nous », on montre qu'on entame tranquillement des démarches, on tente de chiffrer l'amélioration pour mieux la saisir, mieux la maîtriser.

- Je m'en suis sortie Je ne suis pas guérie, mais, c'est moins pire.
- Mon but, c'est de guérir ; si ça me prend deux ans, ça prendra deux ans, si ça en prend trois… j'espère que non, mais si j'ai à me rendre là… Le but, au bout du compte, c'est que je sois bien, c'est que je sois guéri. Si j'évalue ma condition par rapport à ce que j'étais avant, quand j'étais vraiment bien — ça fait quand même un bout —, je dirais que je suis à peu près à 65 %.
- Je vois ça comme un processus très progressif. C'est assez long, je pense, sortir de ça. Je ne pense pas que j'en suis tout à fait sorti, mais j'en suis peut-être à 70 %, environ.
- Je me dis qu'il y a toujours pire que moi. Pas besoin d'aller très loin pour voir qu'il y a pire que toi. Je me dis, j'ai un toit, ma fille est en santé, j'ai à manger même si c'est difficile d'aller faire les courses. Ça ne durera pas. Je me prends en main, je rencontre les conseillers à l'emploi. Encore hier, je les ai rencontrés. Ils m'aident. On a refait mon

CV. Bon, je fonctionne. Je n'ai pas le goût de rester comme ça, de prendre [des médicaments] toute ma vie.

• Je dirais que je suis cicatrisé. Je pense que j'ai fait le deuil. J'ai compris beaucoup de choses avec la thérapie. J'y vais encore aujourd'hui, mais je commence à comprendre de plus en plus. Il y a peut-être les trois quarts du chemin qui sont faits. Il me reste encore le quart du chemin à faire en thérapie. Je peux dire que je suis guéri à 75 %.

Lorsqu'on va « mieux », plutôt que « moins mal », le ton général est différent. Les horizons de rétablissement complet sont moins lointains, on se sent sur la bonne voie, on commence à formuler des projets et on se reconnaît des qualités intérieures qu'on peut continuer à développer. On est « presque » prêt à recommencer.

• Je ne suis pas encore stable. Mais je suis quand même sur la bonne voie. Aujourd'hui, je ne me considère plus comme quelqu'un qui est dépressif. J'ai l'impression d'entrer dans la lumière. Enfin ! Après toutes ces années, il y a des choses qui se passent, ça change, la roue tourne et je suis en train de me refaire.

• Là, je suis en voie de guérison. C'est juste que tu es plus forte pour passer à travers les épreuves. J'espère que maintenant, quand il y aura un obstacle, je ne vais pas m'apitoyer sur mon sort, ou m'affaisser devant l'obstacle. Je vais l'affronter et passer au travers. C'est ça, dans le fond, la guérison de la dépression.

• J'ai appris que, finalement, j'avais vraiment une force intérieure. parce que j'ai réussi à passer à travers tout ça ! Je me dis, finalement, que je ne suis pas si faible que ça. Il a quand même fallu que j'aie une force intérieure pour réussir ça. Aujourd'hui, je me dis, finalement, il y a de l'espoir, je suis sûre que ça va encore s'améliorer, et tout ça. J'ai aussi dédramatisé beaucoup de choses.

• Je commence à m'orienter vers le marché du travail. Je cherche des jobs. Je soupe et on se couche. Ma vie sexuelle est normale, satisfaisante. Je n'ai aucun problème physique et je dors normalement. Et je me sens plus en contrôle. J'ai plus le goût de voir du monde. J'ai repris contact avec mes anciens amis. Je suis prêt à rencontrer des gens que je ne connais pas. J'étais très, très impatient et irritable. Je suis patient, moins solitaire. Je me promène en vélo dans la ville.

Les marques de l'épreuve

Le thème de la fragilité, ou de la vulnérabilité biologique, psychologique et sociale, a un succès significatif quant vient le temps d'expliquer des phénomènes dont les causes sont introuvables, invérifiables ou multiples. L'hypothèse polyvalente, vraisemblable et convaincante de l'existence de « fragilités » (psychologiques, génétiques, sociales, etc.) qui expliquent « ce qui ne va pas » ainsi que la persistance de « ce qui ne va pas » y est pour beaucoup. Tout comme la souffrance, les fragilités sont partout. Elles permettent de nommer l'innommable, d'expliquer l'inexplicable, et, parfois, de justifier l'injustifiable. Les auteurs du DSM-IV affirment que l'étiologie de la dépression demeure inconnue et les effets des thérapeutiques psychiques et chimiques font, quant à eux, l'objet de débats continuels. Ces incertitudes étiologiques et thérapeutiques constituent un terreau fertile pour l'explication par les fragilités, autant de la probabilité de sombrer dans l'épreuve dépressive que pour ce qui est des chances de rétablissement.

Dans les récits des personnes déprimées, c'est surtout la fragilité « acquise » dans l'épreuve dépressive qui explique le plus souvent le rythme et le degré du processus de rétablissement. Dans une moindre mesure, des fragilités « innées », biologiques (prédispositions génétiques) ou psychologiques (tendances psychologiques subjacentes), sont évoquées. On se considère comme plus fragile avant tout à cause de l'épreuve dépressive qu'on traverse ou qu'on vient de traverser plutôt qu'en raison des failles du passé lointain, que celles-ci soient génétiques, familiales ou psychologiques. C'est l'épreuve présente qui explique le plus souvent la fragilité présente. La réponse institutionnalisée à cette fragilité « acquise » dans l'épreuve dépressive n'est pas non plus tournée vers le passé, mais vers le présent et l'avenir : il faut continuer à « travailler sur soi » et apprendre à gérer les tensions de la vie courante. De même que le rapport au travail est, de préférence au rapport à la famille, systématiquement inclus dans les explications de la dépression, le présent tient toujours un rôle plus déterminant que le passé dans l'épreuve dépressive. Dépression, conséquences de la dépression (fragilité) et rétablissement se jouent au temps présent.

• Je me considère comme guérie mais fragile. Je pense que si je ne retravaille pas sur moi, il est possible que je replonge là-dedans.

• Je n'ai pas l'impression que je suis toujours en dépression, mais je suis consciente que je suis fragile. Je sais que, quand il survient des événements plus stressants, j'ai un peu de misère !

• Je dirais que je sais que je suis probablement plus fragile que la moyenne du monde. S'il m'arrive encore quelque chose comme ça, peut-être que je vais faire un autre épisode. Je ne le sais pas.

• Je pense qu'on reste fragile. Pour moi, reconnaître cette fragilité-là, c'est déjà un rempart.

• Je me sens infiniment mieux. Mais je me disais que la dépression, c'est un peu comme l'alcoolisme : quelqu'un qui est alcoolique est alcoolique à vie, même s'il ne boit plus. Je me disais que quelqu'un qui a fait une dépression est peut-être sensible à vie.

• On sort de là fatigué, un peu éclopé. C'est sûr que je ne me sentirais pas en état de reprendre la traversée du marais. J'en ai fait trois en pas longtemps, et mon médecin me dit que je suis chanceux de m'en sortir comme ça, qu'il y a beaucoup de gens qui s'en sortent pas mal plus diminués.

• Je ne me considère pas en dépression, je me considère en thérapie. Je ne sais pas ce que c'est, être guérie. Je ne sais pas si je vais jamais me sentir guérie, parce que je ne pense pas que je vais revenir à ce que j'étais avant.

La fragilisation de soi par l'épreuve dépressive doit être interprétée comme un processus double : on est devenu plus vulnérable à la dépression, mais, en même temps, on a tiré des leçons utiles pour l'éviter ou, à tout le moins, pour la gérer en contournant les erreurs de parcours déjà commises. Il faudra désormais demeurer vigilant et attentif en tout temps, savoir écouter les signes annonciateurs, éviter les situations stressantes et agir en conséquence. Si possible, il faudra devenir soi-même un « expert » dans la gestion quotidienne de cette fragilité acquise et désormais latente qui risque de mettre encore une fois l'individualité à l'épreuve. Gestionnaire responsable et autonome de sa propre fragilité, expert de la connaissance de soi-même, dépisteur des sources de stress, prenant des initiatives d'hygiène de vie, maintenant un esprit positif malgré tout, désireux de se prendre en main, l'individu « fragilisé » par l'épreuve dépressive entre à son tour en résonance globale avec les règles de l'individualité contemporaine. Il est encore un individu de « sa » société qui, en quelque sorte, le recrache parce qu'elle ne peut absorber l'épreuve dépressive et le ravale en le resocialisant par la « sortie » d'épreuve.

- Je suis très attentif. Si je vois que je suis fatigué, je vais prendre un congé. Les facteurs stressants, je les évite. Les gens négatifs aussi, je les évite. Je reste le plus possible positif. Je suis très à l'écoute de moi-même. C'est important de s'écouter. Je pense que, quand on ne se sent pas bien, il faut faire tout de suite le premier pas.
- Des petites lumières vont allumer, et je vais réagir. Je vais aussi être plus à l'écoute de mon entourage. Je prends ça vraiment comme une grosse épreuve dans ma vie, mais je suis sûre que je vais en sortir plus forte. Armée jusqu'aux dents pour le restant de mes jours ! En tout cas, c'est mon souhait.
- Peu importe les changements que je vais faire dans ma vie, ces

signes-là vont revenir à un moment donné, alors je veux être capable de les sentir, de les écouter et de faire ce qu'il faut pour ne pas retourner dans cet état-là. Si je dois faire une autre dépression pour le comprendre, eh bien, j'en ferai une autre.

• Il faut que je prenne ça en main et que je règle ça. Si tu ne règles pas ça, c'est une bombe à retardement, ça peut péter n'importe quand.

• Je le sais tout de suite quand quelque chose ne va pas. Je le sens, et je me dis « Ah, il faut que j'aille voir l'acupuncteur, je ne dors pas bien. » Je pense que je suis capable de mettre mes limites, et dès que je sens que quelque chose peut me faire retomber, je fais demi-tour. Je me connais.

Au lieu de parler de fragilité, certaines personnes considèrent que la dépression les a confrontées soit à leurs propres limites, soit à de nouvelles limites. Dans le premier cas, l'apparition de l'« épisode dépressif » agit comme un révélateur du type de tensions qu'on est incapable de supporter ou de l'intensité des performances qu'on est incapable d'accomplir. On est allé trop loin et on est ramené par la dépression à sa véritable « moyenne à soi ». Ce qui est, bien entendu, douloureux pour ses ambitions et ses rêves ainsi que pour l'opinion, l'image et l'estime que l'on a de soi-même. La dépression rappelle aux uns et aux autres que, dans la vie réelle, contrairement aux publicités démagogiques et racoleuses, *sky is* not *the limit.* Dans le second cas, les nouvelles limites sont issues des « séquelles » attribuables à l'épreuve dépressive qui exigent désormais la révision à la baisse de la « moyenne à soi » dans plusieurs domaines d'activité ainsi que le respect strict de nouveaux standards sous peine de rechute. On l'accepte, on se résigne, on s'adapte, on se réinvente, on se fait une raison, mais la transition est rarement aisée.

• Ça m'a confirmé que je n'étais pas invincible, malheureusement, et qu'il faut parfois que je me donne corps et âme aux spécialistes. Parce que normalement je suis maître de ma maison, de moi-même, de ma famille, mais là je n'étais plus maître de moi et il fallait que j'accepte de me confier vraiment, physiquement aussi, à l'aide des professionnels, à d'autres personnes.

• Je suis quand même conscient qu'il y a des seuils de fatigue qu'il ne faut pas que je dépasse. Peut-être que ce serait la même chose même si je n'avais rien eu.

• C'est très dur à accepter de ne pas être parfaite. Je n'arrive pas à diminuer mes attentes envers moi-même. Je suis toujours déçue. Je ne pense pas que je sois capable d'être heureuse avec la personne que je suis.

• J'évolue encore dans ma guérison, parce que j'ai appris à tester mes limites. À voir jusqu'où je suis capable de supporter le stress à nouveau.

• Je ne me suis jamais sentie comme maintenant, c'est-à-dire que je n'ai jamais eu ce discours qui dit : une journée à la fois, ce n'est pas si grave, il y a pire que ça dans la vie. Même si ma situation n'est pas reluisante, je fonctionne quand même et je ne déprime pas. Je suis stressée parce que c'est stressant.

• Je pense qu'il y a une limite. Quand on se met à aller mieux, je pense qu'il faut en rester conscient et se dire qu'il ne faut pas non plus aller trop loin. Garder un contrôle sur soi, sur sa vie à soi.

Fragilité acquise, nouvelles limites revues à la baisse, diminution des attentes envers soi-même et envers l'avenir : toutes choses qui mènent forcément à réorganiser sa vie. C'est un constat à la fois pénible et réaliste, on ne peut plus vivre au rythme d'avant, on n'est plus le même individu en matière de capacités de fonctionnement social, il faut donc agir en fonction des nouvelles coordonnées physiques, psychiques et sociales que l'épreuve dépressive a imposées. Si la grande majorité des personnes déprimées signalent le rapport au travail (tensions, surcharge et rythme de travail, organisation, conflits, frustrations, manque de reconnaissance, etc.) lorsqu'il s'agit d'expliquer le déclenchement de la dépression, c'est en toute logique que la principale variable de réajustement des activités de ces personnes est le rythme, le type, voire la place relative du travail dans leur vie. Pour certaines, ce n'est pas une décision facile à prendre. On l'accepte avec regret, déception ou résignation.

- Au moins, je travaille à temps partiel. Je me dis que ce que je peux faire, je le fais, et pas que je ne peux plus rien faire. Je m'accroche à ce que je peux.
- J'ai pris un emploi. Je ne suis plus à contrat, à la pige. C'est peut-être moins payant, mais c'est moins stressant.
- Si tu continues à vivre dans le même climat malsain, tu auras beau prendre des pilules, ça n'aidera pas beaucoup. Alors là, il faut que tu prennes une décision, c'est toi qui la prends : je me retire, et dans le cas dont je parle, c'est un congé de maladie… Alors TU te retires, TU commences à ne plus penser au boulot, toujours TU… TU prends tes médicaments selon la prescription du médecin. Finalement, ce n'est plus pareil, c'est l'extérieur qui te bombarde.
- J'ai de la difficulté à accepter ma situation, parce que ce n'est pas ça que je voulais dans la vie. J'aurais aimé faire quelque chose que j'aime, me lever le matin et être contente d'aller travailler, faire quelque chose qui m'intéresse.

D'autres personnes réussissent à voir les choses sous le mode d'un compromis nécessaire et positif qui consiste à redistribuer les investissements de la vie quotidienne. C'est le rapport au travail qui semble toujours problématique. On l'investit alors autrement, et surtout, moins. On pense ainsi améliorer sa qualité de vie, tout en se protégeant du spectre de la rechute dépressive qui n'est pas encore disparu.

- Je fais un travail que j'aime plus qu'avant. Je vois du positif là-dedans. Parce que si j'avais eu plus de capacités, peut-être que je me serais accrochée à des emplois que je n'aime pas pour l'argent. Là, j'accepte d'avoir moins d'argent, mais je suis plus heureuse.

• Ce que je fais actuellement, ce n'est plus le travail que je faisais avant. Je travaille à la maison, je suis artisan, artiste, alors je fais ce que j'aime. Mon épouse m'a dit : « Toi, tes chemises et tes cravates, c'est fini ; moi, je veux t'avoir vivant, je ne veux pas t'avoir en train de mourir comme un malade. » Je fais ce que je veux dans mon atelier, c'est quelque chose que j'aime, alors je ne vois pas comment la dépression peut venir me chercher, parce que c'est un autre monde.

• Je le vois comme une expérience quand même positive, je trouve ça formidable, à trente ans, de trouver un sens ailleurs que dans mon travail ou dans mon accomplissement professionnel. Ça m'a permis de me reconnecter avec plein de facettes de la vie qui sont agréables et intéressantes, de recommencer à rêver, d'avoir un meilleur contact avec mes amis.

• Ma *job* est importante, mais je ne fais pas d'opérations à cœur ouvert. Si mon client m'appelle et tombe sur ma boîte vocale, il n'en mourra pas. Je suis une travailleuse, je suis une *workaholic*, j'ai du plaisir à faire ça, mais là, je me suis dit qu'il y avait d'autres choses à faire dans la vie, alors je travaille quatre jours semaine.

Ne plus déprimer, ne plus se rétablir

Toutes les thérapies suivies, tous les médicaments consommés, toutes les réorganisations entreprises dans la vie quotidienne portent la même promesse : atteindre d'une façon ou d'une autre le même objectif formulé de différentes façons : « ne plus être dépressif », « guérir », « atteindre un nouvel équilibre ». Mais qu'est-ce que cela signifie concrètement ? Les réponses renvoient encore aux caractéristiques générales de l'individualité contemporaine en fait de capacité à 1) restructurer cognitivement la lecture de sa propre situation (voir les choses autrement) dans le sens du réalisme (ce qu'on peut et ce qu'on ne peut pas changer) et de la pensée positive (ne pas rester accroché à ses échecs, mais valoriser les bons coups) ; 2) gérer ses émotions (réguler son humeur) ; 3) maîtriser les dimensions temporelles de sa vie (vivre le présent et planifier modérément l'avenir) ; 4) faire preuve d'introspection afin d'avoir une meilleure connaissance de soi (savoir ce qu'on veut et ce qu'on ne veut pas). On est encore une fois seul. Le rapport à soi prend toute la place dans la conception qu'on se fait de l'individu qui subit, traverse, surmonte l'épreuve dépressive. Il s'agit de se « rebâtir comme individu » en faisant concrètement preuve d'individualité fonctionnelle.

> • Ne plus être dépressif, c'est voir les choses différemment, finalement. Un dépressif va voir ses échecs et les mettre à son passif. Quelqu'un qui est guéri de la dépression voit ses échecs supposés et les met dans le positif, dans l'actif. C'est ça, être guéri : pouvoir vivre dans le moment présent en planifiant le futur au fur et à mesure, mais sans excès, parce que si on met trop d'emphase dans le futur, ça devient un autre problème de dépression ou d'insécurité. La personne guérie de la dépression, non dépressive, vit énormément dans le présent ; elle se sert du passé quand elle en a besoin, et du futur quand elle en a besoin.
> • C'est de voir dans cet environnement-là ce qui te plaît, ce qui ne te plaît pas, ce que tu peux changer, ce que tu ne peux pas changer, ce qui est sous ton contrôle et ce qui ne l'est pas. C'est ça, être en équilibre. Je fonctionne, j'opère ma vie, je pense que je suis dans la réalité.
> • Je prends le temps de faire une introspection ; qui suis-je et où est-ce que je veux aller, qu'est-ce que je veux et qu'est-ce que je ne veux pas dans ma vie. Ce temps-là, c'est pour moi, pour me rebâtir une identité et pour me rebâtir aussi comme individu.
> • Être guérie, pour moi, ce serait accéder à une certaine sérénité. Je serai guérie le jour où je serai capable, avant de péter un plomb, de dire, là, il y a une émotion qui monte, mais je le sais et je ne veux pas la laisser avoir une emprise sur moi. Il faut que je réagisse avec moins d'émotivité. Parce que c'est mon émotivité qui me rend malade, en fait.
> • J'ai appris que je suis humaine, j'ai appris à composer avec cette

idée-là de la dépression. Le plus important, c'est vraiment de croire en la capacité de la personne, qu'elle-même a des ressources et de l'aide autour d'elle.

Si certaines personnes réussissent à « ne plus déprimer » ou sont en voie d'y parvenir en « rejoignant/rétablissant » à différents degrés les dimensions minimales de l'individualité ordinaire, ce n'est pas le cas de toutes. Lorsqu'on ne réussit pas à se dégager de l'ombre portée qui assombrit l'individualité ordinaire, on risque d'entrer dans un univers très pénible, que l'on compare parfois avec ceux de l'alcoolisme ou de la toxicomanie, celui de la rechute. Dans la littérature et les avis professionnels sur l'observance de la médication, l'arrêt prématuré est l'une des causes de rechute les plus souvent évoquées. Cependant, même lorsqu'on observe à la lettre les indications du médecin et que l'on décide en accord avec lui du moment opportun de l'arrêt, la dépression revient, tantôt sous une forme plus légère, tantôt sous une forme plus brutale et virulente.

• J'ai arrêté le traitement, pensant que j'étais suffisamment remise sur pied. J'ai fait une rechute deux ans plus tard. Mon médecin m'a dit de prendre des antidépresseurs pour deux ans, cette fois. Et encore une fois, au bout de deux ans, j'avais fait une remontée vraiment extraordinaire. Donc, on a décidé d'arrêter le traitement. Il ne s'est pas passé six mois que je suis tombée en grosse rechute, vraiment profonde. Cette fois, mon médecin m'a dit : « On va te garder sous antidépresseurs en prophylaxie pour prévenir des rechutes éventuelles. »
• J'ai recommencé à avoir des épisodes de vide, de déprime. C'était moins aigu, mais plus long. Ça durait cinq, six heures, mais c'était de la déprime — moins profonde, mais de la déprime. Je suis retourné voir le médecin et elle m'a dit carrément que j'allais devoir recommencer le traitement.
• La deuxième fois, ça a été un peu moins intense, parce que j'ai réagi à temps, je n'ai pas attendu que ça dégénère trop.

• On avait essayé, pour voir, d'arrêter ; et j'ai replongé complètement.
• La rechute a été pire que le début de ma dépression. Je n'ai jamais été aussi bas. J'ai mis un an à en remonter.

Dans la rechute, on peut voir en filigrane le spectre angoissant mais encore innommé de la chronicité, qui mine sourdement le moral des personnes de plus en plus découragées. La perspective d'avoir à faire un choix entre prendre des antidépresseurs à vie et se résigner à encaisser une autre fois, et de manière inattendue, le coup d'une nouvelle dépression, devient de plus en plus nette.

• Des journées, ça va bien. Tu te dis : « Voyons, j'ai rêvé ça ? Il me semble que j'irais travailler aujourd'hui, il me semble que je vais bien. » Puis, une heure plus tard, pouf ! Tu tombes carrément. C'est vraiment fatigant parce que tu ne sais pas à quoi t'attendre, tu ne sais pas quand tu vas retomber.
• Je suis encore fragile. J'ai tendance à rechuter, à avoir des rechutes de périodes dépressives.
• Même après la médication, j'ai eu des rechutes. Ca fait quand même un bout de temps que je n'en prends plus. Mais j'avoue que j'ai tendance à faire des rechutes de dépression.
• Je ne peux pas dire si je vais avoir une rechute ou pas, je ne sais pas. Ça, c'est vraiment comme le cancer. Quand tu as la maladie, tu peux ne pas avoir de symptômes pendant un bout de temps, mais ils peuvent revenir.
• Je vais retourner voir mon médecin. Je pense que je vais être obligée de reprendre la médication, je pense que la dépression est revenue.

Les explications de la chronicité ne sont pas très complexes ; autant dire qu'il n'y a pas d'explication véritable : ou bien, pour une minorité d'individus déprimés, « c'est la vie », ou bien, pour la grande majorité, « c'est l'individu ». Lorsque l'explication avancée concerne les aléas de la vie ou les tensions globales de la société, c'est la métaphore de la bataille, de la lutte, du combat, qui illustre l'héroïsme ordinaire de l'épreuve. Et même si, à l'occasion, on signale explicitement la vie, la réalité, la société, comme cet environnement hostile contre lequel il faut se battre, on ressent d'une manière ou d'une autre, dans les récits des déprimés, que c'est le combattant, c'est-à-dire l'individu, qui n'est pas à la hauteur, qui est fautif ou défaillant. La réalité peut être en effet « trop dure », mais, en fin de compte, elle est « trop dure pour soi ». Dans une société d'individualisme de masse, c'est dans le rapport à soi que se trouve l'explication de tout et son contraire. Ne plus déprimer et ne plus se rétablir est, finalement, affaire de responsabilité individuelle.

• C'est trop dur. La réalité, c'est trop pour moi, je n'ai pas la force. Je ne sais pas ce que c'est. À force d'essayer d'en sortir, je me suis épuisée. Je suis trop fatiguée, trop vieille. J'ai eu beaucoup d'épreuves… encore que, moi, je ne trouve pas que j'ai eu des épreuves, c'est les gens qui me le disent. Mais ça doit faire partie de moi, ça doit être dans moi.
• Je me sens désemparé, je me sens vulnérable, je sens beaucoup d'insécurité, j'ai des peurs, j'ai peur d'affronter la vie pleinement. Je sens souvent que la vie est comme un combat.
• Parfois, je me dis qu'il est trop tard. Je me dis souvent que c'est cette bataille contre la vie qui revient tout le temps, à laquelle je suis confrontée, et qui fait que je retombe dans un état de dépression.

La plupart du temps, l'affrontement, le combat, la lutte sont explicitement menés contre soi-même et contre les « failles » de l'individualité ordinaire identifiées en soi-même, incarnées par soi-même. À un point tel que certaines personnes disent ne plus être capables de « s'accompagner au jour le jour », ne plus « avoir d'empathie » pour elles-mêmes. En matière d'épreuve dépressive, l'individu, même s'il a des conseillers experts et des soutiens chimiques, est seul vis-à-vis de lui-même. Parfois, les démarches thérapeutiques, les médicaments psychotropes, les réorganisations concrètes de la vie des déprimés ne suffisent pas. Dans ces cas, Sisyphe contemporains, ceux et celles qui subissent la punition dépressive semblent condamnés à la plus terrible des peines : entreprendre encore un travail sur soi que l'on sait à l'avance vain et sans fin. S'agit-il, comme chez Camus, du labeur du dernier héros absurde qui signale que, malgré tout, la vie vaut la peine d'être vécue ? Les déprimés enchaînés à leur épreuve remontent la pente encore une fois, pour la dévaler de nouveau.

> • Tu as beau essayer d'avancer, à un moment, tu as l'impression que tu avances d'un pas et que tu recules de dix. Alors tu te dis : à quel moment est-ce que ça va arrêter ? Quand est-ce que je vais être capable de prendre le dessus, pour être capable d'avancer, pour être capable de vivre pour moi ? J'ai peut-être un tempérament qui est plus sujet à des dépressions.
> • Tu es déjà fragilisé dans ton esprit, et dans ta confiance ; peu à peu, elle se dégrade. En plus, la peur d'avoir peur embarque, et c'est assez lourd, tu n'as pas la confiance de remonter la pente.
> • Je continue à avoir des difficultés, j'ai des jours où je me sens déprimée, où je vais dormir et pleurer toute la journée. Je ne suis plus capable de m'accompagner au jour le jour, plus capable d'avoir une empathie pour moi-même, de faire des choses sans être constamment en lutte contre moi-même et me dire que je suis nulle, qu'il n'y a rien que je fais qui est bon.
> • Parfois, j'ai de la misère à me concentrer. C'est beaucoup moins pire, c'est moins fréquent, mais ça arrive encore quand je suis fatigué. Quand je suis fatigué le moindrement, j'ai plus de difficulté à me concentrer. Il faut que je fasse attention, il faut s'écouter.

De même que le diagnostic peut donner un sens à ce qu'on éprouve confusément dans l'angoisse et l'incertitude et permet de « fixer » la personne à son trouble, la conception classique de la dépression comme une maladie tout à fait « médicale » offre un repère prestigieux (scientifique, médical, etc.) qui permet de « fixer » la personne à sa « chronicité ». La chaîne médicale entre le diagnostic posé au début de l'épreuve et la maladie assumée à la fin de l'épreuve est bouclée. Toutefois, si le maillon thérapeutique a mis en évidence son inefficacité pour soigner la maladie, il se recycle en médicament d'entretien et de gestion des symptômes. L'antidépresseur deviendra l'« insuline mentale » qui accompagnera, tout comme la maladie dépressive, le malade déprimé pour toujours ; comme son ombre portée. Il s'agit désormais de « vivre avec », de « faire avec » et de passer aux étapes suivantes : la réduction des méfaits attribués *à* la maladie ou l'amélioration de la qualité de vie *dans* la maladie. Il n'y a plus de « dehors » (non dépressif) possible, il n'y a plus de « sortie d'épreuve » : la dépression est définitivement « dedans » comme maladie chronique. Elle s'est fondue à l'individu, à sa vie, à son avenir.

• Les études sont ambivalentes là-dessus. Guérit-on de la dépression ? Je pense que non. Guérit-on du diabète ? Non. Arrivons-nous à vivre avec ? Oui.
• Je me dis que je vais avoir un état dépressif caché en dedans de moi toute ma vie, et que ça, il faut que je l'accepte. C'est dur en ce moment, mais tranquillement, je me fais à l'idée que, oui, je vais prendre des médicaments toute ma vie s'il le faut pour être bien dans ma peau.
• C'est ça, le parcours de la dépression. C'est très long de s'en sortir. Ça m'a pris six, sept ans. Je pense qu'on n'est jamais guéri. On n'est jamais guéri.
• L'idée que j'ai c'est que, non, je ne pourrai pas guérir de ça, parce que, dans ma famille, il y a beaucoup de cas de dépression ; je ne suis pas isolée dans ce problème-là. Il y a quelque chose qui a cassé. J'ai travaillé pour recoller les morceaux, et je le sais que je vais retravailler toute ma vie pour les recoller, mais la colle commence à bien prendre, ça va bien. J'attribue vraiment ma dépression à ma vie, qui comporte mes parents, mes études, mon travail ; moi, j'englobe tout ça.

Qui revient de l'épreuve ? Se transformer, se retrouver

La dépression insécurise, diminue, bouscule, secoue, bouleverse, handicape, invalide. S'il est certain qu'elle met à l'épreuve la chair de l'individualité, on peut se demander jusqu'à quel point l'individu lui-même est modifié « durablement » par cette épreuve. Au-delà des inconforts, des souffrances et des handicaps que nous avons organisés sous les ensembles empiriques du corps déréglé et de l'esprit déréglé, l'épreuve dépressive peut entraîner des modifications plus globales, qui sont peut-être plus fondamentales. Qui est celui ou celle qui revient de l'épreuve dépressive ? Qui est le « moi post-dépressif » ? Deux processus sont mis de l'avant lorsqu'on veut expliquer qui est l'individu rescapé de l'épreuve dépressive, et l'un et l'autre se formulent en termes d'épaisseur psychologique : se *transformer* soi-même *versus* se *connaître* soi-même. Le moi post-dépressif est soit un « moi transformé », soit un « moi retrouvé ».

Le « moi transformé » se présente à son tour sous deux cas de figure : tantôt la transformation de soi est attribuée à l'effet global et non recherché de l'épreuve dans son ensemble (dépression-rétablissement), tantôt elle est attribuée à l'effet spécifique et réfléchi d'une démarche thérapeutique, ou quasi thérapeutique (médicaments psychotropes, psychothérapies, cheminement personnel, etc.), qui correspond à la seule étape du rétablissement. Dans le premier cas, « on ne se reconnaît plus », on est devenu « comme quelqu'un d'autre », « quelqu'un de différent ». Qui ? On ne le sait pas très bien et ce n'est pas toujours sans regrets qu'on constate cette transformation. On évoque la dépression comme une « épreuve marquante » et les marques de l'épreuve sont souvent des cicatrices profondes. Sans le vouloir, par l'épreuve, on est forcément devenu différent. Mais qui ?

• Je ne suis pas restée la personne que j'étais quand j'étais en dépression. Je ne suis pas redevenue la personne que j'étais avant non plus.

En ce moment, je suis dans un genre de grand questionnement et je ne sais pas vraiment qui je suis.

• Tu ne te reconnais plus. Tu cours après ce que tu étais. Et là, tu te rends compte que c'est impossible d'être ce que tu étais. Tu as changé. Tu as un deuil à faire, c'est ça que j'ai trouvé le plus dur. La fille énergique que j'étais avant, je ne suis plus comme ça. Ça me fait peur, je me trouve ennuyeuse. C'est la dépression aussi qui a changé ma façon d'être, de voir. Je me questionne, parce que je ne me reconnais pas nécessairement. Avant, j'étais tellement enragée dans tout, je le suis encore, mais ma rage est différente. Elle est plus positive, plus constructive qu'avant. Je suis plus calme qu'avant. Maintenant, je nuance.

• Je ne me considérais pas comme la même personne. Non. Je ne pense pas que quelqu'un qui a vécu un épisode dépressif est la même personne. C'est une épreuve vraiment marquante. Non, je ne me sens pas la même personne, mais je ne me sens pas complètement différente.

• À un moment donné vient un temps où je ne sais pas si c'est moi qui ai changé ou si c'est ma perception des choses qui a changé.

Le second cas de figure du « moi transformé » consiste à attribuer les nouvelles dimensions de sa personnalité non pas aux effets massifs sur soi de l'épreuve dans la globalité, mais à une transformation réfléchie, souvent ouvertement « technique », issue des démarches entreprises pour traiter, enrayer, surmonter ou gérer l'épisode dépressif. Il s'agit des effets, combinés ou non, de la psychopharmacologie, de la psychothérapie et d'une démarche personnelle multiforme (introspection, leçons tirées de l'épreuve, remise en question de certains comportements, etc.). Le résultat de cette transformation est souvent précis et positif : « je n'ai jamais été aussi équilibrée », « une maturité que je n'avais pas », une « nouvelle mentalité »... Parfois, on est plus modéré et on parle simplement d'un apprentissage.

• Depuis que j'ai fait ma dépression, je ne dis pas que je suis contente de l'avoir vécu, jamais de la vie je dirais ça, mais je n'ai jamais été aussi équilibrée de ma vie. Maintenant, je sais ce que c'est d'avoir une humeur normale tout le temps. Changer ? Oui, tu n'as pas le choix. C'est sûr que ce n'est pas tout le monde qui fait le même cheminement. Il y a des gens qui n'apprennent rien. Tu as des gens qui vont tomber en dépression une fois, en sortir, et penser que tout va bien. Alors, ils vont retomber une deuxième fois parce qu'ils ne font pas attention. Moi, je pense que j'ai tiré de tout ça ce que j'avais à en tirer. Et mon seul but maintenant, c'est de bien vivre…

• Je trouve que la dépression, avec la prise de médicaments, avec la psychothérapie, m'amène une maturité que je n'avais pas, et que je veux continuer à acquérir, tranquillement. Avant, je me sentais responsable d'une patte de table qui casse ; c'était ma faute même si je n'étais pas dans la classe. Mais maintenant : « Ah, elle est cassée ? Ce n'est pas grave, ils vont la changer, ce n'est pas grave ! » Je mangeais tout seul dans mon coin, j'avais vraiment le goût de voir personne. Maintenant, c'est tout le contraire, c'est tout le temps comme un *party* à l'heure du dîner, on fait des blagues, c'est vraiment intéressant.

• Il a fallu que je change vraiment ma mentalité. On juge une personne par rapport à ses réalisations, et ça, je trouve ça vraiment regrettable. Je n'en ai pas eu beaucoup, de réalisations, dans ma vie, mais je suis quand même quelqu'un qui a droit au respect comme les autres. On va avoir tendance à respecter plus quelqu'un qui a une belle carrière, qui est prospère, qui a une belle voiture, une belle maison, de beaux enfants. Moi, je ne m'identifiais pas à ça du tout. Ça m'a déjà atteint, mais plus maintenant. [Avoir vécu la dépression], ça m'aide à ne plus être victime de la mode et de la société, d'une certaine manière.

• Il ne faut pas avoir des objectifs trop déraisonnables. C'est ça. Alors il faut changer beaucoup. Changer sa pensée, dans le fond, c'est changer le mode de fonctionnement du cerveau, tourner ça plus positif. Ça se fait par soi-même. Je regarde des documentaires aussi, j'apprends plein de choses, j'ai vu qu'on pouvait influencer par la pensée le taux de sérotonine dans le cerveau.

L'autre grande figure du moi post-dépressif est le « moi retrouvé ». On a ici affaire à un processus plus classique, et plutôt essentialiste : il y a un noyau original du « moi » plus ou moins précis (essence, nature, personnalité, tendances profondes, limites innées, forces et faiblesses naturelles, etc.) qu'il s'agit soit de mieux connaître, parce qu'on l'avait ignoré à cause du rythme de vie trop exigeant, soit de découvrir (ou de redécouvrir), parce qu'on l'avait négligé, voire oublié.

Mais cette distinction n'est pas toujours claire et ses termes ne sont pas mutuellement exclusifs. Dans le premier cas, se connaître, ou mieux se connaître, ce n'est pas forcément se comprendre. On ne cherche que rarement à comprendre pourquoi on est qui on est. On cherche plutôt à faire le point sur les caractéristiques qui définissent ce qu'on est vraiment, authentiquement, profondément, en fait de tendances, de limites, de forces et de faiblesses sous-jacentes constantes à travers le temps. Connaître concrètement qui on est dans les caractéristiques concrètes de sa personnalité semble plus important que de comprendre hypothétiquement pourquoi on est qui on est.

- C'est particulier de se sentir comme ça, je pense que ça te fait connaître beaucoup de choses de toi. Ça ne veut pas dire qu'après ça tu te comprends mieux, mais ça te fait connaître des aspects de toi dont tu ignorais l'existence. Je ne pense pas que j'aie changé du tout au tout, je pense que je suis restée moi pendant la dépression. Maintenant, je le sais, je connais des limites que je n'avais pas imaginées, et que je devais admettre.
- D'une certaine façon, j'ai la plus belle maladie qui peut exister sur la terre. Ça t'oblige à te connaître. Ça t'oblige à reconnaître tes limites, à penser à toi d'abord. Parce qu'il n'y a personne qui peut m'aider à part moi. Mais c'est un cheminement, ça ne vient pas comme ça, du jour au lendemain.

> • La première des choses importantes, ça a été l'introspection qui m'a amené à penser différemment sur moi-même et à agir différemment aussi, à voir mes forces, mes faiblesses et à commencer à altérer mon comportement ou ma façon même de voir la vie.
> • Pour moi, c'est positif. J'ai le temps de faire une introspection pour savoir qui je suis, où je veux aller, ce que je veux et ce que je ne veux pas dans ma vie.

Dans le cas de la « découverte-redécouverte » de soi-même, il est question de réaffirmer ce qui était déjà là, de ne plus le nier, d'être ce qu'on est de la manière la plus fidèle possible, de se retrouver enfin avec soi.

> • Ça a simplement réaffirmé l'individu que je suis, ça ne m'a pas changé. Je suis né avec une essence, l'essence est là depuis la conception, même avant, ça dépend des théories. Mais ça a affirmé cette essence-là, ça ne l'a pas changée.
> • Ça a été bénéfique, quand même, de me retrouver toute seule avec moi-même. C'est un exercice de vie qui est important, autant que travailler et d'avoir une famille : être bien avec soi-même, seule.
> • Le but du cheminement, c'est d'être le plus soi-même possible. Être moi-même, c'est suivre ma vraie nature, ma vraie personnalité. Ne pas nier ce que je suis. Faire des choses que j'aime, moi. Avant ça, j'essayais de plaire à tout le monde, et ça, c'est fatigant.
> • J'en suis rendue au point où vraiment, ma dépression, c'est moi ; c'est sûr qu'il y a des facteurs autour de moi qui ont joué… Il a fallu apprendre à travailler avec ce que j'ai comme personnalité, avec ce que j'ai comme volonté.

Tous les chemins de l'épreuve dépressive mènent à soi, ou, en termes sociologiques, à l'individualité contemporaine, avec ses potentialités, ses contraintes, sa plasticité et ses limites. On était seul avant l'épreuve, on demeure seul durant l'épreuve et on doit se sortir seul de l'épreuve. Les sorties sont certes multiples. On peut aller bien, aller mieux, aller moins mal. On peut intégrer de manière durable et malgré soi les marques de l'épreuve (les fragilités acquises) en les gérant au jour le jour. On peut être forcé d'intégrer la dépression en l'acceptant comme maladie « tout à fait médicale » pour le reste de sa vie. On peut entreprendre la réorganisation de sa vie et viser une nouvelle qualité de vie. On peut se transformer soi-même ou encore se retrouver avec soi-même. On peut ne plus jamais se rétablir ou ne plus déprimer. Pour paraphraser la formule sartrienne, « Je est l'Autre social » de l'individualité contemporaine. L'individu déprimé, qui brûle toujours seul, est le fusible emblématique des tensions ordinaires des sociétés d'individualisme de masse.

Conclusion

La folie ne peut se trouver à l'état sauvage. La folie n'existe que dans une société [...]. *Chaque culture, après tout, a la folie qu'elle mérite.*

MICHEL FOUCAULT, « La folie n'existe que dans une société »

Bien entendu, c'est l'individu qui agit, mais il est indispensable qu'il reconnaisse qu'en dernier ressort cette possibilité est davantage à chercher dans le monde qu'en soi-même. En vif contraste avec l'introspection donc, l'extrospection est animée par un idéal particulier : comprendre que le changement personnel n'est pas avant tout une affaire de travail sur soi-même mais plutôt de remariage avec le monde.

DANILO MARTUCCELLI, *La Société singulariste*

« Qui donc de nos jours a la parfaite certitude de ne pas être névrosé ? », demandait Carl Jung. Aujourd'hui, cette interrogation pourrait bien être la même, à une nuance près : le déprimé a pris la place du névrosé, désormais grand « vaincu » dans le combat des certitudes contre les incertitudes. La fin des névroses signale non seulement l'émergence d'une *nouvelle psychopathologie de la vie quoti-*

dienne, mais aussi et surtout celle d'une *nouvelle vie quotidienne,* ordinaire, moyenne et massive, plutôt que « normale » au sens psychopathologique du terme. Les misères psychologiques de masse d'hier et d'aujourd'hui, pour reprendre l'expression de Freud, sont l'ombre portée de l'individualité sociale ordinaire, celle qui a cours et derrière laquelle on court, celle à laquelle tout un chacun doit nécessairement se référer pour savoir « qui » il est, individu singulier dans une société d'individualisme de masse.

On a dit que les misères psychologiques de masse sont à plusieurs égards une affaire de quantités et de normes. Affaire de *quantités,* car, en matière de nervosité sociale, il est question du « normal ordinaire » mal distribué, insuffisant, inadéquat ou encore présent dans un « dosage » inopportun à un moment ou à un autre de la vie, plutôt que d'une discontinuité ou d'une rupture qualitative en regard des caractéristiques fondamentales du lien social. Affaire de *normes,* car les problèmes de santé mentale de masse ne peuvent être compris sans se référer à la normativité à partir de laquelle ils se montrent « socialement problématiques[1] » et de laquelle ils nous parlent sourdement dans le langage à peine crypté du psychopathologique humoral (« ne pas pouvoir vouloir » : déconnexion, apathie, inertie, détresse, souffrance, etc.) et comportemental (« ne pas pouvoir » : dysfonctionnements, insuffisances, inadéquations, épuisements, contre-performances, etc.).

C'est en ce sens que les misères psychologiques de masse, c'est-à-dire les problèmes de santé mentale de prévalence importante, n'exis-

---

1. On n'insistera jamais trop sur l'idée que le statut ontologique des problèmes de santé mentale de masse ne peut être saisi *exclusivement* par la sociologie (et l'anthropologie) ou par la psychologie (et la psychiatrie), car le psychisme et la société sont inséparables et irréductibles. S'il est vrai que les problèmes de santé mentale de masse ne peuvent pas être compris sans référence à la normativité qui a cours, ils ne se réduisent pas à la seule déviance de la norme. Le psychologisme et le sociologisme sont, on nous permettra cette boutade, des « pathologies épistémologiques » équivalentes.

tent *que* dans la société qui leur sert de condition de possibilité normative et historique. Elles la révèlent et la désignent autant que ses valeurs et idéaux, mettant en lumière les « tensions typiques » entre les exigences globales de l'individualité sociale et les trajectoires individuelles singulières. Les « failles » de l'individualité, codées en l'occurrence comme troubles mentaux de masse, ne peuvent être comprises sans faire appel aux résonances collectives qui *unifient, organisent* et *structurent* les expériences individuelles effectivement diverses. Rappelons-le une dernière fois : on a beau vivre dans des sociétés d'individualisme de masse, on ne souffre pas comme on le veut, on ne dysfonctionne pas comme on le veut et on ne se soigne pas comme on le veut. « Ce qui fait défaut » dans l'ici et maintenant désigne en creux « ce qu'il faut » dans l'ici et maintenant.

Alors que les névroses renvoyaient de manière générale à des orientations normatives solidement reliées aux tensions familiales, à la répression (de « son » désir) et au passé, la dépression renvoie à des orientations normatives tout aussi solides, mais liées cette fois-ci aux tensions du monde adulte du travail, au rapport à soi (à « ses » limites) et au présent. On est en face de deux principes d'individuation différents, caractérisés, pour l'un, par des épreuves longitudinales qui préparent à long terme des trajectoires de vie plutôt prévisibles, et pour l'autre, par des épreuves latitudinales qui peuvent interrompre ou relancer brusquement des trajectoires de vie plutôt imprévisibles[2]. Ces principes d'individuation informent à la fois la « nervosité sociale » qui a cours, celle de l'anxiété et de la dépression, et les réponses thérapeutiques institutionnalisées (antidépresseurs, anxiolytiques, thérapies cognitivo-comportementales). La série « névrose

2. Ce qui n'est pas sans rapport, bien entendu, avec la fragilisation de supports sociaux intimement associée à ce que Robert Castel appelle la « montée des incertitudes ». Hier comme aujourd'hui, cette « fragilisation » est, tout comme les épreuves, inégalement distribuée. Voir Castel 2009.

– psychanalyse – famille – répression – psyché – passé » est désormais remplacée par la série « dépression (et anxiété) – antidépresseurs (et anxiolytiques) – travail – limites – corps – présent ». Non pas que la névrose ait été le seul trouble mental généralisé hier et que la dépression soit le seul trouble mental généralisé aujourd'hui, mais leur contraste se montre fécond sur le plan heuristique pour éclairer le croisement des tensions sociales et des tension psychologiques « typiques », qui mettent à l'épreuve l'individualité contemporaine tout en désignant ses contours. La comparaison de ces « séries » permet de montrer schématiquement de quelle manière l'individualité y est différemment *mise à l'épreuve, révélée* et *assistée* (tableau 3).

La psychiatrie contemporaine s'est adaptée de manière remarquable aux nouvelles tensions sociales « typiques » : elle inscrit explicitement au cœur même de la définition du trouble mental l'alliance volatile entre *mental pathologique* et *social problématique*, ce qui garantit désormais un ajustement perpétuel aux demandes sociales d'assistance de l'individualité lorsqu'elle est massivement mise à l'épreuve, et ce, dans chaque groupe particulier (sexe, âge, position sociale, etc.). La psychopharmacologie a également réussi à exporter dans l'imaginaire et les pratiques cliniques son modèle somatique idéalisé qui lie un « trouble spécifique » à une « molécule thérapeutique spécifique », avec l'appui massif de la puissante industrie pharmaceutique.

Ce mouvement d'ensemble à la fois social, scientifique et économique se traduit, d'une part, par une « mondialisation » inédite des grammaires psychopathologiques dans leurs versions canoniques étasunienne et européenne (DSM et CIM) et, d'autre part, par un déplacement majeur et ouvertement occidentalo-centré des préoccupations traditionnelles de l'épidémiologie qui, passant de la mortalité et des maladie aiguës aux maladie chroniques et à l'incapacité, l'amènent à se recentrer sur les contre-performances sociales au travail (adultes), à l'école (enfants) ou « en fin de vie » (personnes âgées). Les nerveux sociaux contemporains, déprimés, anxieux et anxiodépri-

Tableau 3. — Nervosité de la vie ordinaire, ancienne et actuelle

	Figures « typiques » de la nervosité sociale	**Type d'intervention privilégié**	**Lieu social « typique » de genèse des tensions**	**Lieu individuel « typique » de manifestation des tensions**	**Coordonnées temporelles de la genèse des tensions**	**Type de contrainte sociale à l'œuvre**
Ancienne nervosité de la vie ordinaire	Névrose	Psychanalyse (ou thérapies d'inspiration psychodynamique)	Famille	Psyché	Passé	Répression
Actuelle nervosité de la vie ordinaire	Dépression (et plus largement anxiodépressions)	Antidépresseur (et plus largement médicaments psychotropes)	Travail (et plus largement lieu de mise à l'épreuve de la performance)	Corps/humeur (et plus largement l'action et l'énergie)	Présent (et plus largement axe latitudinal)	Limites (et plus largement ajustement social du registre de possibilités individuelles)

més, sont au centre du dispositif de santé publique de gestion, de dépistage précoce et d'assistance pragmatique des failles de l'individualité contemporaine codées sous la forme de chronicités pathologiques amenuisant les performances sociales courantes. Il s'agira, pour les adultes actifs, de soutenir leur performance au travail ou de la relancer ; pour les adultes non actifs, de stimuler leur autonomie afin de réduire les coûts de leur assistance sociale ; pour les enfants, d'encadrer leurs débordements comportementaux et de pallier leurs défauts d'attention ; pour les personnes âgées, de ralentir le plus possible leur perte d'autonomie, allégeant ainsi les coûts sociaux de leur prise en charge.

L'épreuve dépressive est devenue un enjeu majeur de santé publique, car elle compromet la performance sociale de la population active du fait de sa prévalence impressionnante : elle ne tue que rarement, mais elle est largement invalidante, à des degrés différents. Elle est devenue un mal général, qui est pris en charge majoritairement par les généralistes, pour des raisons qui sont d'ordre théorique (elle est un trouble trop « banal » pour intéresser vraiment les spécialistes psychiatres) et pratique (elle est un trouble « massif », qui nécessite des « effectifs prescripteurs » suffisants).

Elle est aussi une épreuve « capturée » de manière disproportionnée par une grammaire hautement formalisée de techniques diagnostiques, gestionnaires et thérapeutiques. En effet, s'il est vrai que l'individu déprimé et son entourage « savent » à l'avance ce que la dépression signifie en termes profanes (ne pas pouvoir, ne pas pouvoir vouloir), c'est le diagnostic médical qui transforme une plainte ambiguë en un trouble mental « spécifique » auquel certaines stratégies de soins « spécifiques », notamment l'antidépresseur, sont étroitement associées. Désormais, l'individu déprimé est « seul avec experts » (médecin généraliste, psychologue, psychiatre) pour gérer techniquement l'enjeu crucial de l'épreuve dépressive : le rétablissement de l'action. On mise presque toujours sur un seul objet technique et thérapeutique, à la fois hautement valorisé et suspect : l'antidépresseur. Il renferme, plus que toute autre stratégie de soins, une promesse de salut social : le rétablissement « ici et maintenant » du fonctionnement social[3].

L'épreuve dépressive est une épreuve solitaire. L'individu déprimé est un fusible qui brûle toujours seul[4], emblématique des tensions ordinaires des sociétés d'individualisme de masse. Les « autres » ne jouent le plus souvent qu'un rôle de miroir où l'individu peut évaluer les oscillations préoccupantes de sa « moyenne sociale à soi » dans un contexte où l'on privilégie les performances immédiates. Dans une société dépressogène, où la dépression est la figure de proue de la misère psychologique de masse, le lieu typique de toutes les tensions de l'individualité, voire le lieu de son existence sociale même, est par excellence l'univers du travail où les limites des performances de l'individu peuvent être testées en permanence[5]. Jusqu'où peut-on aller ? Quelle cadence peut-on maintenir et pour combien de temps ? C'est là une autre manière de se demander, sous la menace permanente du déclassement social, « qui » on est et « quelle place sociale » on est capable, et non en droit, d'occuper.

L'individu déprimé est aux prises avec un problème majeur qui menace le fondement même de son existence sociale : son corps est déréglé (ne pas pouvoir) et son esprit est déréglé (ne pas pouvoir

---

3. Comme le souligne Singly, dans les sociétés contemporaines « le passé n'a de sens que s'il est traduit en "champ d'expérience", que s'il est incorporé dans le travail sur soi des individus et des sociétés ». Or, dans l'épreuve dépressive, le passé n'a pas de sens, « tout se passe en temps réel ». Voir Singly 2004, p. 31.

4. Pour une analyse approfondie de l'expérience de la solitude dans les sociétés contemporaines, voir Doucet 2007.

5. Malgré les nombreux travaux sur la « fin du travail » réalisés depuis le dernier quart du XXe siècle, la centralité du travail, tant parmi les formes d'organisation sociale contemporaines du « vivre ensemble » que dans les trajectoires de vie des individus, ne fait que s'affirmer. Pour une critique systématique des discours sociologiques catastrophistes au sujet de la fin du travail, voir Castel 2009, notamment « Quelle centralité du travail ? », p. 93-119.

vouloir). Dans un monde où les assurances sociales sont inégalement distribuées et où les positions statutaires se fragilisent en cours de trajectoire, l'action non rétablie peut être synonyme, à terme, de mort sociale. Tout comme le « salarié de la précarité » analysé par Paugam[6], le déprimé est amené à tester à la fois la « force » de son corps et la « force » de son esprit dans la précarité criante du rapport à soi. Les figures contemporaines des inégalités dans le monde du travail, notamment l'intégration incertaine (valorisation de soi dans l'incertitude) et l'intégration disqualifiante (intériorisation d'une identité négative), balisent la falaise identitaire arpentée par l'individu aux prises avec l'épreuve dépressive.

Martuccelli décrit les formes générales contemporaines de domination comme étant davantage caractérisées par la responsabilisation et l'autonomisation croissante des coercitions plutôt que par l'assujettissement et l'organisation du consentement[7]. Il montre bien que les dominés sont aujourd'hui moins entravés sur le plan de la pensée et du discours que sur le plan de l'action concrète et des luttes sociales et politiques. Les contraintes ne sont pas cachées ou inconnues, elles sont au contraire cruellement à l'œuvre en plein jour. L'individu contemporain dominé ne semble toutefois préparé ni pour les accepter (consentement) ni pour les surmonter (action sociale ou politique). N'est-ce pas également là que réside le drame de l'individu déprimé ?

Or, on l'a vu, le plus souvent, on peut aller moins mal, mieux et même « bien » après avoir suivi autant que faire se pouvait les prescriptions des soins psychopharmacologiques et psychothérapeutiques institutionnalisés. On peut également, mais plus rarement, « ne plus déprimer » grâce à une sortie d'épreuve réussie, ou bien « ne plus se rétablir », et faire de l'épreuve le lieu dramatique de sa survie. Une

6. Paugam 2007.

7. Voir Martuccelli 2001, 2004.

chose est sûre, les marques de l'épreuve, même surmontée, balisent tantôt en filigrane, tantôt brutalement les nouvelles limites concrètes des trajectoires post-dépressives individuelles, car elles mettent en relief une fissure dans les remparts de l'individualité avec laquelle il faudra apprendre à vivre réellement (dans le cas d'un *déficit*) ou en filigrane (s'il n'y a qu'une *fragilité*). Si, comme l'affirme Miguel Benasayag, la liberté, c'est déployer sa propre puissance dans chaque situation[8], qui pourrait donc être moins libre dans une société libérale que l'individu déprimé ?

La célèbre phrase de Robert Musil : « Il est si simple d'avoir la force d'agir et si malaisé de trouver un sens à l'action ! », a vieilli ; elle ne rend pas compte de l'émergence d'une nouvelle psychopathologie de la vie ordinaire, et d'une nouvelle vie ordinaire. Ce qui est malaisé aujourd'hui, c'est bien d'avoir la force d'agir, et ce notamment dans l'univers du travail. Hors de l'univers du travail, point de salut social : le purgatoire dépressif où languit l'individualité contemporaine en témoigne religieusement.

---

8. Benasayag 2004.

Remerciements

Je suis redevable à plusieurs collègues et amis qui ont laissé leur trace dans cet ouvrage, tant par leurs suggestions, critiques, discussions et conseils que par l'inspiration de leurs travaux. Je remercie tout particulièrement Danilo Martuccelli, Robert Sévigny, Dalhia Namian, Johanne Collin et Louise Blais pour la lecture attentive, généreuse et rigoureuse qu'ils ont faite du manuscrit. Ma reconnaissance s'adresse également à Shirley Roy, Henri Dorvil, Marie-Chantal Doucet, Valérie de Courville Nicol, Jean-François Laé, Isabelle Astier, Marc-Henri Soulet et Viviane Châtel qui, de manière directe ou encore dans le cadre de discussions plus larges, ont contribué à préciser les arguments avancés dans ce livre. Un grand merci aussi à Alain Ehrenberg, véritable pionnier de la sociologie de la dépression.

Je voudrais exprimer ma profonde gratitude aux nombreuses personnes qui ont partagé généreusement leurs épreuves intimes et douloureuses dans le cadre de longues entrevues. J'espère que ce livre rendra justice à leurs témoignages par une interprétation fondée et respectueuse des enjeux qui les interpellent, et qui nous interpellent tous et toutes comme individus contemporains au sens fort du terme.

Le soutien financier du Fonds de la recherche en santé du Québec (FRSQ) et du Conseil de recherches en sciences humaines du Canada (CRSH) a été essentiel pour les recherches sur lesquelles s'appuie l'ensemble de ce travail.

M. O.

Bibliographie

Amar, Élise et Didier Balsan, 2004. « Les ventes d'antidépresseurs entre 1980 et 2001 ». Direction de la recherche, des études, de l'évaluation et des statistiques (France), *Études et résultats,* nº 285.

American Psychiatric Association, 1952. *Diagnostic and Statistical Manual of Mental Disorders* [DSM-I]. Washington, American Psychiatric Association Mental Hospital Service.

—, 1968. *Diagnostic and Statistical Manual of Mental Disorders* [DSM-II]. Washington, American Psychiatric Association.

—, 1980. *Diagnostic and Statistical Manual of Mental Disorders* [DSM-III]. Arlington (Virginie), American Psychiatric Association.

—, 1983. *Manuel diagnostique et statistique des troubles mentaux.* Paris, Masson.

—, 1987. *Diagnostic and Statistical Manual of Mental Disorders* [DSM-III-R]. Arlington (Virginie), American Psychiatric Association.

—, 1994. *Diagnostic and Statistical Manual of Mental Disorders* [DSM-IV]. Arlington (Virginie), American Psychiatric Association.

—, 2000a. *Diagnostic and Statistical Manual of Mental Disorders* [DSM-IV-TR]. Arlington (Virginie), American Psychiatric Association.

—, 2000b. « The American Psychiatric Association Practice Guidelines for the Treatment of Patients with Major Depressive Disorder (Revision) ». *American Journal of Psychiatry,* vol. 157, nº 4 (supplément), p. 1-45.

—, 2003. *Manuel diagnostique et statistique des troubles mentaux,* texte révisé. Paris, Masson.

Andreasen, Nancy, 1997. « Linking Mind and Brain in the Study of Mental Illness: A Project for a Scientific Psychopathology ». *Science,* nº 275, p. 1586-1587.

—, 2007. « DSM and the Death of Phenomenology in America: An Example of Unintended Consequences ». *Schizophrenia Bulletin,* vol. 33, nº 1, p. 108-112.

Angst, Jules, 1999. « Major Depression in 1998: Are We Providing Optimal Therapy ? ». *Journal of Clinical Psychiatry,* vol. 60, n° 6, p. 5-9.

Applebaum, Kalman, 2006. « Pharmaceutical Marketing and the Invention of the Medical Consumer », *PLoS Medicine,* vol. 3, n° 4, p. 0445-0447.

Association des psychiatres du Canada, 2001. « Lignes directrices cliniques du traitement des troubles dépressifs ». *Revue canadienne de psychiatrie,* vol. 46, supplément 1.

—, 2005. « La prescription d'antidépresseurs dans la dépression en 2005 : nouvelles recommandations à la lumière des préoccupations soulevées dans les derniers mois ». *Revue canadienne de psychiatrie,* vol. 49, n° 12, p. 1-6.

Aubé, Denise, Clément Beaucage et Arnaud Duhoux, 2007. « La dépression majeure : comment s'outiller pour mieux intervenir ensemble en première ligne ». Communication présentée aux 2e Journées bi-annuelles de santé mentale, Montréal.

Banque mondiale, 1993. *Rapport sur le développement dans le monde 1993. Investir dans la santé.* Washington, Banque mondiale.

Barrett, Robert, 1999. *La Traite des fous. La construction sociale de la schizophrénie.* Paris, Les Empêcheurs de penser en rond.

Bastide, Roger, 1965. *Sociologie des maladies mentales.* Paris, Flammarion.

Beaudet, Marie-P. et B. Diverty, 1997. « Depression an Undertreated Disorder ? ». Statistique Canada, *Health Reports,* vol. 8, n° 4, p. 9-18.

Beauvois, Jean-Léon et Nicole Dubois, 2003. « The Norm of Internality in the Explanation of Psychological Events ». *European Journal of Social Psychology,* vol. 18, p. 299-316.

Beck, Cynthia A. *et al.,* 2005. « Antidepressant Utilization in Canada », *Social Psychiatry and Psychiatric Epidemiology,* vol. 40, p. 799-807.

Beck, Cynthia A. et Scott B. Patten, 2004. « Adjustment to Antidepressant Utilization Rates to Account for Depression in Remission ». *Comprehensive Psychiatry,* vol. 45, n° 4, p. 268-274.

Beck, Ulrich, 2001. *La Société du risque.* Paris, Aubier.

Benasayag, Miguel. 2004. *La Fragilité.* Paris, La Découverte.

Benigeri, Mike, 2007. *L'Utilisation des services de santé mentale par les Montréalais en 2004-2005.* Montréal, Carrefour montréalais d'information sociosanitaire et Agence de la santé et des services sociaux de Montréal.

Bergeret, Jean, 1996. *La Personnalité normale et pathologique.* Paris, Dunod.

Bernier, Nicole, 2002. *Le Désengagement de l'État providence.* Montréal, Presses de l'Université de Montréal.

Berrios, German E., 1988. « Melancholia and Depression during the 19th Century: A Conceptual History ». *British Journal of Psychiatry,* vol. 153, p. 298-304.

—, 1996. *The History of Mental Symptoms: Descriptive Psychopathology since the Nineteenth Century.* Cambridge, Cambridge University Press.

Blais, Louise et Lorraine Guay, 1991. « Pauvreté, santé mentale et stratégies d'existence ». *Santé mentale au Québec*, vol. 16, n° 1, p. 117-138.

Blanchet, Alain, 1991. *Dire et faire dire. L'entretien.* Paris, Armand Colin.

Borch-Jacobsen, Mikkel, 2002. *Folies à plusieurs. De l'hystérie à la dépression.* Paris, Les Empêcheurs de penser en rond / Seuil.

Bordeleau, Monique et Issouf Traoré, 2007. « Santé générale, santé mentale et stress au Québec : regard sur les liens avec l'âge, le sexe, la scolarité et le revenu ». *Zoom Santé*, coll. « Santé et bien-être », Institut de la statistique du Québec.

Boutsen, Michel, Jean-Marc Laasman et Nadine Reginster, 2006. *Données socio-économiques et étude longitudinale de la prescription d'antidépresseurs.* Namur, La Mutualité socialiste, Direction des études.

Callahan, Christopher M. et German E. Berrios, 2005. *Reinventing Depression: A History of the Treatment of Depression in Primary Care, 1940-2004.* New York, Oxford University Press.

Camirand, Hélène et Virginie Nanhou, 2008. « La détresse psychologique chez les Québécois en 2005 ». *Zoom Santé*, série « Enquête sur la santé dans les collectivités canadiennes », Institut de la statistique du Québec.

Canadian Psychiatric Association, 2001. « Clinical Guidelines for the Treatment of Depressive Disorders ». *Canadian Journal of Psychiatry*, vol. 46 (supplément 1), p. 8S-58S.

—, 2005. « CPA Position Statement Prescribing Antidepressants for Depression in 2005: Recent Concerns and Recommendations ». *Canadian Journal of Psychiatry*, vol. 49, n° 12, p. 1-6.

Canguilhem, Georges, 1950. *Le Normal et le Pathologique.* Paris, Presses universitaires de France.

Caradec, Vincent et Danilo Martuccelli (dir.), 2004. *Matériaux pour une sociologie de l'individu.* Lille, Septentrion.

Caspi, Avshalom *et al.*, 2003. « Influence of Life Stress on Depression: Moderation by a Polymorphism in the 5-HTT Gene ». *Science*, vol. 301, n° 5631, p. 386-389.

Castel, Pierre-Henri, 1998. *La Querelle de l'hystérie. La formation du discours psychopathologique en France, 1881-1914.* Paris, Presses universitaires de France.

Castel, Robert, 1973. *Le Psychanalysme.* Paris, François Maspero.

—, 1981. *La Gestion des risques. De l'anti-psychiatrie à l'après-psychanalyse.* Paris, Éditions de Minuit.

—, 2009. *La Montée des incertitudes.* Paris, Seuil.

Castel, Robert et Claudine Haroche, 2001. *Propriété privée, propriété sociale, propriété de soi.* Paris, Fayard.

Castel, Robert, Françoise Castel et Anne Lovell, 1979. *La Société psychiatrique avancée. Le modèle américain.* Paris, Grasset.

Castoriadis, Cornelius, 1998. *Post-scriptum sur l'insignifiance.* Paris, Éditions de l'Aube.

Champion, Françoise (dir.), 2008. *Psychothérapie et société.* Paris, Armand Colin.

Changeux, Jean-Pierre et Paul Ricœur, 1998. *Ce qui nous fait penser. La nature et la règle.* Paris, Odile Jacob.

Châtel, Vivianne (dir.), 2007. *L'Inexistence sociale. Essais sur le déni de l'Autre.* Fribourg, Academic Press.

Châtel, Vivianne et Marc-Henry Soulet (dir.), 2003. *Agir en situation de vulnérabilité.* Québec, Presses de l'Université Laval.

Chouraqui, Alain, 1989. « Normes sociales et règles juridiques : quelques observations sur des régulations désarticulées ». *Droit et Société,* n° 13, p. 417-435.

Cohen, David, Suzanne Cailloux-Cohen et Agidd-Smq, 1995. *Guide critique des médicaments de l'âme.* Montréal, Éditions de l'Homme.

Colbert, Ty C., 2001. *Rape of the Soul: How the Chemical Imbalance Model of Modern Psychiatry Has Failed Its Patients.* Tustin (Californie), Kevco Publishing.

Collin, Johanne, 2007. « Relations de sens et relations de fonction : risque et médicament ». *Sociologie et Sociétés,* vol. 38, n° 1, p. 99-122.

Collin, Johanne, Hubert Doucet, Denis Lafortune, Laurence Monnais, Marcelo Otero, Marie-Andrée Blanc et Michelle Proulx, 2004. *Le Médicament comme objet social et culturel. Recension des écrits et propositions sur les perspectives et les objets de travail à prioriser.* Rapport présenté au Conseil de la santé et du bien-être. Québec, Gouvernement du Québec.

Collin, Johanne, Nicole Damestoy et Raymond Lalande, 1999. « La construction d'une rationalité : les médecins et la prescription de médicaments psychotropes ». *Sciences sociales et santé,* vol. 17, n° 2, p. 31-53.

Collin, Johanne, Marcelo Otero et Laurence Monnais (dir.), 2007. *Le Médicament au cœur de la socialité contemporaine.* Montréal, Presses de l'Université du Québec.

Comité permanent de lutte à la toxicomanie, 2003. *La Consommation de psychotropes. Portrait et tendances au Québec.* Québec, Ministère de la Santé et des Services sociaux.

Conseil du médicament, 2008. *Usage des antidépresseurs chez les personnes inscrites au régime public d'assurance médicaments du Québec. Étude descriptive, 1999-2004.* Québec, Publications du Québec.

Cooper, David, 1970. *Psychiatrie et anti-psychiatrie.* Paris, Seuil.

Courville Nicol, Valérie de, 2004. *Le Soupçon gothique. L'intériorisation de la peur en Occident.* Sainte-Foy, Presses de l'Université Laval.

Demailly, Lise, 2011. *Sociologie des troubles mentaux*. Paris, La Découverte.

Descombes, Vincent, 1979. *Le Même et l'Autre. Cinquante-cinq ans de philosophie française, 1933-1978*. Paris, Éditions de Minuit.

—, 1995. *La Denrée mentale*. Paris, Éditions de Minuit.

—, 2004. *Le Complément de sujet*. Paris, Gallimard.

Desjardins, Nicole *et al.*, 2008. *Avis scientifique sur les interventions efficaces en promotion de la santé mentale et en prévention des troubles mentaux*. Québec, Institut national de santé publique du Québec.

Des Rivières-Pigeon, Catherine, 2002. « Une approche interdisciplinaire pour l'étude de la dépression postnatale », dans Francine Descarries et Christine Corbeil (dir.), *Espaces et temps de la maternité*. Montréal, Éditions du remue-ménage, p. 402-427.

Des Rivières-Pigeon, Catherine, Lise Goulet, Louise Seguin et Francine Descarries, 2003. « Travailler ou ne pas travailler… Le désir d'emploi des nouvelles mères et la dépression postnatale ». *Recherches féministes*, vol. 16, n° 2, p. 35-71.

Devereux, Georges, 1970. *Essais d'ethnopsychiatrie générale*. Paris, Gallimard.

Dewa, Carolyn S. *et al.*, 2003. « Use of Antidepressants among Canadian Workers Receiving Depression-Related Short-Term Disability Benefits ». *Psychiatric Services*, vol. 54, n° 5, p. 724-729.

Direction de la santé publique, 2001. *Rapport annuel 2001 sur la santé de la population. Garder notre monde en santé. Un nouvel éclairage sur la santé mentale des adultes montréalais*. Montréal, Régie régionale de la santé et des services sociaux de Montréal-Centre.

Diverty, Brent et Marie Beaudet, 1997. « Depression and Undertreated Disorder ? », Statistique Canada, *Health Reports*, vol. 8, n° 9, p. 9-18.

Dorvil, Henri, 1988. *Histoire de la folie dans la communauté, 1962-1987. De L'Annonciation à Montréal*. Montréal, Éditions Émile-Nelligan.

Dorvil, Henri et Robert Mayer (dir.), 2006. *Problèmes sociaux. Études de cas et interventions sociales*. Tome II. Montréal, Presses de l'Université du Québec.

Doucet, Marie-Chantal, 2007. *Solitude et sociétés contemporaines*. Montréal, Presses de l'Université du Québec.

Dubois Nicole, 2002. *A Sociocognitive Approach of Social Norms*. Londres, Routledge.

Duruz, Nicolas, 1994. *Psychothérapie ou psychothérapies ? Prolégomènes à une analyse comparative*. Lausanne, Delachaux et Niestlé.

Ehrenberg, Alain, 1991. *Le Culte de la performance*. Paris, Calmann-Lévy.

—, 1998. *La Fatigue d'être soi. Dépression et société*. Paris, Odile Jacob.

—, 2004a. « La plainte sans fin : réflexions sur le couple souffrance psychique/santé mentale ». *Cahiers de recherche sociologique*, n°s 41-42, p. 17-41.

—, 2004b. « Les changements de la relation normal-pathologique : à propos de la souffrance psychique et de la santé mentale ». *Esprit,* mai 2004, p. 133-155.

Ehrenberg, Alain et Anne Lovell, 2001. *La Maladie mentale en mutation.* Paris, Odile Jacob.

Emslie, Carole *et al.*, 2006. « Men's Accounts of Depression: Reconstructing or Resisting Hegemonic Masculinity ? ». *Social Science & Medicine,* vol. 62, nº 9, p. 2246-2257.

Éribon, Didier, 1989. *Michel Foucault.* Paris, Fayard.

—, 1994. *Michel Foucault et ses contemporains.* Paris, Fayard.

Esposito, Eleonora *et al.*, 2007. « Frequency and Adequacy of Depression Treatment in a Canadian Population ». *Canadian Journal of Psychiatry,* vol. 52, nº 12, p. 780-789.

Ewald, François, 1992. « Michel Foucault et la norme », dans Luce Giard (dir.), *Michel Foucault. Lire l'œuvre.* Grenoble, Éditions Jérôme Millon.

Fassin, Didier, 2004. *Des maux indicibles. Sociologie des lieux d'écoute.* Paris, La Découverte.

Foucault, Michel, 1963. *Naissance de la clinique.* Paris, Presses universitaires de France.

—, 1976. *Histoire de la sexualité,* vol. 1 : *La Volonté de savoir.* Paris, Gallimard.

—, 1977. *Histoire de la folie à l'âge classique.* Paris, Gallimard.

Fournier, Louise *et al.*, 2002. *Enquête sur la santé mentale des Montréalais,* vol. 1 : *La Santé mentale et les besoins de soins des adultes.* Montréal, Direction de santé publique de Montréal-Centre.

Freud, Sigmund, 2001. *Abrégé de psychanalyse.* Paris, Presses universitaires de France.

—, 2004. *Le Malaise dans la culture.* Paris, Presses universitaires de France.

Fritsh, Philippe *et al.*, 1992. *L'Activité sociale normative. Esquisses sociologiques sur la production sociale des normes.* Paris, CNRS.

Furtos, Jean et Christian Laval, 2005. *La Santé mentale en actes.* Toulouse, Érès.

Gagnon, Marc-André, 2010. *Improving Health, Reducing Costs: Costs and Benefits of a Universal Pharmacare Regime in Canada.* Ottawa, Canadian Health Coalition, IRIS et CCPA.

Gaulejac, Vincent de, 2005. *La Société malade de la gestion.* Paris, Seuil.

Giddens, Anthony, 1991. *Modernity and Self-Identity.* Cambridge, Polity Press.

Gijswijt-Hofstra, Marijke et Roy Porter (dir.), 2001. *Cultures of Neurasthenia from Beard to the First World War.* Amsterdam et New York, Rodopi.

Gilmour, Heather et Scott B. Patten, 2007. « Depression and Work Impairment ». Statistique Canada, *Health Reports,* vol. 18, nº 1, p. 9-22.

Gosling, Francis G. et Joyce M. Ray, 1986. « The Right to Be Sick: American Physicians and Nervous Patients, 1885-1910 ». *Journal of Social History*, vol. 20, n° 2, p. 251-267.

Granger, Bernard, 2003. « La dépression est-elle une mode ? ». *La Recherche*, n° 363, p. 35-40.

Green, Lawrence W. et Louise Potvin, 2002. « Education, Health Promotion, and Lifestyle and Social Determinants of Health and Disease », dans R. Detels, J. McEwen, R. Beaglehole et H. Tanaka (dir.), *Oxford Textbook of Public Health*, 4e édition. Oxford, Oxford University Press, p. 113-130.

Greene, Jeremy, 2007. *Prescribing by Numbers: Drugs and the Definition of Disease.* Baltimore, Johns Hopkins University Press.

Guienne, Véronique, 2006. *L'Injustice sociale.* Paris, Érès.

Healy, David, 1997. *The Antidepressant Era.* Cambridge (Mass.), Harvard University Press.

—, 2000. « Some Continuities and Discontinuities in the Pharmacotherapy of Nervous Conditions before and after Chlorpromazine and Imipramine ». *History of Psychiatry*, vol. 11, p. 393-412.

—, 2002. *The Creation of Psychopharmacology.* London, Harvard University Press.

Hemels, Michiel, G. Koren et T. R. Einarson, 2002. « Increased Use of Antidepressants in Canada: 1981-2000 ». *Annals of Pharmacotherapy*, vol. 36, n° 9, p. 1375-1379.

Honneth, Axel, 2000. *La Lutte pour la reconnaissance.* Paris, Le Cerf.

—, 2006. *La Société du mépris.* Paris, La Découverte.

Horowitz, Allan et Jerome Wakefield, 2007. *The Loss of Sadness: How Psychiatry Transformed Normal Sorrow into Depressive Disorder.* Oxford, Oxford University Press.

IMS Health Canada, 2005. *Tendances pharmaceutiques. Prescription de ISRS en 2003.* En ligne : www.imshealthcanada.com/htmfr/3_1_41.htm (consulté en décembre 2005).

—, 2007. *Tendances pharmaceutiques. Ordonnances exécutées par les pharmacies de détail au Canada entre 2005-2007.* En ligne (consulté en décembre 2008).

—, 2008a. *Tendances pharmaceutiques. Coût moyen par ordonnance au Canada pour les fabricants de médicaments brevetés et génériques entre 2005-2007.* En ligne (consulté en décembre 2008).

—, 2008b. *Tendances pharmaceutiques. Les 50 médicaments les plus prescrits au Canada en 2007.* En ligne (consulté en décembre 2008).

—, 2008c. *Tendances pharmaceutiques. Les 10 médicaments les plus prescrits au Canada par spécialité en 2007.* En ligne (consulté en décembre 2008).

—, 2008d. *Tendances pharmaceutiques. Les dix principales catégories thérapeutiques au Canada en 2007.* En ligne (consulté en décembre 2008).

—, 2008e. *Tendances pharmaceutiques. Les dix principales catégories thérapeutiques au Canada par ventes aux hôpitaux en 2007.* En ligne (consulté en décembre 2008).

—, 2008f. *Tendances pharmaceutiques.Les dix principales catégories thérapeutiques au Canada par ventes aux pharmacies en 2007.* En ligne (consulté en décembre 2008).

—, 2008g. *Tendances pharmaceutiques. Les dix principales catégories thérapeutiques par ventes mondiales en 2007.* En ligne (consulté en décembre 2008).

—, 2008h. *Tendances pharmaceutiques. Les dix principaux diagnostics au Canada en 2007.* En ligne (consulté en décembre 2008).

—, 2008i. *Tendances pharmaceutiques. Ventes aux pharmacies et hôpitaux entre 1997-2007.* En ligne (consulté en décembre 2008).

Institut canadien de l'information sur la santé, 2007. *Améliorer la santé des Canadiens 2007-2008. Santé mentale et itinérance.* Ottawa, ICIS.

Institut national de santé publique du Québec, en collaboration avec le Ministère de la Santé et des Services sociaux du Québec et l'Institut de la statistique du Québec, 2007. *Portrait de santé du Québec et de ses régions 2006 : les statistiques. Deuxième rapport national sur l'état de santé de la population.* Gouvernement du Québec.

Jacquart, Danielle et Françoise Micheau, 1990. *La Médecine arabe et l'Occident médiéval.* Paris, Maisonneuve et Larose.

Jones, Ernst, 1969. *La Vie et l'œuvre de Sigmund Freud.* Tome III. Paris, Presses universitaires de France.

Kairouz, Sylvia *et al.*, 2008. *Troubles mentaux, toxicomanie et autres problèmes liés à la santé mentale chez les adultes québécois. Enquête sur la santé dans les collectivités canadiennes (cycle 1.2).* Québec, Institut de la statistique du Québec.

Kakuma, Ritsouko, 2004. « Utilisation des services de santé pour la dépression et l'anxiété à dix ans d'intervalle ». Communication présentée au Symposium scientifique annuel de l'Association canadienne des études patristiques, Montréal.

Kavanagh, Mélanie, Clément Beaucage, Lisa Cardinal et Denise Aubé, 2006. *La Dépression majeure en première ligne. Les impacts cliniques des stratégies d'intervention. Revue de la littérature.* Agence de la santé et des services sociaux, Institut national de santé publique.

Keller, Martin B., 2004. « Remission versus Response: The New Gold Standard of Antidepressant Care ». *Journal of Clinical Psychiatry,* vol. 65, n° 4, p. 53-59.

Kessler, Ronald C., 2003. « Epidemiology of Women and Depression ». *Journal of Affective Disorders,* vol. 84, n° 1, p. 5-13.

Kirk, Stuart et Herb Kutchins, 1992. *The Selling of DSM: The Rhetoric of Science in Psychiatry.* NewYork, Gruyter.

—, 1997. *Making Us Crazy: DSM, The Psychiatric Bible and the Creation of Mental Disorders.* New York, Free Press.

Kramer, Peter, 1997. *Listening to Prozac.* New York, Viking.

Kuhn, Thomas, 1975. *The Structure of Scientific Revolutions.* Chicago, University of Chicago Press.

Lalonde, Pierre, Jocelyn Aubut et Frédéric Grunberg, 1999. *Psychiatrie clinique, une approche bio-psycho-sociale,* tome I : *Introduction et syndromes cliniques.* Boucherville (Québec), Gaëtan Morin éditeur.

Laplantine, François, 1988. *L'Ethnopsychiatrie.* Paris, Presses universitaires de France.

Laval, Christian, 2007. *L'Homme économique. Essai sur les racines du libéralisme.* Paris, Gallimard.

Lecadet, Jérôme *et al.*, 2006. « Médicaments antidépresseurs : évolution de la consommation entre 2000 et 2003 en région Auvergne ». *Revue médicale de l'assurance maladie,* vol. 37, n° 1, p. 9-14.

Lehmann, Hans, 1997. « Préface », dans Luc Blanchet *et al., La Prévention et la promotion en santé mentale.* Montréal, Gaëtan Morin, p. xv-xviii.

Le Moigne, Philippe *et al.*, 2004. *La Dépendance aux médicaments psychotropes. Approches, données, expériences. Rapport de recherche.* Paris, Cesames.

Lesage, Alain, Helen-Maria Vasiliadis, Marie-Anik Gagné, Scott Dudgeon, Naomi Kasman et Carley Hay, 2006. *Prévalence de la maladie mentale et utilisation des services connexes au Canada. Une analyse des données de l'Enquête sur la santé dans les collectivités canadiennes.* Mississauga (Ontario) Secrétariat de l'Initiative canadienne de collaboration en santé mentale et le Collège des médecins de famille du Canada.

Loriol, Marc, 2000. *Le Temps de la fatigue.* Paris, Anthropos.

Loughran, Tracey, 2008. « Hysteria and Neurasthenia in Pre-1914 British Medical Discourse and Histories of Shell-Shock ». *History of Psychiatry,* vol. 19, n° 1, p. 25-46.

Machado, Antonio, 1990. *Soledades, galerias y otros poemas,* Barcelona, Labor.

Mailer, Norman, 2000. *Le Combat du siècle,* traduction de Bernard Cohen. Paris, Denoël.

Martuccelli, Danilo, 2001. *Dominations ordinaires.* Paris, Balland.

—, 2002. *Grammaires de l'individu.* Paris, Gallimard.

—, 2004. « Figures de la domination ». *Revue française de sociologie,* vol. 45, n° 3, p. 469-497.

—, 2005. *La Consistance du social.* Rennes, Presses universitaires de Rennes.

—, 2006. *Forgé par l'épreuve.* Paris, Armand Colin.

—, 2010. *La Société singulariste.* Paris, Armand Colin.

Mathers, Colin D. et Dejan Loncar, 2006. « Projections of Global Mortality and Burden of Disease from 2002 to 2030 ». *Public Library of Science — Medicine,* vol. 3, n° 11, p. 2011-2032.

Mead, Margaret, 1978. *Culture and Commitment: The New Relationships Between the Generations in the 1970s.* New York, Columbia University Press.

Melman, Charles, 2002. *L'Homme sans gravité.* Paris, Denoël.

Ministère de la Santé et des Services sociaux, 2007. *L'État de santé de la population québécoise. Quelques repères.* Québec, Direction des communications.

Misbach, Judith et Stam J. Henderikus, 2006. « Medicalizing Melancholia: Exploring Profiles of Psychiatric Professionalization ». *Journal of the History of the Behavioral Sciences,* vol. 42, n° 1, p. 41-59.

Moncrieff, Joanna, 1999. « An Investigation into the Precedents of Modern Drug Treatment in Psychiatry ». *History of Psychiatry,* vol. 10, p. 475-490.

Moreau, Nicolas, 2008. « Entre mémoire vive, connexion et récit-projet : une analyse sociologique du rapport au temps chez les individus dépressifs ». Thèse de doctorat, Université du Québec à Montréal.

Moynihan, Ray, 2002. « Selling Sickness: The Pharmaceutical Industry and Disease Mongering ». *British Medical Journal,* vol. 324, p. 886-891.

Murray, Christopher J. L. et Alan D. Lopez, 1996a. *The Global Burden of Disease: A Comprehensive Assessment of Mortality and Disability from Diseases, Injuries and Risk Factors in 1990 and Projected to 2020.* Cambridge (Mass.), Harvard School of Public Health (« Global Burden of Disease and Injury Series », 1).

—, 1996b. *Global Health Statistics.* Cambridge (Mass.), Harvard School of Public Health (« Global Burden of Disease and Injury Series », 2).

—, 2000. « Progress and Directions in Refining the Global Burden of Disease Approach: A Response to Williams ». *Health Economics,* vol. 9, p. 69-82.

Musil, Robert, 1982. *L'Homme sans qualités.* Paris, Seuil.

Namian, Dahlia, 2007. « Les antidépresseurs : une réponse à la souffrance ? ». Communication présentée au Forum international de la gestion autonome du médicament de l'âme. Montréal, Regroupement des ressources alternatives en santé mentale du Québec.

Ogien, Albert, 1989. « Une sociologie du pathologique est-elle pensable ? Notes sur l'anomie, le contrôle social, la déviance ». *Revue européenne de sciences sociales,* vol. 27, n° 83, p. 197-215.

Olfson, Mark et Gerald Klerman, 1993. « Trends in the Prescription of Anti-Depressants by Office-Based Psychiatrists ». *American Journal of Psychiatry,* vol. 150, p. 571-577.

Olfson, Mark, Steven C. Marcus, B. Druss, L. Elinson, T. Tanielian et H. Pincus, 2002.

« National Trends in the Outpatient Treatment of Depression ». *Journal of the American Medical Association*, n° 287, p. 203-209.

Oppenheim, Janet, 1991. *Shattered Nerves: Doctors, Patients, and Depression in Victorian England.* New York et Oxford, Oxford University Press.

Organisation mondiale de la santé [OMS], 2001. *Rapport sur la santé dans le monde 2001. La santé mentale. Nouvelle conception, nouveaux espoirs.* Genève, OMS.

—, 2006. *Classification statistique internationale des maladies et des problèmes de santé connexes*, dixième révision (CIM-10). WHO Press et Éditions de l'OMS.

Otero, Marcelo, 2000. « Les stratégies d'intervention psychothérapeutique et psychosociale au Québec ». *Sociologie et Sociétés*, vol. 32, n° 1, p. 213-228.

—, 2002. « Individus par excès et par défaut ». *Liberté*, vol. 43, n° 255, p. 126-135.

—, 2003. *Les Règles de l'individualité contemporaine. Santé mentale et société.* Québec, Presses de l'Université Laval.

—, 2005. « Santé mentale, adaptation sociale et individualité ». *Cahiers de recherche sociologique*, n°s 41-42, p. 65-89.

—, 2007a. « La dépression : figure emblématique de la nervosité contemporaine », dans H. Dorvil (dir.), *Problèmes sociaux.* Tome III. Montréal, Presses de l'Université du Québec, p. 147-169.

—, 2007b. « Vulnérabilité, folie et individualité : le nœud normatif », dans V. Châtel et S. Roy, *La Vulnérabilité sociale.* Montréal, Liber, p. 123-145.

Otero, Marcelo, Michelle Lalonde, Dahlia Namian et Dominique Dubois, 2009. *Dépression et antidépresseurs au Québec. Définir et gérer les contre-performances sociales ou diagnostiquer et traiter les troubles de l'humeur ?* Rapport de recherche. Montréal, Collectif de recherche sur l'itinérance, la pauvreté et l'exclusion sociale, Université du Québec à Montréal.

Otero, Marcelo et Dahlia Namian, 2009. « Vivre et survivre avec des antidépresseurs : ambivalences du rapport au médicament psychotrope ». *Frontières*, vol. 21, n° 2, p. 56-69.

—, 2011. « Grammaires sociales de la souffrance », dans Catherine Meyor (dir.), *La Souffrance à l'école.* Montréal, Les Collectifs du CIRP, vol. 2, p. 226-236.

Patten, Scott B., 2004. « The Impact of Antidepressant Treatment on Population Health: Synthesis of Data from National Sources in Canada ». *Population Health Metrics*, vol. 2, n° 1, p. 9.

Patten, Scott B. et Heather Juby, 2008. *A profile of Clinical Depression in Canada.* Research Data Centre Network (« Research Synthesis Series », 1).

Patten, Scott B., Eleonora Esposito et Brian Carter, 2007. « Reasons for Antidepressant Prescriptions in Canada ». *Journal of Pharmacoepidemiology and Drug Safety*, vol. 16, p. 746-752.

Patten, Scott B., Bojan Sedmark et Margaret L. Russell, 2001. « Major Depression: Prevalence, Treatment Utilization and Age in Canada ». *Canadian Journal of Clinical Pharmacology*, vol. 8, n° 3, p. 133-138.

Paugam, Serge, 2007. *Le Salarié de la précarité*. Paris, Presses universitaires de France.

Pedinelli, Jean-Louis et Amal Bernoussi, 2004. *Les États dépressifs*. Paris, Nathan.

Pignarre, Philippe, 2001. *Comment la dépression est devenue une épidémie*. Paris, La Découverte.

Pontalis, Jean-Bertrand, 1983. « Permanence du malaise », dans *Le Temps de la réflexion*, vol. 4. Paris, Gallimard, p. 409-423.

Renault, Emmanuelle, 2004a. *L'Expérience de l'injustice. Reconnaissance et clinique de l'injustice*. Paris, La Découverte.

—, 2004b. *Mépris social. Éthique et politique de la reconnaissance*. Bègles, Éditions du Passant.

—, 2008. *Souffrances sociales. Philosophie, psychologie et politique*. Paris, La Découverte.

Robichaud, Jean-Bernard, Lorraine Guay, Christine Colin et Micheline Pothier, 1994. *Les Liens entre la pauvreté et la santé mentale. De l'exclusion à l'équité*. Montréal, Gaëtan Morin.

Roheim, Géza, 1967. *Psychanalyse et Anthropologie*. Paris, Gallimard.

—, 1972. *Origine et fonction de la culture*. Paris, Gallimard.

Rousseau, Georges, 2000. « Depression's Forgotten Genealogy: Notes Towards a History of Depression ». *History of Psychiatry*, vol. 11, n° 41, p. 71-106.

Roy, Shirley, 2008. « De l'exclusion à la vulnérabilité. Continuité et rupture », dans Vivianne Châtel et Shirley Roy, *Penser la vulnérabilité. Visages de la fragilisation du social*. Québec, Presses de l'Université du Québec, p. 13-34.

Sasz, Thomas, 2001. *Pharmacracy: Medicine and Politics in America*. Westport (Conn.), Praeger.

Scull, Andrew, 1981. « The Social History of Psychiatry in the Victorian Era », dans A. Scull (dir.), *Madhouses, Mad-Doctors and Madmen: The Social History of Psychiatry in the Victorian Era*. Philadelphie, University of Pennsylvania Press, p. 5-34.

Sénèque, 1988. *De la tranquillité de l'âme*. Marseille, Rivages.

Shorter, Edward, 1997. *A History of Psychiatry: From the Era of the Asylum to the Age of Prozac*. New York, John Wiley & Sons.

—, 2009. *Before Prozac: The Troubled History of Mood Disorders in Psychiatry*. Oxford et New York, Oxford University Press.

Sicot, François, 2004. *Maladie mentale et pauvreté*. Paris, L'Harmattan.

Simmel, Georges, 1999. *Sociologie. Étude des formes de la socialisation*. Paris, Presses universitaires de France.

Singly, François de, 2000. « Le changement de la famille et ses interprétations théoriques », dans J.-M. Berthelot, *La Sociologie française contemporaine*. Paris, Presses universitaires de France, p. 185-197.

—, 2004. *Les Uns avec les autres*. Paris, Armand Colin.

Singly, François de, et Danilo Martuccelli, 2009. *Les Sociologies de l'individu*. Paris, Armand Collin.

Soulet, Marc-Henry, 2007. *La Souffrance sociale. Nouveau malaise dans la civilisation*. Fribourg, Academic Press.

—, 2008. « La vulnérabilité : un problème social paradoxal », dans Vivianne Châtel et Shirley Roy, *Penser la vulnérabilité. Visages de la fragilisation du social*. Québec, Presses de l'Université du Québec, p. 65-90.

Starobinski, Jean, 1960. *Histoire du traitement de la mélancolie des origines à 1900*. Bâle, Geigy de Bâle.

Statistique Canada, 2005. *Enquête sur la santé dans les collectivités canadiennes*. ESCC-Cycle 3.1.

Swinson, Richard, 2006. « Clinical Practice Guidelines, Management of Anxiety Disorders ». *Canadian Journal of Psychiatry*, vol. 51, supplément 2, p. 1S-92S.

Van Der Geest, Sjaak et Susan Whyte, 1989. « The Charms of Medicin: Metaphores and Metonyms ». *Medical Anthropology Quarterly*, vol. 3, n° 4, p. 345-367.

Van der Geest, Sjaak, Susan Whyte et Anita Hardon, 1996. « The Anthropology of Pharmaceuticals: A Biographical Approach ». *American Review of Anthropology*, vol. 25, p. 153-178.

Wagner, Peter, 1996. *Liberté et Discipline. Les deux crises de la modernité*. Paris, Métaillé.

Widlöcher, Daniel, 1997. *La Psyché carrefour*. Paris, Georg Éditeur.

Wittchen, Hans-Ulrich, Ronald C. Kessler, Katya Beesdo *et al.*, 2002. « Generalized Anxiety and Depression in Primary Care: Prevalence, Recognition, and Management ». *Journal of Clinical Psychiatry*, vol. 63, supplément 8, p. 24-34.

Zarifian, Édouard, 1999. *La Force de guérir*. Paris, Odile Jacob.

Liste des figures et des tableaux

Index

B

C

E

F

G

H

I

J

K

L

M

Q

R

S

W

Z

Table des matières

Crédits et remerciements

Cet ouvrage a été publié grâce à une subvention de la Fédération canadienne des sciences humaines de concert avec le Programme d'aide à l'édition savante, dont les fonds proviennent du Conseil de recherches en sciences humaines du Canada.

Les Éditions du Boréal reconnaissent l'aide financière du gouvernement du Canada par l'entremise du Fonds du livre du Canada (FLC) pour leurs activités d'édition et remercient le Conseil des Arts du Canada pour son soutien financier.

Les Éditions du Boréal sont inscrites au programme d'aide aux entreprises du livre et de l'édition spécialisée de la SODEC et bénéficient du programme de crédit d'impôt pour l'édition de livres du gouvernement du Québec.

Photo de la couverture : © dreamstime.com

Ce livre a été imprimé sur du papier 100 % postconsommation,
traité sans chlore, certifié ÉcoLogo
et fabriqué dans une usine fonctionnant au biogaz.

MISE EN PAGES ET TYPOGRAPHIE :
LES ÉDITIONS DU BORÉAL

ACHEVÉ D'IMPRIMER EN JANVIER 2012
SUR LES PRESSES DE MARQUIS IMPRIMEUR
À CAP-SAINT-IGNACE (QUÉBEC).